미라

동양북스 외국어
베스트 도서
700만 독자의 선택!

새로운 도서,
다양한 자료
동양북스
홈페이지에서
만나보세요!

www.dongyangbooks.com
m.dongyangbooks.com

※ 학습자료 및 MP3 제공 여부는 도서마다 상이하므로 확인 후 이용 바랍니다.

홈페이지 도서 자료실에서 학습자료 및 MP3 무료 다운로드

PC

❶ 홈페이지 접속 후 도서 자료실 클릭
❷ 하단 검색 창에 검색어 입력
❸ MP3, 정답과 해설, 부가자료 등 첨부파일 다운로드
  * 원하는 자료가 없는 경우 '요청하기' 클릭!

MOBILE

* 반드시 '인터넷, Safari, Chrome' App을 이용하여 홈페이지에 접속해주세요. (네이버, 다음 App 이용 시 첨부파일의 확장자명이 변경되어 저장되는 오류가 발생할 수 있습니다.)

❶ 홈페이지 접속 후 ☰ 터치

❷ 도서 자료실 터치

❸ 하단 검색창에 검색어 입력
❹ MP3, 정답과 해설, 부가자료 등 첨부파일 다운로드
  * 압축 해제 방법은 '다운로드 Tip' 참고

일취월장
日就月將

독해 **JPT**

서경원 지음

동양북스

초판 7쇄 | 2023년 2월 15일

지은이 | 서경원
발행인 | 김태웅
편 집 | 길혜진, 이선민
디자인 | 남은혜, 신효선
마케팅 | 나재승
제 작 | 현대순

발행처 | 동양북스
등 록 | 제 2014-000055호
주 소 | 서울시 마포구 동교로22길 14 (04030)
구입 문의 | 전화 (02)337-1737 팩스 (02)334-6624
내용 문의 | 전화 (02)337-1762 dybooks2@gmail.com

ISBN 979-11-5768-853-1 13730

제가 JPT와 인연을 맺은 지도 꽤 많은 시간이 지난 것 같습니다. 매일 문제와 씨름하면서 몇 년을 보내는 동안 JPT의 출제 유형이나 패턴에 대한 분석은 상당히 이루어졌지만, 나름대로 아직까지도 부족한 부분이 적지 않다고 느낄 때가 많습니다. 하지만, 한 가지 확실하게 말씀드릴 수 있는 것은 JPT의 모든 출제 유형은 이 책만으로도 충분히 커버가 가능하다는 사실입니다. 제가 좋아하는 말 중에 이런 말이 있습니다.

すべき方のなければ知らぬに似たりとぞ言はまし。(徒然草)
해야만 하는 방법을 모른다면, 그것은 모르는 것과 같다고 말할 수 있을 것이다.

혹시 여러분은 시험에 어떤 유형으로 문제가 출제되는지도 모른 채 공부하고 있지는 않습니까? 물론 어학은 시간을 많이 투자한 만큼의 성과는 나온다고 생각합니다. 다만 그것이 늦고 빠르고의 차이이겠죠. 하지만, 출제 유형과는 전혀 상관이 없는 공부를 한다면 아무래도 그 성과를 이루기까지 걸리는 시간이 너무나도 힘들 것입니다. 시중에는 수많은 JPT 문제집이 있습니다. 그 중에서는 유형을 정확하게 분석해서 학습자에게 올바른 방향을 제시하는 책이 있는가 하면, 단순한 문제의 나열일 뿐 책의 의도를 전혀 알 수 없는 책도 많습니다. 시험을 준비하는 사람이 시험 유형에 맞춘 책으로 공부하는 것은 지극히 당연한 일이지만, 현실은 그렇지가 않습니다. 나름대로 문제집도 많이 풀었고, 공부도 열심히 했지만 JPT 점수가 안 나온다고 느끼시는 분들이 많으리라 생각됩니다. 이 책은 그런 분들에게 미약하지만 조금이나마 도움을 드리고자 만든 책입니다.

이 책을 펴는 순간, 여러분들은 JPT의 세계로 들어가게 됩니다.

이 교재는 예전에 출판되었던 '5초 JPT'의 전면 개정판으로, 기존 교재에 부족했던 부분을 보충하고 문제를 대폭적으로 늘려 실전에도 바로 도움이 될 수 있도록 구성하였습니다. 다만 미리 서문에서 당부 드리고 싶은 말씀은 대충하는 공부는 시험에 아무런 도움도 되지 않는다는 사실입니다. 지금까지의 공부 방법을 과감히 버리고 단 한 문제를 풀더라도 확실하게 이해를 한 후에 다음 장으로 넘어가시기 바랍니다.

初心の人二つの矢を持つことなかれ。(徒然草) 초심인 사람은 두 개의 화살을 가져서는 안 된다!

초보자가 두 개의 화살을 가진다는 것은 그만큼 나태해지기 쉽다는 의미입니다. 왜냐하면, 한 발이 실패를 해도 또 한 발이 남아 있다고 생각하면 아무래도 마음이 풀어져 버리기 때문입니다. 이제 JPT를 시작하시는 분들이나 좀 더 고득점을 원하시는 분들은 부디 화살은 언제나 한 발뿐이라는 마음가짐으로 문법 하나 문제 하나마다 최선을 다해 주시기를 당부 드리며 이 글을 끝맺고자 합니다.

저자 서경원 올림

차례

CONTENTS

3장 문법과 어휘의 완성! ・317

① 출제 유형도 모르고 시험을 보는 당신! 과연……

모든 시험은 어떤 목적을 가지고 출제되기 때문에, 나름대로의 출제 유형이 있기 마련입니다. 그런데 지금 이 글을 읽고 계시는 여러분들은 JPT의 출제 유형을 정확하게 알고 계십니까? 출제 유형도 모른 채 무조건적인 암기 위주로 공부하고 있지는 않습니까? 이렇게 질문하면 "어차피 일본어 공부만 열심히 하면 시험에 나올 테니까……"라고 반문하는 사람이 있을지도 모르겠지만, 단기간에 고득점을 올리려면 무엇보다도 유형을 파악하는 것이 급선무입니다. 이 책에는 파트별로 출제 유형이 완벽하게 제시되어 있으므로, 어떤 표현이 어떤 형태로 출제된다는 것을 한 눈에 알 수 있습니다. 적을 알고 나를 알면 백전백승이라는 말이 있듯이 일단은 유형부터 분석해 두시기 바랍니다.

② 단계별 문제로 자신의 능력을 최대한으로 끌어올릴 수 있다

이 책은 현재 자신의 수준이 어느 정도인지 체크할 수 있는 문제가 나오고, 그 다음 문제에 출제된 문법의 정리, 그리고 실력을 향상시키는 실전문제로 구성되어 있습니다. 실력 체크문제와 실전문제는 문제의 난이도를 달리 설정함으로써 좀 더 문제에 대한 이해를 높이도록 만들었습니다. 비슷한 유형의 문제이지만 난이도에서는 차이가 나는 문제를 많이 풀어 봄으로써 어떤 형태로 출제되든지 완벽한 대비가 가능합니다.

③ 자신의 취약한 부분을 바로 알 수 있다

모든 학습자에게 취약한 부분이 동일할 수는 없습니다. 조동사 부분이 약한 사람이 있는가 하면, 동사 부분이 약한 사람도 있습니다. 그런데 여러분은 지금까지 자신이 약한 부분이 무엇인지도 모른 채 무작정 공부하지는 않았습니까? 그런데 이런 취약한 부분은 이 책의 문제를 다 푼 다음에 어휘 및 문법 정리를 보면 확연하게 드러나는 부분입니다. 즉, 각 문제마다 이 문제가 왜 출제되었으며 난이도는 어느 정도인지 표시가 되어 있기 때문에, 여러분들이 하실 일은 부족한 부분을 빨리 찾아내어 보충만 하면 되는 것입니다.

④ 기본적인 문법을 확실하게 정리할 수 있다

모든 어학의 기본은 문법에서 시작됩니다. 문법을 단순히 지루하고 재미없는 것으로 생각할 것이 아니라 기초부터 튼튼히 한다는 마음가짐으로 잘 정리해 두어야만 시험에서 고득점도 가능합니다. 이 책은 시험에 출제되는 문법을 총망라하여 아주 쉽게 접근하고 있습니다. 명심하시기 바랍니다. 문법에 대한 정리 없이는 고득점도 없다는 것을…….

⑤ 이해가 안 되면 이해가 될 때까지 설명해 준다

아무리 자세한 설명과 해설이 있다 해도 이해가 안 되는 부분이 나오기 마련입니다. 이럴 때 여러분들은 어떻게 하십니까? 주위에 일본어를 잘 하는 사람이 있다면 다행이겠지만, 만약 그런 사람이 없다면 공부가 아주 힘들어질 것입니다. 이런 분들을 위해 저자의 홈페이지(http://cafe.daum.net/aisiau)나 메일 주소(agaru1004@hanmail.net)를 항상 개방해 두었습니다. 책에 출제된 문제나 문법이 이해가 되지 않는다면 언제든지 글을 남겨 주십시오. 완벽하게 이해될 때까지 답변 드릴 것을 약속합니다.

Chapter 1

기초가 튼튼해야 점수가 쌓인다!

Chapter 1

기초가 튼튼해야
점수가 쌓인다!

Unit 01

조사야~놀자! ❶

か・は・ほど・を・が・から

か 의문이나 불확실함을 나타내는 「か」는 파트 5에서는 용법 구분 이외에는 출제되지 않는다. 실제시험에서의 출제 유형은 병립(並立) 조사적 용법과 부조사, 종조사의 구분 문제이다.

は 파트 5에서 용법 구분 문제로 출제되는데 주체, 대비, 강조의 용법만 기억해 두도록 하자.

ほど 기본적으로 '~면 ~수록'이라는 의미인 「~ば~ほど」 구문과 '~만큼 ~(은) 아니다'라는 의미인 「~ほど~(は)ない」 구문만 잘 이해해 두면 크게 어렵지 않은 조사이다. 파트 7에서는 '~만큼'이라는 의미로 비교의 정도를 나타내는 용법이 출제된다.

を 파트 5에서 용법 구분 문제로 출제된 적이 있는 만큼 다양한 용법을 구분해 두어야 한다. 파트 6에서는 반드시 조사 「に」를 사용해야 되는 표현을 조사 「を」로 바꿔서 출제되며, 파트 7에서는 통과나 이동, 경유점을 나타내는 자동사 앞에 사용된 「を」의 용법이 출제되었다.

が 주격으로 사용되는 「が」는 거의 시험에 출제되지 않고, 시험에는 대부분 접속조사 「が」가 출제된다. 접속조사 「が」의 내용연결, 역접, 완곡의 용법만 기억해 두도록 하자.

から 조사 부분에서 출제빈도가 상당히 높은 조사가 「から」이다. 독해 전 파트에서 출제되고 있는데, 파트 5에서는 기점을 나타내는 「から」와 접속조사 「から」의 용법 구분, 파트 6에서는 장소를 나타내는 「で」와의 구분, 파트 7에서는 조사보다도 「から」를 사용한 문법 표현이 주로 출제된다.

각 파트별 출제 유형			
조사	파트 5 (정답 찾기)	파트 6 (오문 정정)	파트 7 (공란 메우기)
か	· 병립조사 「か」의 용법 구분	· 「何か」와 「何が」의 구분 · 「~か」와 「~かどうか」의 구분	· 적절한 조사 찾기
は	· 강조의 「は」의 용법 구분	· 「が」와 「は」의 구분 · 「は」의 대비의 용법	· 적절한 조사 찾기
ほど	· 「ほど」를 사용한 구문 · 「ほど」의 용법 구분	· 「ほど」를 사용한 구문의 오용	· 적절한 조사 찾기 · 「ほど」의 비교의 정도를 나타내는 용법
を	· 목적의 「を」의 용법 구분 · 「を」를 사용한 문법 표현	· 「を」와 「が」의 구분 · 「に」와 「を」의 구분	· 적절한 조사 찾기
が	· 접속조사 「が」의 용법 구분	· 「が」와 「は」의 구분 · 「~がする」의 형태로 나타내는 표현	· 적절한 조사 찾기 · 반드시 「が」를 사용해야 하는 표현
から	· 기점의 「から」의 용법 구분 · 접속조사 「から」의 용법 구분	· 「で」와 「から」의 구분	· 적절한 조사 찾기 · 「から」를 사용한 문법 표현

1 今年の夏は去年の夏ほど暑くはなかった。

(A) 去年の夏の方が暑かった。

(B) 今年の夏の方が暑かった。

(C) 去年と今年の夏は同じ暑さだった。

(D) 去年と今年の夏は全然暑くなかった。

2 日本語の勉強はすればするほど難しくなる。

(A) するくせに

(B) するにとって

(C) するにつれて

(D) するについて

3 彼が来るかどうか知っていますか。

(A) 机の上の本はあなたの本ですか。

(B) 明日雨が降っても試合をしますか。

(C) 私は大学で経済か数学を専攻しようと思っている。

(D) この部分はわからないから、誰かに聞いてみましょう。

4 担当者に会ってはみたが、結局駄目でした。

(A) 田中さんは今貿易会社で働いています。

(B) この商品は思ったより高くはなかったです。

(C) 魚は好きですが、肉はあまり好きではありません。

(D) 日本は行ったことがありますが、アメリカは今度が初めてです。

5 昨日本屋に行って本を3冊買いました。

(A) 道を歩いている人が見えます。

(B) 一羽の鳥が青空を飛んでいます。

(C) クラスの代表として彼を推薦しました。

(D) 一人で川を渡るのは非常に危険です。

6 昨日までは暑かったが、今朝急に寒くなった。

(A) 日は沈んだが、外はまだ明るかった。

(B) すみませんが、この辺に郵便局がありますか。

(C) 毎日テレビばかり見て、目が悪くなってしまった。

(D) 用事があって今日は先に帰らせていただきたいのですが。

7 私の学校は今日から夏休みに入ります。

(A) ワインはぶどうから作ります。

(B) 日本では一月一日から三日まで休みます。

(C) 彼女はきれいだから、男性に人気があります。

(D) せっかくの休日だから、今日は家族と一緒に過ごすつもりだ。

8 みんなが予想した通り、昨日の決勝戦で韓国は容易く中国を勝ちました。
　　　　　　　　　　　(A)　　　　　　　　　(B)　　　　(C)　　　(D)

9 自信はまず自分を肯定するところで生まれてくるものだ。
　　(A)　　　　　　(B)　　　　　　(C)　　　　　(D)

10 何がほしい物があったら、買ってあげるから何でも言ってください。
　　(A)　　　　　　(B)　　　　(C)　　　　　　(D)

11 今度の試験のため、彼がどのぐらい頑張ったのかどうか私はよくわかっています。
　　　　　　(A)　　　　　(B)　　　　　　　　　(C)　　　(D)

12 出張は鈴木さんが行くと思っていましたが、意外と山田さんは行くことになりました。
　　　　　　　　　(A)　　　　　　　　　　(B)　　　(C)　　　　(D)

13 昨夜から今朝をかけて関東地方には大雨が降って各地で被害が続出した。
　　(A)　(B)　　　　　　　　(C)　　　　　　　(D)

14 明日、大学の合格発表があるから、ひょっとすると東京に行くかもしらないよ。
　　　　　(A)　　　　　(B)　　　　　(C)　　　　　　　　　(D)

15 許可なしにここ_____通ってはいけません。

(A) を

(B) が

(C) の

(D) か

16 鈴木さんは相変わらず歌_____上手だった。

(A) が

(B) に

(C) で

(D) を

17 彼は会ってみると、思った_____厳しい人ではなかった。

(A) から

(B) ので

(C) ほど

(D) だけ

18 虫歯の治療は_____早いほどいい。

(A) 早くて

(B) 早いと

(C) 早くに

(D) 早ければ

19 彼は教室に_____が早いか、私の名前を叫んだ。

(A) 入り

(B) 入る

(C) 入って

(D) 入った

20 彼を_____この仕事ができる人物はいないと思います。

(A) おいて

(B) もって

(C) よそに

(D) かわきりに

か   ~까, ~인지, ~지, ~이나

집중! 이것만은 꼭!

① 어떤 사항을 불확실한 기분을 담아서 표현. (부조사적 용법)

② 문장의 끝 부분에 붙어 의문이나 질문, 반문 등을 나타냄. (종조사적 용법)

③ 같은 종류의 것들을 열거해 그 중에서 하나가 해당됨을 나타냄. (병립조사적 용법)

TEST

※ ①～③번 중 몇 번일까요?

1 彼が来るかどうかよくわかりません。　　　来る 오다 | ～かどうか ～인지 아닌지

　　　　　　　　　　（① / ② / ③）

2 クラスの代表は山田か鈴木だろう。　　　代表 대표

　　　　　　　　　　（① / ② / ③）

3 学校の授業は何時に始まりますか。　　　授業 수업 | 始まる 시작되다

　　　　　　　　　　（① / ② / ③）

4 わからないところは誰かに聞いてみましょう。　　　わかる 알다 | 誰 누구 | 聞く 묻다

　　　　　　　　　　（① / ② / ③）

5 風邪のせいか、朝から体の調子がよくない。　　　風邪 감기 | ～せいか ～탓인지 | 体の調子 몸 상태

　　　　　　　　　　（① / ② / ③）

기본적으로 조사 「か」의 용법 구분은 문장의 끝 부분에 오면 종조사, 여러 가지 사항 중에서 하나를 선택하는 경우에는 병립조사, 의문사 다음에 붙는 경우에는 부조사로 구분해 두면 된다.

정답 ① ③ ② ④ ② ③ ⑤ ① ⑤ ①

조금 더 파고들기

「か」를 사용한 문법 표현

• ～かどうか : ~인지 아닌지, ~한지 어떤지

• ～かもしれない : ~일지도 모른다

は ~은, ~는

🔍 **집중! 이것만은 꼭!**

① 문장의 대상 또는 주체를 제시. (대상 또는 주체)

② 같은 종류에 속하는 사물과의 대비. (대비)

③ 어떤 사항의 긍정과 부정을 강조하거나 조건으로 내세워 구체화. (강조)

TEST

※ ①～③번 중 몇 번일까요?

1 思ったより高くはなかった。

~より ~보다 | 高い 비싸다

(① / ② / ③)

2 彼は今勉強をしています。

今 지금 | 勉強 공부

(① / ② / ③)

3 映画はあまり好きではない。

映画 영화 | あまり 그다지

(① / ② / ③)

4 横浜は日本の代表的な港町である。

代表的 대표적 | 港町 항구도시

(① / ② / ③)

5 肉は好きだが、魚はあまり好きではない。

肉 고기 | 魚 생선

(① / ② / ③)

대체로 문장의 앞부분에 위치하면서 명사 다음에 접속되면 주체를 나타내는 경우가 많고, 「は」가 두 번 나오면 대비, 「は」를 생략하더라도 말이 되는 경우에는 강조의 용법으로 기억해 두도록 하자.

⑤④③②①　⑤④③②①　정답 1③ 2① 3② 4① 5②

 조금 더 파고들기

「は」를 사용한 문법 표현

- ～はおろか : ~은커녕
- ～はもとより : ~은 물론이고
- ～はいざしらず : ~은 모르겠지만

- ～はさておいて : ~은 제쳐두고
- ～はもちろん(のこと) : ~은 물론이고

16

ほど ~정도, ~만큼, ~수록

집중! 이것만은 꼭!

① 어떤 사물의 상태나 동작의 비례. (비례)

② 명사구에 접속해 같은 정도를 나타냄. (같은 정도)

③ 명사로 '때, 장소, 정도, 경과' 등을 나타냄. (명사적 용법)

④ 수량을 나타내는 명사에 접속해 대략적인 수량을 나타냄. (수량)

⑤ '~만큼, ~정도'로 해석되며 어떤 대상의 정도가 심함을 나타냄. (정도의 심함)

TEST

※ ①~⑤번 중 몇 번일까요?

1 悪口にもほどがある。　　　　　　　　　　　悪口 욕설

(① / ② / ③ / ④ / ⑤)

2 運動場に子供が10人ほどいる。　　　　　　運動場 운동장 | 子供 아이

(① / ② / ③ / ④ / ⑤)

3 彼は日本語が驚くほど上手になった。　　　驚く 놀라다

(① / ② / ③ / ④ / ⑤)

4 この小説は読めば読むほど面白くなる。　　小説 소설 | 面白い 재미있다

(① / ② / ③ / ④ / ⑤)

5 この映画は昨日見た映画ほど面白くない。　映画 영화

(① / ② / ③ / ④ / ⑤)

「ほど」는 JPT 시험에서 비례의 용법과 같은 정도의 용법이 가장 출제빈도가 높다. 하나의 문법 표현으로 완벽하게 암기해 두는 것이 좋다.

정답 ① ③ ② ④ ③ ⑤ ② ④ ① ⑤

 조금 더 파고들기

「ほど」를 사용한 문법 표현

• ~ば~ほど : ~면 ~수록

• ~ほど~(は)ない : ~만큼 ~(은) 아니다

を　～을, ～를

집중! 이것만은 꼭!

① 동작이나 작용의 대상, 목적. (대상, 목적)

② 동작이나 작업의 결과로 만들어진 대상. (동작이나 작업의 결과)

③ 자동사의 사역문장에서 자동사가 나타내는 동작이나 작용의 주체. (동작의 주체)

④ 이동을 나타내는 자동사 앞에 붙어 이동과 관계되는 장소를 나타냄. (이동, 경유점, 통과점)

TEST

※ ①～④번 중 몇 번일까요?

1 デパートにプレゼントを買いに行った。　　　　　　～に行く ～에 가다

(① / ② / ③ / ④)

2 彼にセーターを編んであげるつもりだ。　　　　　編む 짜다

(① / ② / ③ / ④)

3 毎日ご飯を炊くのは本当に面倒くさい。　　　　ご飯を炊く 밥을 짓다 | 面倒くさい 성가시다

(① / ② / ③ / ④)

4 関係者以外はここを通ってはいけない。　　　関係者 관계자 | 以外 이외 | 通る 통과하다

(① / ② / ③ / ④)

5 子供を一人でスーパーに行かせるのは危ない。　　危ない 위험하다

(① / ② / ③ / ④)

동작이나 작업의 결과로 만들어진 대상을 나타내는 용법은 뒤에 오는 동사의 결과로 조사「を」앞 부분의 단어가 만들어지는지 아닌지를 따져 보면 되겠고, 이동이나 경유점, 통과점을 나타내는 용법은 동사의 의미만 잘 따져 보면 쉽게 구분할 수 있는 용법이다.

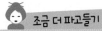
① ② ③ ④ ⑤
1 2 3 4 5

조금 더 파고들기

「を」를 사용한 문법 표현

- ～をもって : ～로, ～으로
- ～を通じて : ～을 통해서
- ～を皮切りに : ～을 시작으로
- ～をおいて : ～을 제외하고

- ～をよそに : ～을 개의치 않고
- ～をものともせずに : ～을 아랑곳하지 않고
- ～を禁じ得ない : ～을 금할 수 없다
- ～を余儀なくされる : 어쩔 수 없이 ～하게 되다

が

〜이, 〜가, 〜을, 〜를

① 동작이나 변화, 상태의 주체. (주체)

② 가능이나 능력, 소유나 필요를 나타내는 동사 · 형용사 · 형용동사의 대상. (대상)

③ 접속조사적 용법으로 '내용연결, 역접, 완곡'의 용법을 나타냄. (내용연결 · 역접 · 완곡)

TEST

※ ①〜③번 중 몇 번일까요?

1 彼は運動が苦手です。　　　　　　　　　　　運動 운동 | 苦手だ 서툴다

　　　　　　　　　　　　　　　　（ ① / ② / ③ ）

2 あなたは日本語ができますか。　　　　　　　できる 할 수 있다

　　　　　　　　　　　　　　　　（ ① / ② / ③ ）

3 日本には誰が行くことになりましたか。　　　誰 누구 | 〜ことになる 〜하게 되다

　　　　　　　　　　　　　　　　（ ① / ② / ③ ）

4 すみませんが、鈴木さんはどなたですか。　　どなた 어느 분

　　　　　　　　　　　　　　　　（ ① / ② / ③ ）

5 試験に落ちるかもしれないが、頑張ってみるつもりだ。　試験 시험 | 落ちる 떨어지다 | 頑張る 분발하다

　　　　　　　　　　　　　　　　（ ① / ② / ③ ）

조사 「が」의 주체의 용법은 거의 시험에 출제되지 않으며, 주로 '내용연결, 역접, 완곡'의 접속조사적 용법이 출제된다. 내용연결은 「すみませんが、〜」「〜と申しますが、〜」의 「が」처럼 뒷부분에 어떤 하고 싶은 말을 하기 위해서 말을 꺼내는 경우, 역접은 접속조사 「が」를 중심으로 전후의 내용이 상반되는 경우, 완곡은 문장의 끝 부분에 접속해 표현을 부드럽게 하는 경우에 사용하는 용법이다.

③⑤④③②②③①②①

조금 더 파고들기

「が」를 사용한 문법 표현

- 〜がする : 〜가 나다, 〜하게 느끼다
- 〜が故(に) : 〜이기 때문에
- 〜が早いか : 〜하자마자, 〜함과 동시에
- 〜が最後 : 일단 〜했다 하면

から 〜에서, 〜로부터, 〜을 통해서

① 동작이나 일이 시작되는 시간. (시간)

② 사람이나 사물의 나오는 곳, 기점. (기점)

③ 재료나 원료의 화학적인 변화. (화학적 변화)

④ 원인을 어떤 일의 발단(発端)으로 나타낼 경우에 사용. (발단)

⑤ 접속조사적 용법으로 활용어의 종지형 뒤에 접속해 원인이나 이유를 나타냄. (원인 · 이유)

TEST

※ ①〜⑤번 중 몇 번일까요?

1 今日から冬休みに入ります。　　　　　　　　冬休み 겨울방학

（① / ② / ③ / ④ / ⑤）

2 ぶどうから美味しいワインができる。　　　　ぶどう 포도 | できる 만들어지다

（① / ② / ③ / ④ / ⑤）

3 不注意から事故を起こしてしまった。　　　不注意 부주의 | 事故 사고 | 起こす 일으키다

（① / ② / ③ / ④ / ⑤）

4 大学の授業は普通9時から始まります。　　授業 수업 | 普通 보통

（① / ② / ③ / ④ / ⑤）

5 彼は歌が上手だから、みんなに人気がある。　歌 노래 | 人気 인기

（① / ② / ③ / ④ / ⑤）

조사 「から」는 용법 구분 문제로 많이 출제되는 만큼 다양한 용법을 숙지해 두어야 한다. 그리고 접속조사적
용법은 활용어의 연체형 뒤에 접속해 원인이나 이유를 나타내는 「ので」와의 접속 차이도 기억해 두도록 하자.

정답 1① 2③ 3④ 4① 5⑤

조금 더 파고들기

「から」를 사용한 문법 표현

• 〜からして : ~부터가	• 〜から〜にかけて : ~부터 ~에 걸쳐서
• 〜からといって : ~라고 해서	• 〜からすると : ~로 보면
• 〜からには : ~한 이상은	• 〜から言うと : ~에서 보면
• 〜からこそ : ~이기 때문에	• 가격 + からする : ~나 하는
• 〜から〜まで : ~부터 ~까지	• 크기 · 길이 · 무게 + からある : ~나 되는

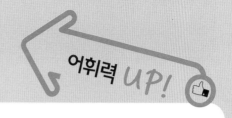

1자 한자 ①

- うえ 上 위
- くさ 草 풀
- はな 鼻 코
- いえ 家 집
- はな 花 꽃
- せ 背 키
- ほし 星 별
- みみ 耳 귀
- ふね 船 배
- ゆき 雪 눈
- くび 首 목
- あせ 汗 땀
- かね 鐘 종
- わざ 業 일
- うみ 海 바다
- やまい 病 병
- さき 先 먼저
- あと 後 나중
- さかな 魚 생선
- した 下 아래

- え 絵 그림
- はこ 箱 상자
- ひだり 左 왼쪽
- みぎ 右 오른쪽
- かお 顔 얼굴
- くも 雲 구름
- いけ 池 연못
- たま 玉 구슬
- おや 親 부모
- しるし 印 표시
- かみ 紙 종이
- すな 砂 모래
- さら 皿 접시
- なみ 波 파도
- かたち 形 형태
- いのち 命 목숨
- かて 糧 양식
- みずうみ 湖 호수
- はね 羽 날개
- かがみ 鏡 거울

- おおやけ 公 공공
- はし 橋 다리
- かず 数 숫자
- おそれ 虞 우려
- すべ 術 방법
- ね 根 뿌리
- おもむき 趣 정취
- あかし 証 증거
- ふし 節 마디
- みやこ 都 수도
- たき 滝 폭포
- む 群れ 무리
- きぬ 絹 비단
- うわさ 噂 소문
- みなもと 源 원천
- わざわい 災 재앙
- うら 浦 포구
- すじ 筋 힘줄
- なみだ 涙 눈물
- きた 北 북쪽

- ほのお 炎 불길
- そら 空 하늘
- えだ 枝 가지
- くせ 癖 버릇
- すみ 隅 구석
- あと 跡 흔적
- はか 墓 무덤
- むかし 昔 옛날
- こつ 骨 요령
- きり 霧 안개
- まぼろし 幻 환영
- あらし 嵐 폭풍우
- ひたい 額 이마
- やみ 闇 어둠
- きし 岸 물가
- ふち 縁 테두리
- みぞ 溝 도랑
- しあわ 幸せ 행복
- いきお 勢い 기세
- うで 腕 팔, 솜씨

01 金持ちだからといって、いつも幸せとは限らない。

(A) 金持ちはいつも幸せに決まっている。

(B) 金持ちは幸せになる可能性が高い。

(C) 金持ちはいつも幸せでなければならない。

(D) 金持ちだとしても、いつも幸せなわけではない。

02 2時間以上も話したから、水が飲みたくなった。

(A) 話して

(B) 話さずに

(C) 話してから

(D) 話さなくて

03 彼を四月一日をもって部長に任命する。

(A) で

(B) も

(C) の

(D) と

04 彼は周囲を反対をものともせず、計画を進めて行った。

(A) 反対をおいて

(B) 反対をよそに

(C) 反対はおろか

(D) 反対すればするほど

05 山に高く上がれば上がるほど空気は薄くなる。

(A) 家から会社まではどれほどかかりますか。

(B) 山田君ほど英語が上手な学生はいない。

(C) ハンバーガーは食べるほど太るので、食べない方がいい。

(D) 今までの地震の中で、今度の地震ほど強い地震はなかった。

06 彼は魚はよく食べますが、肉が あまり食べません。
　　(A)　　(B)　　　　　(C)　(D)

07 自分が相応しい仕事を見つけるというのはたいへん難しい。
　　(A)　　　　　(B)　　　(C)　　　　(D)

08 鈴木君はこの頃、勉強は全然しないで、将棋を熱中している。
     (A)   (B)   (C)   (D)

09 家の近くに下水道があるせいか、時々変なにおいがあります。
     (A)   (B)   (C)   (D)

10 貧しい人で税金をたくさん取るのはよくないと思います。
     (A)   (B)   (C)   (D)

11 電気製品というのは値段が高くなるとほど、もっと使いにくくなると思う。
     (A)   (B)   (C)   (D)

12 すみません＿＿＿＿＿＿、東京駅はどちらですか。

(A) が

(B) に

(C) か

(D) で

13 この仕事は多くの人手＿＿＿＿＿＿要する。

(A) は

(B) が

(C) を

(D) から

14 今時の女子高生は一体、どんな歌手＿＿＿＿＿＿好むのだろうか。

(A) が

(B) は

(C) を

(D) に

15 答え＿＿＿＿＿＿わかった人は、手を挙げてください。

(A) へ

(B) が

(C) に

(D) は

16 これは若いから_____、できる方法なのです。

(A) ほど

(B) きり

(C) まで

(D) こそ

17 うちの父は一度言い出した_____最後、決して意見を変えない。

(A) で

(B) は

(C) が

(D) を

18 約束した_____、何があっても守らなければなりません。

(A) からには

(B) から言えば

(C) からして

(D) からといって

19 彼は1000万円_____自動車を買ったそうだ。

(A) からある

(B) からする

(C) からみる

(D) からとる

20 日本の電気製品は国内は_____、国外でも人気があります。

(A) もとより

(B) さておいて

(C) おろか

(D) さることながら

Unit 02

조사야~놀자! ❷

と・も・の・で・つつ・ながら

한눈에 들여다보기 📷

と 어떤 상호작용의 대상을 나타내는 용법은 「に」와의 구분이 상당히 중요하다. 혼자서 할 수 없고 반드시 어떤 대상이 있어야하는 표현 앞에서는 조사가 「と」가 된다는 것을 꼭 기억해 두어야한다.

も '~도'라는 의미도 파트 7에 출제된 적이 있지만, '~이나, ~씩이나'라는 의미인 강조의 용법이 시험에는 자주 등장한다.

の 빈도는 상당히 낮은 조사이지만, 주격조사 「が」 대신에 사용되어 '~이, ~가'로 해석되는 용법이 파트 5에 출제된 적이 있으므로, 이 용법을 중심으로 공부해 두자.

で 조사중에서 가장 출제빈도가 높은 조사이다. 기본적인 용법은 전부 출제가 되었으므로, 장소 · 원인 · 수단이나 방법 · 재료 · 한정 · 가득 차는 대상 등의 용법을 중심으로 정리해 두어야한다.

つつ 주로 파트 7에서 「동사의 ます형 + つつある(~하는 중이다, 계속 ~하다)」라는 문법 표현으로 출제된다. 정확한 의미를 잘 기억해 두도록 하자.

ながら 동사의 ます형에 접속된다는 것과 기본적인 의미인 '~하면서(동시 동작)', '~인데도(역접)', '~대로(상태)의 용법 구분을 확실히 할수 있어야한다.

각 파트별 출제 유형			
조사	파트 5 (정답 찾기)	파트 6 (오문 정정)	파트 7 (공란 메우기)
と	·「と」의 용법 구분	·「と」와 「に」의 구분	·적절한 조사 찾기
も	·강조의 「も」의 용법 구분	·「も」를 사용한 문법 표현	·적절한 조사 찾기
の	·주격조사 「が」 대신에 사용된 「の」의 용법 구분 ·동격의 「の」의 용법 구분	·접속형태의 오용	·주격조사 「が」 대신에 사용된 「の」 찾기 ·명사와 명사의 연결에 필요한 조사 「の」 찾기
で	·수단이나 방법의 용법 ·「で」의 용법 구분	·「で」와 「に」의 구분	·장소나 원인, 수단이나 방법, 한정의 용법 찾기
つつ	·「つつ」의 의미	·표현의 오용	·「つつある」라는 구문에서 「ある」 찾기
ながら	·「ながら」의 의미 ·상태의 「ながら」와 같은 의미의 표현 찾기 ·「ながら」의 용법 구분	·「ながら」를 사용한 문형 ·역접의 「のに」와 「ながら」의 구분	·동사의 ます형 찾기 ·「ながら」 찾기

1 彼は歩きながら、電話をしている。
(A) 彼は歩いて、電話をしている。
(B) 彼は歩く前に、電話をしている。
(C) 彼は歩いた後、電話をしている。
(D) 彼は歩かないで、電話をしている。

2 辞書を使ってこの諺の意味を調べてください。
(A) 辞書が
(B) 辞書の
(C) 辞書で
(D) 辞書も

3 このパン屋ではまだ昔ながらの作り方でパンを作っている。
(A) 昔と違う
(B) 昔のままの
(C) 昔と似ていない
(D) 昔と関係がある

4 友達の鈴木君とは幼馴染みだ。
(A) この本は私のではない。
(B) こちらは弟の和夫です。
(C) 車が走っているのが見える。
(D) 机の上のケーキは私が全部食べた。

5 私の意見は彼と違う。
(A) 春になると、花が咲く。
(B) ちりも積もれば山となる。
(C) 彼女は来月山田君と結婚する。
(D) 窓を開けると涼しい風が入ってきた。

6 昨日は久しぶりにビールを3本も飲みました。
(A) 私の家にはテレビが4台もあります。
(B) 冷蔵庫の中には何もありませんでした。
(C) 明日のパーティーにあなたも行きますか。
(D) これは日本語が上手な彼もわからないと思います。

7 ここでたばこを吸ってもかまいませんか。
(A) ここは台風で大きな被害を受けました。
(B) 一人でこの仕事をするのは無理です。
(C) 休憩室でコーヒーでも飲みながら話しましょう。
(D) そこは車で行っても一時間はかかると思います。

8 たばこは体に悪いとは知っていながらも、つい吸ってしまった。
(A) 彼はテレビを見ながらご飯を食べている。
(B) 田舎に残っている昔ながらの家には趣がある。
(C) 弟は自分の部屋で音楽を聞きながら勉強している。
(D) この電子辞書は小さいながら多彩な機能を持っている。

9 彼女は涙を流しつつ今までの経緯を語った。
(A) 悪いと知りつつ、つい嘘をついてしまった。
(B) 彼女は彼の言葉に困惑しつつも平静を装っていた。
(C) 鈴木君は昼はアルバイトをしつつ夜学に通っている。
(D) ニュースによると、低迷し続けていた景気も徐々に回復しつつあるという。

10 多くに人が予想した通り、彼は決勝戦で容易く優勝した。
　　　(A)　　　　　　　(B)　　　　　　(C)　　(D)

11 昨日は駅前で友達と会って、デパートで行って買い物をした。
　　　(A)　(B)　(C)　　　　　　(D)

12 明日は休日だから、家族にいっしょに遊園地に行こうと思っています。
　　　　　　(A)　　　　　(B)　　　　　　　(C)　　　　　(D)

13 台風の後、一週間で雨が降り続きましたが、今朝から良い天気になりました。
　　　　　　　　(A)　　　　(B)　　　　　(C)　　　(D)

14 東京からここで引っ越した時、わからないことが多くて、いろいろ苦労しました。
　　　(A)　(B)　　　　　　　　(C)　　　　　(D)

15 姉は私が弟にけんかしたことを母に言い付けて叱られてしまった。
　　　(A)(B)　　　　　　(C)　　　　　(D)

16 一人_____この仕事をしたなんて、到底信じられません。

(A) に

(B) を

(C) で

(D) が

17 智恵さんはあの髪_____長い人です。

(A) の

(B) で

(C) は

(D) を

18 あまり時間がありませんから、タクシー_____行きましょうか。

(A) で

(B) が

(C) を

(D) に

19 悪いことでもあったのか、彼は今日滅多に飲まないビールを5本_____飲んだ。

(A) の

(B) と

(C) に

(D) も

20 核家族の拡大で、家族に対する認識も変わりつつ_____。

(A) なる

(B) する

(C) ある

(D) くる

と ~와, ~과

집중! 이것만은 꼭!

① 어떤 말이나 내용의 인용. (~라고)

② 동작이나 상태의 변화된 결과. (~이, ~가)

③ 공동으로 행하는 동작의 상대나 공동행위자. (~와, ~과)

TEST

※ ①~③번 중 몇 번일까요?

1 彼は彼女と別れた。

別れる 헤어지다

(① / ② / ③)

2 ちりも積もれば山となる。

ちり 티끌 | 積もる 쌓이다

(① / ② / ③)

3 彼は10年間も勉強して検事となった。

検事 검사

(① / ② / ③)

4 妹は友達とけんかしたことを母に言い付けた。

けんか 싸움 | 言い付ける 고자질하다

(① / ② / ③)

5 「今日が最後かな」と独り言を言いながら、歩いている。

最後 마지막 | 独り言 혼잣말 | 歩く 걷다

(① / ② / ③)

조사 「と」는 동작의 상대나 공동행위자를 나타내는 용법이 가장 출제 빈도가 높다. 특히 오문 정정에 자주 출제되는 일방적인 작용이나 대상을 나타내는 조사인 「に」와의 차이점을 확실히 이해해 두어야만 한다.

정답 ⑤ ① ④ ② ③ ② ② ③ ① 1

 조금 더 파고들기

「と」를 사용한 문법 표현	~とは限らない : ~인 것은 아니다
~とあいまって : ~와 어울려	~ともなると : ~정도 되면
~といえども : ~라고 해도, ~라고 할지라도	~とはいえ : ~라고 해도, ~라고 할지라도
~ときたら : ~로 말하자면	~とは : ~라는 것은, ~라면, ~하다니, ~라고는

も ~도, ~이나, ~씩이나

집중! 이것만은 꼭!

① 지금까지의 경우와 같거나 유사한 것을 추가적으로 제시. (~도)

② 숫자나 수량을 나타내는 말 뒤에 붙어 강조를 나타냄. (~이나, ~씩이나)

TEST

※ ①~②번 중 몇 번일까요?

1 今日(きょう)も朝(あさ)から雨(あめ)が降(ふ)っている。　(① / ②)

雨(あめ)が降(ふ)る 비가 내리다

2 彼(かれ)は一人(ひとり)でビールを3本(ぼん)も飲(の)んだ。　(① / ②)

一人(ひとり)で 혼자서 | 飲(の)む 마시다

3 今日(きょう)のために、10年間(ねんかん)も我慢(がまん)した。　(① / ②)

~ために ~을 위해서 | 我慢(がまん) 참음

4 昨日(きのう)のパーティーには50人(にん)も参加(さんか)した。　(① / ②)

参加(さんか) 참가

5 彼(かれ)は日本語(にほんご)だけではなく、中国語(ちゅうごくご)もできる。　(① / ②)

~だけではなく ~뿐만 아니라

조사 「も」는 강조의 용법만 확실히 숙지해 두면 된다. 이 때 해석은 '~이나, ~씩이나'가 된다.

정답 1 ① 2 ② 3 ② 4 ② 5 ①

조금 더 파고들기

「も」를 사용한 문법 표현

- ~もかまわず : ~도 개의치 않고
- ~も~ば~も : ~도 ~이거니와 ~도
- ~もさることながら : ~도 그렇지만
- ~もそこそこに(して) : ~도 하는 둥 마는 둥

の ～의, ～인, ～이, ～가

🔍 집중! 이것만은 꼭!

① 명사와 명사를 연결 (명사 연결)

② 전후의 관계가 동격임을 나타냄. (동격)

③ 준체조사로 사용되어 체언의 역할을 함. (체언의 역할)

④ 종조사적 용법으로 가벼운 단정, 질문, 충고 등을 나타냄. (종조사)

⑤ 체언을 수식하는 수식구 안에서 주격조사 「が」 대신에 사용. (「が」 대용)

TEST

※ ①～⑤번 중 몇 번일까요?

1 昨日は一体どうしたの。   一体 도대체

(① / ② / ③ / ④ / ⑤)

2 こちらは弟の和夫です。   弟 남동생

(① / ② / ③ / ④ / ⑤)

3 彼は体の不自由な人である。   体 몸 | 不自由 부자유

(① / ② / ③ / ④ / ⑤)

4 子供たちが遊んでいるのが見える。   遊ぶ 놀다 | 見える 보이다

(① / ② / ③ / ④ / ⑤)

5 太郎の意見はそのまま採用された。   意見 의견 | そのまま 그대로 | 採用 채용

(① / ② / ③ / ④ / ⑤)

조사 「の」는 동격의 용법과 주격조사 「が」 대신에 사용되는 용법을 중심으로 공부해 두어야 한다. 우리말로 '～이, ～가'로 번역되면 주격조사 「が」 대신에 사용되었다고 보면 된다.

정답 ① ④ ⑤ ③ ② ⑤ ⑤ ② ④ ⑤ ③ ①

 조금 더 파고들기

「の」를 사용한 문법 표현

• ～のだ : ～인 것이다   • ～の極み : ～의 극치, 정말 ～함

• ～の中で : ～중에서

で   ~에서, ~로, ~때문에

집중! 이것만은 꼭!

① 수단이나 방법. (~로)   ② 일반적인 재료나 판단의 근거. (~로)

③ 동작이 행해지거나 어떤 일이 발생하는 장소. (~에서)

④ 어떤 주체의 한계를 나타내거나 한정시키는 역할. (~로, ~면)

⑤ 원인을 나타냄. 이 때「~のために」로 바꾸어 나타낼 수도 있음. (~때문에)

⑥ 충만을 의미하는 술어 앞에 사용되어 그 대상이나 재료를 나타냄. (~로)

TEST

※ ①~⑥번 중 몇 번일까요?

1 太郎は木で船を作るのが得意だ。   船 배 | 得意だ 잘하다

（ ① / ② / ③ / ④ / ⑤ / ⑥ ）

2 にわか雨でびしょびしょになってしまった。   にわか雨 소나기 | びしょびしょ 흠뻑 젖은 모양

（ ① / ② / ③ / ④ / ⑤ / ⑥ ）

3 日本では自転車で通学する学生が多い。   通学 통학 | 多い 많다

（ ① / ② / ③ / ④ / ⑤ / ⑥ ）

4 図書館は朝から勉強する人で満員だった。   図書館 도서관 | 満員 만원

（ ① / ② / ③ / ④ / ⑤ / ⑥ ）

5 一人では無理ですから、みんなでやりましょう。 無理 무리 | やる 하다

（ ① / ② / ③ / ④ / ⑤ / ⑥ ）

6 ここでたばこを吸ってはいけません。   ここ 여기 | たばこを吸う 담배를 피우다

（ ① / ② / ③ / ④ / ⑤ / ⑥ ）

조사「で」는 조사 중에서 가장 많이 출제되는 조사인 만큼 각각의 용법을 확실히 정리해 두어야 한다. 파트 5에서 용법 구분 문제로 출제되었을 때는「で」앞에 한 단어만 보고 해석을 하면 쉽게 답을 고를 수 있다. 파트 7에서 찾는 문제로 출제되었을 경우에도 밑줄 앞에 한 단어만 보고 답을 찾는 연습을 하도록 하자.

정답 ① ② ⑤ ⑥ ③ ① ④ ⑥ ⑤ ④ ③

조금 더 파고들기

「で」를 사용한 문법 표현

・~であれ~であれ : ~이든 ~아니든   ・~では(じゃ)あるまいし : ~은 아닐 텐데, ~은 아니니까

つつ　〜하면서, 〜인데도, 〜하는 중이다

집중! 이것만은 꼭!

① 상반되는 두 상황을 연결. (〜인데도, 〜이지만)

② 동시에 다른 동작이나 행위를 함을 나타냄. (〜하면서)

③ 동작이나 작용이 어떤 방향을 향해서 계속되고 있음을 나타냄. (〜하는 중이다)

TEST

※ ①〜③번 중 몇 번일까요?

1 日が沈みつつ、夜が始まった。

沈む 가라앉다 ｜ 夜 밤

（ ① / ② / ③ ）

2 歴史に対する認識は変化しつつある。

歴史 역사 ｜ 認識 인식 ｜ 変化 변화

（ ① / ② / ③ ）

3 嘘と知りつつ、また私は彼にお金を貸した。

嘘 거짓말 ｜ 貸す 빌려 주다

（ ① / ② / ③ ）

4 静かな海を眺めつつ、物思いに耽っていた。

眺める 바라보다 ｜ 物思い 수심 ｜ 耽る 빠지다

（ ① / ② / ③ ）

5 最近、国際という概念が急速に変化しつつある。

国際 국제 ｜ 概念 개념 ｜ 急速 급속

（ ① / ② / ③ ）

조사 「つつ」는 「ながら」와 거의 의미가 유사하지만 문어적인 표현이기 때문에 일상생활에서는 잘 사용되지 않는다. 일단 전후를 해석해서 「つつ」가 '〜하면서'로 해석되면 동시동작을, 뒷부분에 조사 「も」가 붙어 있거나 '〜면서도'로 해석되면 역접을, 「동사 ます형 + つつある」의 형태로 사용되면 '계속 〜하다'라는 의미로 계속을 나타낸다.

정답 ① ② ② ① ② ③ ③ ④ ② ⑤ ③

ながら　～하면서, ～인데도, ～대로

🔍 집중! 이것만은 꼭!

① 두 개의 동작이 동시에 행해짐을 나타냄. (～하면서)

② 상태를 나타내는 술어와 함께 사용되어 역접을 나타냄. (～인데도, ～이지만)

③ 명사나 동사의 ます형에 접속해 그대로 변화되지 않는 상태나 모습을 나타냄. (～대로)

TEST

※ ①～③번 중 몇 번일까요?

1 全部知っていながら教えてくれない。　　　　知る 알다 | 教える 가르쳐주다

（ ① / ② / ③ ）

2 コーヒーでも飲みながら話しましょう。　　　飲む 마시다 | 話す 이야기하다

（ ① / ② / ③ ）

3 彼はいつも音楽を聞きながら勉強をしている。　音楽を聞く 음악을 듣다

（ ① / ② / ③ ）

4 アパートは交通が不便ながらも家賃は高い。　　交通 교통 | 不便 불편 | 家賃 집세

（ ① / ② / ③ ）

5 京都には昔ながらの建物がまだたくさん残っている。建物 건물 | 残る 생기다

（ ① / ② / ③ ）

'～하면서'로 해석되는 「ながら」는 전후에 동작을 나타내는 동사가 오며, 역접의 의미로 사용되어 '～인데도'로 해석되는 「ながら」는 앞에 상태를 나타내는 동사나 형용사, 부사가 온다. 마지막으로 '～대로'로 해석되는 상태의 용법은 「昔ながら(옛날 그대로)」나 「生まれながら(태어날 때부터, 천부적인)」정도의 표현밖에 없다.

1② 2① 3① 4② 5③

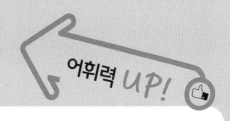

1자 한자 ②

- わた 綿 솜
- つみ 罪 죄
- ちから 力 힘
- ち 血 피
- いき 息 숨
- くだ 管 관
- はい 肺 폐
- いずみ 泉 샘
- しま 島 섬
- ふところ 懐 품
- つば 唾 침
- はい 灰 재
- はやし 林 숲
- はり 針 침
- つるぎ 剣 검
- こめ 米 쌀
- いと 糸 실
- ほね 骨 뼈
- ふで 筆 붓
- とびら 扉 문

- しろ 城 성
- つち 土 흙
- むろ 室 방
- かき 垣 담
- たね 種 씨
- した 舌 혀
- ひつぎ 棺 관
- なまり 鉛 납
- たば 束 다발
- すがた 姿 모습
- しな 品 물건
- つゆ 露 이슬
- みき 幹 줄기
- まくら 枕 베개
- むかし 昔 옛날
- そこ 底 바닥
- いしずえ 礎 초석
- いにしえ 古 옛날
- しお 塩 소금
- はだか 裸 알몸

- とうげ 峠 고개
- あかつき 暁 새벽
- もり 森 삼림
- あわ 泡 거품
- うた 歌 노래
- えり 襟 옷깃
- うら 裏 뒷면
- たぐい 類 유례
- はしら 柱 기둥
- のき 軒 처마
- おか 丘 언덕
- よわい 齢 연령
- かぶ 株 주식
- みや 宮 궁전
- なか 仲 사이
- みやび 雅 우아
- おに 鬼 귀신
- から 殻 껍질
- つめ 爪 손톱
- むし 虫 벌레

- つま 妻 아내
- つばさ 翼 날개
- はた 旗 깃발
- わざ 技 기술
- かわ 皮 가죽
- よめ 嫁 신부
- ふゆ 冬 겨울
- くら 倉 창고
- うつわ 器 그릇
- さかずき 杯 술잔
- かた 肩 어깨
- むね 棟 용마루
- しずく 滴 물방울
- たた 崇り 재앙
- おと 音 소리
- おき 沖 앞바다
- うず 渦 소용돌이
- おい 甥 남자조카
- こし 腰 허리
- ゆび 指 손가락

01 彼は全部知っていながら、何も教えてくれない。
(A) 知っているのに
(B) 知っているから
(C) 知っているかもしれないから
(D) 知っているかどうかわからないが

02 今日の会議は203号室で行われる。
(A) において
(B) はおろか
(C) はともかく
(D) はさておいて

03 彼は生まれながらの優れた才能を持っている。
(A) あの家では兄弟3人ながら野球選手である。
(B) 残念ながら明日の入学式には出席できません。
(C) ここでは昔ながらの製法で日本酒を作っている。
(D) 山田さんは老人ながら、まだてきぱきと仕事をしている。

04 今度の仕事は一人で十分できます。
(A) この建物は石でできています。
(B) 商店街は買い物客で込んでいた。
(C) 部屋の片付けぐらいは自分でやりなさい。
(D) 雨が降っているから、タクシーで行きましょう。

05 窓の外から子供たちが遊んでいるのが見える。
(A) 校門の前にある車は誰のですか。
(B) レポートを書くため、図書館の本を借りた。
(C) 私の好きな音楽はクラシックとポップソングだ。
(D) となりの部屋で音楽を聞いているのが聞こえる。

06 危ないと知りつつも、つい投げてしまった。
(A) 現代の家族の形は変わりつつある。
(B) 健康に対する関心は毎年増えつつあると思う。
(C) お酒を飲みつつ、月を眺めるのはなかなか趣がある。
(D) 面白いとは思いつつ、決して真似をしたいとは思わない。

07 これは昨日先生の部屋<u>で</u>見たもの<u>に</u>少し違う<u>ような</u>気が<u>する</u>。
(A)   (B)   (C)   (D)

08 この店<u>には</u>、他の店<u>で</u> <u>食べられない</u>家庭料理<u>も</u> 提供している。
(A)   (B)   (C)   (D)

09 昨日は雨<u>の</u>降っていた<u>ため</u>、どこ<u>へ</u>も出かけずにずっと<u>家にいました</u>。
(A)   (B)   (C)   (D)

10 <u>弛まぬ</u>努力をした彼は、<u>結局</u>オリンピック<u>で</u>金メダルを三つ<u>に</u>達成した。
(A)   (B)   (C)   (D)

11 台風が<u>上陸</u>して<u>一日中</u>雨が<u>降っていながら</u>、鈴木さんは山<u>へ</u>行きました。
(A)   (B)   (C)   (D)

12 <u>円やかな</u>月を<u>眺める</u>つつ、一人<u>で</u>お酒を飲むのも<u>満更</u>でもないね。
(A)   (B)   (C)   (D)

13 財産が<u>多い</u> からといって、いつも<u>幸せ</u>であるとは<u>限られない</u>。
(A)   (B)   (C)   (D)

14 田中さんは加藤久雄_____いう先生をご存じですか。
(A) に
(B) と
(C) の
(D) も

15 今日は風邪_____会社を休むことにしました。
(A) と
(B) も
(C) で
(D) の

16 食事を＿＿＿＿＿＿ながら新聞を読むのはよくない。
(A) し
(B) する
(C) して
(D) しよう

17 彼女は＿＿＿＿＿＿に音楽の才能に恵まれていた。
(A) 本性
(B) 本質
(C) 天然
(D) 生まれながら

18 高級レストラン＿＿＿＿＿＿、きっと値段も高いだろう。
(A) ともなると
(B) ともあると
(C) ともおけば
(D) ともすれば

19 うちの息子＿＿＿＿＿＿、もうすぐ試験なのに、遊んでばかりいる。
(A) とは
(B) ときたら
(C) とはいえ
(D) といえども

20 このような賞までいただけるとは、誠に感激の＿＿＿＿＿＿でございます。
(A) 極み
(B) 極め
(C) 極まる
(D) 極める

Unit 03

조사야~놀자! ❸

に・まで・より・きり・だけ・ばかり

 한눈에 들여다보기

に 조사 중에서 「で」 다음으로 출제빈도가 높은 조사이다. 파트 5에서는 용법 구분 문제로만 출제되고, 파트 6에서는 조사 「で」와의 오용이나 막연한 시간에는 조사 「に」를 사용할 수 없는 용법, 파트 7에서는 동작의 목적을 나타내는 용법이나 반드시 「に」를 사용해야만 하는 표현들이 출제된다.

まで 파트 6과 파트 7에 출제되는데, 대부분의 경우 계속을 나타내는 「まで」와 최종기한에 중점을 두는 「までに」의 구분 문제가 출제된다. 이 부분에 대한 공부를 확실히 해 두도록 하자.

より 용법이 많지 않기 때문에 파트 5의 용법 구분 문제에 대비해 용법을 확실히 이해해 둘 필요가 있다. 파트 7에서는 직접적으로 찾는 문제로 출제된다.

きり 파트 5에서 용법 구분 문제로 출제된 적이 있는데, 접속형태에 따른 의미만 이해해 두도록 하자. 「より」와 마찬가지로 파트 7에서는 직접적으로 찾는 문제로 출제된다.

だけ 파트 7에서 상당히 출제 빈도가 높은 조사이다. 대부분의 표현들이 문법 표현들이므로, 각 표현들의 의미를 암기해 두어야 한다.

ばかり 「だけ」와 마찬가지로 출제빈도가 상당히 높은 조사인데, 파트 5에서는 용법 구분 문제와 대체할 수 있는 표현으로 출제되고, 파트 6에서는 「だけ」와의 구분, 파트 7에서는 문법 표현이 주로 출제된다.

각 파트별 출제 유형		
조사	파트 5 (정답 찾기)	파트 6 (오문 정정)	파트 7 (공란 메우기)
に	·「に」의 용법 구분	·「で」와 「に」의 구분 · 막연한 시간에는 사용할 수 없는 조사 「に」	· 적절한 조사 찾기 · 반드시 조사 「に」를 사용하는 표현
まで	· 대체할 수 있는 표현 ·「まで」의 용법 구분	·「まで」와 「までに」의 구분 ·「に」와 「まで」의 구분	·「まで」와 「までに」 찾기
より	·「より」의 용법 구분	· 표현의 오용 · 접속형태의 오용	· 적절한 조사 찾기
きり	·「きり」의 용법 구분	· 표현의 오용 · 접속형태의 오용	· 적절한 조사 찾기
だけ	· 대체할 수 있는 표현 ·「だけ」의 용법 구분	· 표현의 오용	·「だけ」를 사용한 문법 표현
ばかり	· 대체할 수 있는 표현 ·「ばかり」의 용법 구분	· 표현의 오용 · 접속형태의 오용	·「ばかり」를 사용한 문법 표현

1 わからないことがございましたら、<u>下記窓口まで</u>お問い合わせください。
   (A) 下記窓口に
   (B) 下記窓口が
   (C) 下記窓口を
   (D) 下記窓口から

2 取引先の話を<u>信じたばかりに</u>、倒産してしまった。
   (A) 信じたせいで
   (B) 信じたおかげで
   (C) 信じなかったために
   (D) 信じる価値があったのに

3 <u>彼は英語ばかりか、中国語もできる。</u>
   (A) 彼は英語だけできる。
   (B) 彼は中国語しかできない。
   (C) 彼は英語ばかりではなく、中国語もできる。
   (D) 彼は英語はできないが、中国語はできる。

4 彼の英語の発音を聞いていると、<u>留学しただけのことはある</u>と思う。
   (A) 留学した方がいい
   (B) 留学しなくてもいい
   (C) 留学したやりがいがある
   (D) 留学したのに、あまり成果がない

5 彼女は親の世話にかかり<u>きり</u>だ。
   (A) テストに受かった人は一人<u>きり</u>だ。
   (B) 風邪を引いた子供を付き<u>きり</u>で看病した。
   (C) 彼は朝早く出て行った<u>きり</u>、まだ帰ってこない。
   (D) 彼はいすに座った<u>きり</u>、立ち上がろうとしない。

6 これは昨日本屋で買った<u>ばかり</u>の本です。
   (A) 彼は日本語<u>ばかり</u>ではなく英語もできます。
   (B) 手術しても彼の病気は悪くなる<u>ばかり</u>でした。
   (C) この店は美味しい<u>ばかり</u>か、値段も安いです。
   (D) 日本に来た<u>ばかり</u>の頃は日本語がよくわからなかった。

7 ご都合がよろしければ、明日一緒に映画でも見<u>に</u>行きませんか。

(A) 大学の前<u>に</u>大きなスーパーがあるから、とても便利だ。

(B) 先生には毎朝5時<u>に</u>起きられて朝刊を読む習慣がある。

(C) 息子<u>に</u>手紙を送ったが、まだ返事がなくてちょっと心配だ。

(D) プレゼントを買い<u>に</u>デパートに行ったが、あいにく定休日だった。

8 <u>こういう</u>日には、<u>気の合った</u>仲間と旅行<u>を</u><u>行き</u>たいです。
    (A)   (B)   (C)   (D)

9 梅雨に<u>入って</u>から、毎日雨<u>ほどで</u>、<u>うっとうしい</u>日々が<u>続いて</u>います。
         (A)   (B)   (C)   (D)

10 今まで<u>のように</u> <u>遊んだ</u>ばかりいると、いい大学<u>には</u>合格できないかも<u>しれない</u>。
         (A)   (B)   (C)   (D)

11 誰の助けもなく、<u>自分</u>なりに頑張ってきた<u>末</u>、彼は<u>いよいよ</u>大学の先生<u>が</u>なりました。
              (A)   (B)   (C)   (D)

12 <u>明日に</u>山田さん<u>と</u>会う予定でしたが、<u>急用</u>ができて<u>行けなく</u>なってしまいました。
  (A)   (B)   (C)   (D)

13 私は<u>朝9時</u><u>までに</u>出勤して<u>午後5時までに</u>仕事を<u>している</u>。
     (A)   (B)   (C)   (D)

14 <u>このような</u>温かいもてなし<u>まで</u>して<u>くださる</u>とは、感謝に<u>たえます</u>。
    (A)   (B)   (C)   (D)

15 事態がこう<u>なって</u>しまっては、私<u>として</u>も諦める<u>だけ</u>ほかはない。
    (A)   (B)   (C)   (D)

16 今日は昨日_____大分寒くなりました。

(A) より

(B) きり

(C) だけ

(D) ばかり

17 彼は高級住宅街_____住んでいます。

(A) で

(B) を

(C) に

(D) が

18 報告書は明日の3時_____出してください。

(A) まで

(B) までに

(C) までで

(D) までを

19 靴を_____にデパートに行ったけど、気に入るものがなかった。

(A) 買う

(B) 買い

(C) 買った

(D) 買おう

20 この時計は私_____、何よりも大切な物だ。

(A) によって

(B) にとって

(C) に応じて

(D) に従って

に   〜에, 〜에게, 〜하러

집중! 이것만은 꼭!

① 때를 나타냄. (때)

② 어떤 대상을 주고받는 상대. (상대)

③ 동작이나 태도가 향해지는 대상. (대상)

④ 구체물이나 추상물의 존재위치. (존재위치)

⑤ 수동문이나 사역문에서 동사의 주체. (동사의 주체)

⑥ 이동동사와 함께 사용되어 동작의 목적을 나타냄. (동작의 목적)

TEST

※ ①〜⑥번 중 몇 번일까요?

1 母に手紙を送る。   手紙 편지 | 送る 보내다

(① / ② / ③ / ④ / ⑤ / ⑥)

2 私は毎朝6時に起きる。   毎朝 매일 아침 | 起きる 일어나다

(① / ② / ③ / ④ / ⑤ / ⑥)

3 駅の前に大きな大学がある。   駅 역 | 大学 대학

(① / ② / ③ / ④ / ⑤ / ⑥)

4 明日は彼女と一緒に映画を見に行くつもりだ。   〜と一緒に 〜와 함께

(① / ② / ③ / ④ / ⑤ / ⑥)

5 いろいろと迷惑をかけてしまい、みんなに申し訳ない。   迷惑をかける 폐를 끼치다

(① / ② / ③ / ④ / ⑤ / ⑥)

6 彼は授業中に雑談ばかりしていて、先生に叱られた。   雑談 잡담 | 叱る 꾸짖다

(① / ② / ③ / ④ / ⑤ / ⑥)

조사 「に」는 「で」와 함께 출제빈도가 상당히 높은 조사인데, 대부분의 용법은 문장의 정확한 해석만으로 구분이 가능하다. 다만 가장 많이 출제된 동작의 목적을 나타내는 용법은 「旅行(여행)」처럼 동작성이 있는 명사나 동사의 ます형에 「に」가 접속되어 '~하러'라는 의미를 나타낸다는 것을 꼭 기억해 두자.

조금 더 파고들기

「に」를 사용한 문법 표현

- ~にとって : ~에 있어서

- ~にひきかえ : ~와는 반대로

- ~によって : ~에 의해, ~에 따라

- ~に応じて : ~에 따라서

- ~に応えて : ~에 부응해서

- ~にもまして : ~보다 더

- ~に対して : ~에 대해서 (앞에는 어떤 대상이 옴)

- ~について : ~에 대해서 (앞에는 어떤 내용이 옴)

- ~に堪える : ~할 만하다, ~할 만한 가치가 있다

- ~に堪えない : 차마 ~할 수 없다, ~을 강하게 느끼다

- ~にはあたらない : ~할 필요는 없다, ~할 것까지는 없다

まで ~까지, ~마저, ~에게

🔍 집중! 이것만은 꼭!

① 동작이나 작용, 사태 등이 미치는 범위. (범위)

② 어떤 일이 끝나는 시간이나 장소. (시간이나 장소)

③ 의뢰나 명령문에서 이동의 도착점을 나타냄. (이동의 도착점)

④ 그것이 한도·극한이라는 의미를 담아 어떤 내용을 나타냄. (한도)

⑤ '~까지'라는 의미로 어떤 사실에 새롭게 추가되는 사항을 나타냄. (추가)

TEST

※ ①~⑤번 중 몇 번일까요?

1 昨日弟の家まで行きました。　　　　　　　弟 남동생

（ ① / ② / ③ / ④ / ⑤ ）

2 昨日は夜12時まで勉強をしました。　　　　夜 밤

（ ① / ② / ③ / ④ / ⑤ ）

3 この遊園地は二人までなら無料です。　　　遊園地 유원지 | 無料 무료

（ ① / ② / ③ / ④ / ⑤ ）

4 全部直したら、私まで連絡してください。　　直す 고치다 | 連絡 연락

（ ① / ② / ③ / ④ / ⑤ ）

5 山田さんは日曜日まで手伝いに来てくれます。　手伝う 돕다

（ ① / ② / ③ / ④ / ⑤ ）

조사 「まで」는 기본적인 용법도 중요하지만 「までに」와의 구분이 무엇보다도 중요하다. 「まで」는 계속되는 동작이나 상태가 끝나는 시간을 나타내고, 「までに」는 '늦어도 어느 시점까지'라는 의미로 동작의 기한·마감 시간을 나타낸다. 따라서 끝이 확실하지 않은 동작에 「までに」는 사용하기 어렵다.

정답 ⑤ ③ ④ ③ ② ① ① ⑤ ⑦ ⑤ ⑥

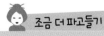

조금 더 파고들기

「まで」를 사용한 문법 표현

• ~までして : ~까지 해서　　　　　　　• ~まで(のこと)だ : ~일 따름이다, ~하면 그만(인 것)이다

• ~まで(のこと)もない : ~할 것까지도 없다

より　～보다, ～밖에, ～부터

① 비교의 기준을 나타냄. (비교의 기준)

② 어떤 내용이 유일한 방법임을 나타냄. (유일한 방법)

③ 문어적 용법으로써 「から」와 같은 기점이나 출처 등을 나타냄. (기점이나 출처)

TEST

※ ①～③번 중 몇 번일까요?

1 私は彼より背が高い。　　　　　　　　　　　背が高い 키가 크다

(① / ② / ③)

2 会議は午後2時より行います。　　　　　　会議 회의 | 行う 행하다, 실시하다

(① / ② / ③)

3 努力するよりほかに方法はない。　　　　　努力 노력 | 方法 방법

(① / ② / ③)

4 この問題は思ったより易しかった。　　　　易しい 쉽다

(① / ② / ③)

5 これは外国より到来した商品です。　　　外国 외국 | 到来 도래 | 商品 상품

(① / ② / ③)

조사 「より」의 세 가지 용법은 해석만으로도 대충 구분이 가능하다. '～보다'로 해석되면 비교의 기준, '～이외에, ～밖에'로 해석되면 유일한 방법, '～부터, ～에서'로 해석되면 기점이나 출처를 나타내는 용법이 된다. 특히어떤 내용이 유일한 방법임을 나타내는 용법은 주로 「～よりほか（に/は）ない」의 형태로 사용된다는 것을기억해 두자.

정답 ① ① ② ① ③ ② ④ ① ⑤ ③

きり ~만, ~뿐, ~한 채로

🔍 집중! 이것만은 꼭!

① 명사에 접속해 범위를 한정시킴 (~만, ~뿐)

② 동사의 ます형에 접속해 그것만을 계속함을 나타냄. (계속 ~만 할 뿐)

③ 동사의 た형에 접속해 동작의 결과가 이어짐을 나타냄. (~한 채로)

TEST

※ ①〜③번 중 몇 번일까요?

1 今日は二人きりで話し合った。
（① / ② / ③）
話し合う 서로 이야기하다

2 試験に受かったのは一人きりだった。
（① / ② / ③）
試験 시험 | ～に受かる ~에 합격하다

3 弟は2年前家を出たきり、まだ帰ってこない。
（① / ② / ③）
弟 남동생 | 帰る 돌아오다

4 彼とは去年会ったきりで、その後、会っていない。
（① / ② / ③）
その後 그 후 | 会う 만나다

5 彼女は風邪を引いた子供を付ききりで看病した。
（① / ② / ③）
風邪を引く 감기에 걸리다 | 看病 간병

조사 「きり」는 접속에 따라서 의미가 달라지므로, 접속형태를 정확하게 암기하는 것이 중요하다. 명사 뒤에 접속하면 '~만, ~뿐'이라는 의미를 나타내고, 동사의 ます형 뒤에 접속하면 다른 일은 하지 않고 어떤 한 가지 일만 계속한다는 의미를, 동사의 과거형에 접속하면 앞에서 말한 동작의 결과가 이어져 그것을 멈추는 동작이 일어나지 않음을, 즉 '~한채로'라는 의미를 나타낸다.

정답 ① ② ③ ③ ④ ⑤ ② 1 2 3 4 5

だけ ～만큼, ～만, ～뿐

① 명사나 동사에 접속해 수량을 나타냄. (수량)

② 정도나 범위, 수량을 한정적으로 나타냄. (～만큼, ～만)

③ 상승에 비례해서 변화가 일어남을 나타냄. (변화의 발생)

TEST

※ ①～③번 중 몇 번일까요?

1 食べれば食べるだけ太る。　　　　　　　　　太る 살찌다

　　　　　　　　（① / ② / ③）

2 出発する前に彼にだけ連絡をした。　　　　　出発 출발 | 連絡 연락

　　　　　　　　（① / ② / ③）

3 どうぞ食べられるだけ食べてください。　　　食べる 먹다

　　　　　　　　（① / ② / ③）

4 物事は焦れば焦るだけうまくいかない。　　　物事 모든 일 | 焦る 초조해하다 | うまくいく 잘 되어 가다

　　　　　　　　（① / ② / ③）

5 会場にどれだけの人が集まるかまだわからない。　会場 회장 | 集まる 모이다

　　　　　　　　（① / ② / ③）

조사 「だけ」는 한정을 나타내는 용법이 주로 출제된다. 그리고 상승에 비례해서 변화가 일어남을 나타내는 용법은 주로 「～ば～ほど(~면 ~수록) 구문을 많이 사용하지만, 「～ば～だけ」로 나타낼 수도 있다.

①⑤②②③②④③②①　1.③ 2.② 3.② 4.③ 5.①

 조금 더 파고들기

「だけ」를 사용한 문법 표현	・～だけのことだ : ~하면 그만이다
・～だけに : ~인 만큼	・～だけではなく～も : ~뿐만 아니라 ~도
・～だけあって : ~인 만큼	・～だけのことはある : ~하는 만큼의 것(보람)은 있다

ばかり ～만, ～뿐, 막 ～했다

집중! 이것만은 꼭!

① 수량을 나타내는 말에 붙어서 대략적인 양을 나타냄. (대략적인 양)

② 주로 명사에 접속해 '그것뿐'이라는 의미로 한정을 나타냄. (한정)

③ 동사의 기본형에 접속해 부정적인 방향으로 변화가 진행됨을 나타냄. (～일 뿐이다)

④ 동사의 た형에 접속해 '동작이 완료된 후 아직까지 시간이 얼마 지나지 않았음을 나타냄. (막 ～했다)

TEST

※ ①～④번 중 몇 번일까요?

1 前駅に着いたばかりです。　　　　　　　　　前駅 전역 | 着く 도착하다

(① / ② / ③ / ④)

2 これはこの間買ったばかりのカメラです。　　この間 일전에 | 買う 사다

(① / ② / ③ / ④)

3 すぐ行きますから、一時間ばかり待ってください。　すぐ 바로 | 待つ 기다리다

(① / ② / ③ / ④)

4 彼はろくに仕事もせず、いつも文句ばかり言っている。　ろくに 제대로 | 文句 불평, 불만

(① / ② / ③ / ④)

5 不景気の影響なのか、失業者の数は増えるばかりだ。　不景気 불경기 | 影響 영향 | 失業者 실업자

(① / ② / ③ / ④)

조사 「ばかり」는 접속형태에 따른 기본적인 의미도 중요하지만 문법 표현이 상당히 비중 있게 출제되고 있으므로 이 부분에 대한 공부가 많이 필요하다. 특히 「～て（で）ばかりいる（～하고만 있다）」, 「ない형 + んばかり（금방이라도 ～할 듯한）」, 「～たばかり（막 ～한, 갓 ～한）」 이 세 가지 표현은 접속에 주의하도록 하자.

정답 ① 4 ② 2 ③ 1 ④ 2 ⑤ 3

조금 더 파고들기

「ばかり」를 사용한 문법 표현

- ～ばかりではなく : ～뿐만 아니라
- ～ばかりか : ～뿐만 아니라
- ～て（で）ばかりいる : ～하고만 있다
- ～とばかり（に） : 마치 ～라는 것처럼
- ない형 + んばかり : 금방이라도 ～할 듯한
- ～ばかりに : ～해서, ～한 탓에, ～이기 때문에

01 交通事故の現場写真は<u>見るにたえない</u>ものばかりだった。
(A) 見てもいい
(B) 見られない
(C) 見てはいけない
(D) 見る価値がある

02 彼女は合格の知らせを聞いて<u>嬉しいとばかりに</u>、涙を流した。
(A) 嬉しいはずがないが
(B) いかにも嬉しいというように
(C) 嬉しいかどうかわからないが
(D) 嬉しくないわけがないので

03 私は彼<u>より</u>運動が上手だ。
(A) 頑張る<u>より</u>他に方法はない。
(B) 会議は午後2時<u>より</u>行います。
(C) これは日本<u>より</u>輸入されたものです。
(D) 山田先生は思った<u>より</u>厳しい人だった。

04 この店は何時<u>まで</u>やっていますか。
(A) 希望者は鈴木さん<u>まで</u>申し出てください。
(B) あまり時間がないから、駅<u>まで</u>走りましょう。
(C) 遅くても明日<u>まで</u>にはこの仕事を終わらせてください。
(D) 博打にはまると、お金ばかりか友人<u>まで</u>失いかねない。

05 叱られた子供はただ泣く<u>ばかり</u>だった。
(A) 東京からここに引っ越した<u>ばかり</u>です。
(B) 家から駅までは1時間<u>ばかり</u>かかります。
(C) 彼は日本語<u>ばかり</u>か、スペイン語もできる。
(D) 遊んで<u>ばかり</u>いては、いい大学に合格できない。

06 <u>当日</u>、会場に<u>どれごろ</u>の人々が<u>集まる</u>かは<u>今は</u>わからない。
　(A)　　　　　　(B)　　　　　(C)　　　　　　(D)

07 東京<u>に</u>新幹線<u>で</u>行って、<u>そこ</u>から地下鉄<u>に</u>乗り換えた。
　　　(A)　　(B)　　　　　　(C)　　　　(D)

08 <u>今朝には</u>とても天気が<u>よかった</u>のに、夜<u>急に</u>雨が降っ<u>てきた</u>。
      (A)   (B)   (C)   (D)

09 この映画は<u>実際に</u>東京<u>に</u>起きた事件<u>にもとづいて</u>製作<u>された</u>作品だ。
               (A)   (B)   (C)   (D)

10 そんなに<u>遊んだばかり</u>いる<u>と</u>、いい大学<u>には</u>合格できない<u>かも</u>しれないよ。
              (A)   (B)   (C)   (D)

11 彼女の英語<u>の</u>発音を聞いて留学した<u>ほど</u>のことはあると<u>つくづく</u> <u>感じ</u>ました。
           (A)   (B)   (C)   (D)

12 彼は今貿易会社_____勤めています。
(A) で
(B) を
(C) に
(D) より

13 風邪を引いた時には、熱が下がる_____寝た方がいい。
(A) まで
(B) までに
(C) までで
(D) までを

14 靴を買うなら、デパート_____ここで買った方が買い得ですよ。
(A) より
(B) から
(C) まで
(D) だけ

15 鈴木君とは高校を卒業した_____、一度も会っていない。
(A) ほど
(B) だけ
(C) きり
(D) まで

16 昨日アメリカから出発して今朝日本に_____ばかりです。
(A) 着く
(B) 着き
(C) 着いた
(D) 着かない

17 毎日_____ばかりいないで、たまには勉強もしなさい。
(A) 遊ぶ
(B) 遊んだ
(C) 遊んで
(D) 遊ばない

18 必要_____、計画を変えた方がいいかもしれない。
(A) にとっては
(B) については
(C) に応じては
(D) にひきかえ

19 その話を聞いた彼女は_____んばかりの顔をしていた。
(A) 泣き出す
(B) 泣き出さ
(C) 泣き出した
(D) 泣き出そう

20 彼女は「もう絶交よ」_____、私をにらんでいた。
(A) ばかりか
(B) ばかりに
(C) とばかりに
(D) ばかりではなく

Unit 04

조사야~놀자! ❹

ため・なり・やら・こそ・さえ・のに・すら

한눈에 들여다보기

ため 「ため」에는 '~을 위하여, ~을 위해서'라는 의미인 목적을 나타내는 용법과 '~때문에'라는 의미로 원인이나 이유를 나타내는 용법이 있다. 이 두 가지 용법의 구분만 확실히 할 수 있으면 된다.

なり 접속 조사 「なり」는 동사의 기본형에 접속해 '~하자마자'라는 의미를 나타내는 용법과 た형에 접속해 '~한 채로'라는 의미의 용법, 「~なりに」의 형태로 '~나름대로'라는 용법, 「~なり~なり」의 형태로 사용되어 '~거나 ~거나'라는 열거를 나타내는 용법이 있다. 실제 시험에서도 용법 구분 문제로 출제된 적이 있는 만큼 잘 기억해 두자.

やら 용법 구분 문제로 주로 출제되는데, 불확실한 의문을 나타내는 용법, 두 번 반복해서 사용해 열거를 나타내는 용법, 그리고 문장 끝에 붙여서 종조사적으로 사용되는 용법이 있다.

こそ '~야말로'라는 기본적인 의미보다는 '~이기 때문에'라는 의미인 「~ばこそ」와 「~からこそ」와 같은 강조를 나타내는 문법 표현이 주로 출제된다.

さえ '~조차'라는 의미로 예시를 나타내는 용법과 첨가를 나타내는 것이 기본 용법이다. 파트 7에서는 '~만 ~하면'이라는 의미인 「~さえ~ば」구문이 자주 나온다.

のに 역접을 나타내는 접속조사 「のに」는 파트 5에서는 대체할 수 있는 표현을 묻는 문제로 출제되고, 파트 6에서는 「ので」와의 구분, 파트 7에서는 직접적으로 찾는 문제로 출제된다.

すら 명사나 조사 다음에 접속해 '~조차'라는 의미로 극단적이거나 최소한의 정도를 나타내는 어떤 대상을 예로서 제시하는 용법이 있다.

각 파트별 출제 유형		
조사	파트 5 (정답 찾기)	파트 6 (오문 정정)	파트 7 (공란 메우기)
ため	·「ため」의 용법 구분	· 접속 형태의 오용	· 적절한 조사 찾기
なり	·「なり」의 용법 구분	· 접속 형태의 오용	· 적절한 조사 찾기
やら	·「やら」의 용법 구분	· 접속 형태의 오용	· 적절한 조사 찾기
こそ	· 대체할 수 있는 표현 찾기	·「こそ」를 사용한 문법 표현	·「~からこそ」에서 「こそ」 찾기
さえ	·「さえ」의 용법 구분	·「さえ」를 사용한 문법 표현	· 적절한 조사 찾기
のに	·「のに」의 용법 구분	·「のに」와 「ので」의 구분	· 적절한 조사 찾기
すら	·「すら」의 용법 구분	· 표현의 오용	· 적절한 조사 찾기

1 あの時、薬さえあれば彼は助かったものを。

    (A) 薬だけ

    (B) 薬こそ

    (C) 薬のため

    (D) 薬のせいで

2 先生でさえ解けない問題なのだから、私たちには無理だろう。

    (A) 先生でも

    (B) 先生だけ

    (C) 先生以外は

    (D) 先生を含めて

3 息子は家に帰るなり、自分の部屋に入って出てこない。

    (A) 帰る前に

    (B) 帰ったまま

    (C) 帰るとすぐ

    (D) 帰らないうちに

4 朝寝坊をしたため、学校に遅刻してしまいました。

    (A) 私は健康のため、毎日運動をしています。

    (B) 人間は生きていくため、食べなければなりません。

    (C) 彼は昨日交通事故に遭ったため、今入院中です。

    (D) 彼は東京大学に合格するため、一生懸命に勉強しています。

5 彼女は私の顔を見るなり、笑い出した。

    (A) 中村君は服を着たなり、部屋で寝ている。

    (B) 弟はご飯を食べるなり、どこかへ出かけた。

    (C) 水なり生ビールなり、何か冷たいものが飲みたい。

    (D) これは自分なりによく考えた上で出した結論である。

6 来週はレポートやら試験やらで忙しくなりそうだ。

    (A) 床に何やら落ちているようだ。

    (B) となりの部屋で誰やらが話している。

    (C) 彼は私たちのグループに一体どういう協力をしたのやら。

    (D) お酒を飲みすぎて、頭が痛いやら苦しいやらで大変だった。

7 こんな問題は子供でさえ知っている。

(A) 彼は漢字で自分の名前さえ書けない。

(B) あなたさえそばにいてくれれば、それでいい。

(C) 最近目が悪い上に、耳さえ遠くなってしまった。

(D) 今度のテストは時間さえあれば全部解けたのに。

8 昨日、雨が降るため、試合は中止になってしまいました。
　　(A)　　　　　(B)　　　　　　(C)　　　(D)

9 とても暑かったのに扇風機を回してみたが、ちっとも涼しくならない。
　　　　　　　　　(A)　　　　　　(B)　　　　　　(C)　　　　　(D)

10 これは単純な運ではない。自分なりに努力したからだけ成功したのだ。
　　　　(A)　　　　　　　　　　(B)　　　　　(C)　　　(D)

11 本を読むのが大嫌いな山田君は教科書ばかりか、雑誌こそ読もうとしない。
　　　　　　(A)　　　(B)　　　　　　(C)　　　　(D)

12 今回のような大地震は、想像することやら 恐ろしいです。
　　　　　(A)　　　　　　　(B)　　　(C)　　(D)

13 父は遅く帰宅した妹の顔を見たなり、「こんな時間まで何をやってた!」と怒鳴り付けた。
　　　　　　　(A)　　　　　　　(B)　　　　　　　　(C)　　　　　　　(D)

14 子供は朝家を＿＿＿＿＿＿＿なり、まだ帰ってこない。

(A) 出

(B) 出る

(C) 出た

(D) 出よう

15 日本にいるから＿＿＿＿＿＿、日本人の友達を作る機会が多いのだ。

(A) やら

(B) こそ

(C) すら

(D) ため

16 突然のにわか雨の＿＿＿＿＿＿、びしょ濡れになってしまった。
(A) で
(B) ため
(C) すら
(D) ばかりに

17 その話はどこ＿＿＿＿＿＿で聞いたことがあるような気がする。
(A) が
(B) に
(C) やら
(D) こそ

18 彼は暇＿＿＿＿＿＿あれば、小説ばかり読んでいる。
(A) さえ
(B) こそ
(C) やら
(D) すら

19 苦しい時に手伝ってくれる友達＿＿＿＿＿＿が真の友達だと言える。
(A) やら
(B) ため
(C) すら
(D) こそ

20 人は＿＿＿＿＿＿んがために、心ならずも悪事をしてしまう場合があります。
(A) 生き
(B) 生きる
(C) 生きた
(D) 生きよう

ため ～을 위하여, ～때문에

🔍 집중! 이것만은 꼭!

① 목적을 나타냄. (～을 위하여)

② 이유나 원인을 나타냄. (～때문에)

TEST

※ ①～②번 중 몇 번일까요?

1 雨のため、試合は中止になった。

雨 비 | 試合 시합 | 中止 중지

(① / ②)

2 結婚のため、仕事を辞めることにした。

結婚 결혼 | 仕事を辞める 일을 그만두다

(① / ②)

3 きれいになるため、毎日運動をしている。

きれいだ 예쁘다 | 運動 운동

(① / ②)

4 試験に合格するため、一生懸命に勉強をした。

試験 시험 | 合格 합격

(① / ②)

5 電車の事故があったため、学校に遅れてしまった。

事故 사고 | ～に遅れる ～에 늦다

(① / ②)

접속조사 「ため(に)」는 무엇보다도 두 가지 의미의 구분이 중요하다. 앞에 명사가 오면 두 가지 해석 중에서 자연스러운 것을 고르면 되고, 동사가 올 경우에는 기본형에 접속하면 대체적으로 '～을 위하여'라는 의미로 목적을, た형에 접속하면 무조건 '～때문에'라는 의미로 원인이 된다고 기억해 두면 된다.

정답 ① ② ① ① ② ① ② ① ② ③ ① ④ ② ⑤ ②

조금 더 파고들기

「ため」를 사용한 문법 표현

• ない형 + んがため(に) : ～을 위하여

• ～たいがため(に) : ～하고 싶은 마음에

＊ (예외) する : せんがために

なり   ～하자마자, ～한 채로, ～나름대로, ～나 ～등

🔍 집중! 이것만은 꼭!

① 동사의 た형에 접속해 '～한 채로'라는 의미를 나타냄. (～한 채로)

② 동사의 기본형에 접속해 '～하자마자'라는 의미를 나타냄. (～하자마자)

③ 주로 「～なり(に)」의 형태로 사용되어 '～나름대로'라는 의미를 나타냄. (～나름대로)

④ 「～なり～なり」의 형태로 사용되어 '～나 ～등'이라는 열거를 나타냄. (～나 ～등)

TEST

※ ①～④번 중 몇 번일까요?

1 昨日は眼鏡をかけたなり、寝てしまった。

（ ① / ② / ③ / ④ ）

眼鏡をかける 안경을 쓰다 | 寝る 자다

2 これは焼くなり煮るなりして食べた方がいい。

（ ① / ② / ③ / ④ ）

焼く 굽다 | 煮る 삶다

3 12月になるなり、寒い日々が続いている。

（ ① / ② / ③ / ④ ）

寒い 춥다 | 続く 이어지다

4 答えは自分なりによく考えてみてください。

（ ① / ② / ③ / ④ ）

答え 대답 | よく 잘 | 考える 생각하다

5 子供は朝早く家を出て行ったなり、まだ帰ってこない。

（ ① / ② / ③ / ④ ）

早い 이르다 | 帰る 돌아오다

접속조사 「なり」는 기본형과 た형에 접속에 따른 의미차이가 기본이다. 기본형에 접속하면 '～하자마자'라는 의미를 나타내고, た형에 접속하면 '～한 채로'라는 의미를, 「～なり(に)」의 형태로 사용되면 '～나름대로', 「～なり～なり」의 형태로 두 번 반복해서 사용하면 '～나 ～등'이라는 의미가 된다. 실제 JPT 시험에서도 용법 구분 문제로 출제된 적이 있는 만큼 잘 구분해 두도록 하자.

1①2④3②2③3④3⑤①

やら　～인가, ～인지, ～와 ～와

집중! 이것만은 꼭!

① 의문사를 받아 불확실한 추량을 나타내는 부조사로 쓰임. (～인가, ～인지)

② 문장의 끝 부분에 접속해 불확실한 의문을 나타내는 종조사로 쓰임. (～인가, ～인지)

③ 같은 종류에 속한다고 생각되는 사물을 병렬하거나 열거하는 부조사로 쓰임. (～와 ～와)

TEST

※ ①~③번 중 몇 번일까요?

1 いつのことやらよくわからない。 　　　　　いつ 언제 | わかる 알다

（ ① / ② / ③ ）

2 あの山の上に何やら見える。 　　　　　山 산 | 見える 보이다

（ ① / ② / ③ ）

3 これからどんなことが起こるやら。 　　　　　起こる 일어나다

（ ① / ② / ③ ）

4 その話はどこやらで聞いたことのある話だ。 　　　話 이야기 | 聞く 듣다

（ ① / ② / ③ ）

5 昨日コーヒーやらケーキやら色々ご馳走になった。 　　ご馳走になる 대접을 받다

（ ① / ② / ③ ）

조사 「やら」는 크게 나누면 세 가지 용법으로 나눌 수 있다. 전부 불확실한 의문을 나타내지만, 의문사 다음에 사용되면 부조사(~인가, ~인지), 문장의 끝 부분에 오면 종조사(~인가, ~인지), 주로 두 번 사용되어 같은 종류에 속하는 사물을 열거하는 부조사(~와 ~와)의 용법이 있다.

정답) 1① 2① 3② 4① 5③

こそ ～야말로, ～이지만, ～지언정

🔍 집중! 이것만은 꼭!

① 어떤 사항을 내세워 강조하는 뜻을 나타냄. (～야말로)

② 어떤 사항을 일단 인정해 두고, 그와 대립적·부정적인 사항을 말함. (～이지만, ～지언정)

TEST

※ ①～②번 중 몇 번일까요?

1 私こそ失礼いたしました。　　　　　　　　　　　失礼 실례 | いたす '하다'의 겸양어

（① / ②）

2 年こそ違え彼とは仲よくしている。　　　　　　年 나이 | 違う 다르다 | 仲よい 사이좋다

（① / ②）

3 感謝こそすれ、怒らなくてもいいだろう。　　　感謝 감사 | 怒る 화내다

（① / ②）

4 あなたを思えばこそ、話してあげるのだ。　　　～てあげる ～해 주다

（① / ②）

5 これこそ私が以前から求めていたものだ。　　　以前 이전 | 求める 원하다

（① / ②）

「こそ」는 강조의 용법이 시험에 주로 출제된다. 직접적으로 찾는 문제보다는 원인이나 이유를 나타내는 「から」를 강조한 표현인 「～からこそ(~이기 때문에)」나 「～ばこそ(~이기 때문에)」와 같은 문법 표현의 형태로 출제되는 경우가 많으므로, 이 두 표현을 반드시 암기해 두도록 하자.

① ① ② ③ ② ④ ⑤ 정답
5 ① 4 ② 3 ② 2 ① 1

さえ　～조차, 게다가 ～마저, ～만

집중! 이것만은 꼭!

① 어떤 사항을 강조적으로 제시하는 역할. (～조차)

② 정도가 심한 것이 더욱더 첨가됨을 나타냄. (게다가 ～마저)

③「～さえ～ば(～만 ～하면)」의 형태로 조건이 충족됨을 나타냄. (～만)

TEST

※ ①～③번 중 몇 번일까요?

1 忙しくて散歩する暇さえない。

忙しい 바쁘다 | 散歩 산책 | 暇 여유

（① / ② / ③）

2 こんな問題は子供にさえわかる。

問題 문제 | わかる 알다

（① / ② / ③）

3 彼女は暇さえあれば本を読んでいる。

本を読む 책을 읽다

（① / ② / ③）

4 昨日は雨ばかりではなく、風さえ吹き出した。

吹く 불다 | ます형+出す ～하기 시작하다

（① / ② / ③）

5 彼は金さえあれば何でもできると思っている。

何でも 뭐든지 | できる 할 수 있다

（① / ② / ③）

조사「さえ」는 강조나 첨가의 용법보다는 어떤 조건이 충족됨을 나타내는 용법이 시험에 많이 출제된다. 강조나 첨가는 전후의 내용으로 간단히 구분할 수 있으므로,「～さえ ～ば(～만 ～하면)」의 구문만 잘 기억해 두자.

정답 ① ① ② ① ③ ③ ④ ② ⑤ ③

のに ～인데도, ～이지만

TEST

※ ①～②번 중 몇 번일까요?

1 砂も火を消すのに役に立ちます。　　砂 모래 | 火を消す 불을 끄다 | 役に立つ 도움이 되다

(① / ②)

2 まだ早いのに、もう帰るのですか。　　早い 이르다 | もう 벌써 | 帰る 돌아가다

(① / ②)

3 立春が過ぎたのにまだ寒いですね。　　立春 입춘 | 過ぎる 지나가다 | 寒い 춥다

(① / ②)

4 彼は知っているのに、教えてくれない。　　知る 알다 | 教える 가르쳐주다

(① / ②)

5 この報告書を書くのに2週間もかかった。　報告書 보고서 | 書く 쓰다 | かかる (시간이) 걸리다

(① / ②)

접속조사 「のに」는 형태는 동일하지만, 형식명사 「の」에 조사 「に」가 접속되어 '～하는 것에, ～하는 데'라는 의미를 나타내는 표현과의 구분이 중요하다. 해석상으로 어느 정도 구분이 가능하기 때문에, 해석만 잘 기억해 두면 된다.

② ⑤ ① ⑦ ① ③ ① ② ② ① 1② 2① 3① 4① 5②

すら ~조차, ~까지, ~마저

🔍 집중! 이것만은 꼭!

① 어떤 사항을 강조적으로 제시하는 역할을 함. (~조차, ~까지, ~마저)
② 문장어로 주로 사용되며 대부분의 경우「さえ」나「だって」로 교체가 가능.

TEST

※「すら」에 주의하면서 다음 문장을 해석해 봅시다.

1 彼はまだひらがなすらちゃんと書けない。

> まだ 아직 | ちゃんと 제대로

2 この機械は子供ですら自由に動かせる。

> 機械 기계 | 自由に 자유롭게 | 動く 움직이다

3 人間は誰でも親にすら話せない秘密があるものだ。

> 人間 인간 | 秘密 비밀 | ～ものだ ~인법이다

4 今年の冬は沖縄ですら雪が降るほど寒い冬である。

> 冬 겨울 | 雪が降る 눈이 내리다 | 寒い 춥다

5 明日からテストなのに、彼は本ばかりかノートすら読もうとしない。

> ～ばかりか ~뿐만 아니라 | 読む 읽다

조사「すら」는 강조적으로 제시하는 용법밖에 없으므로, '~조차, ~까지, ~마저'라는 해석 정도만 기억해 두면 된다.

[정답]

1 그는 아직 히라가나조차 제대로 쓸 수 없다.
2 이 기계는 어린이조차 자유롭게 움직이게 할 수 있다.
3 인간은 누구든지 부모에게조차 말할 수 없는 비밀이 있는 법이다.
4 올해 겨울은 오키나와(沖縄)조차 눈이 내릴 정도로 추운 겨울이다.
5 내일부터 시험인데도, 그는 책뿐만 아니라 노트조차 읽으려고 하지 않는다.

01 昨夜は疲れて<u>服を着たなり</u>、寝てしまった。
　　(A) 服を脱いで
　　(B) 服を着たのに
　　(C) 服を着たまま
　　(D) 服を全部捨てて

02 彼は会社の方針について何も<u>わからないのに</u>、いつも口を出す。
　　(A) わかっていても
　　(B) わからないにしろ
　　(C) わからないくせに
　　(D) わかったかのように

03 優勝できたのは、チーム全員の<u>協力あればこそ</u>です。
　　(A) 協力があったからです
　　(B) 協力がなくてもできたことです
　　(C) 協力があったとは限りません
　　(D) 協力とはあまり関係ありません

04 私は毎日起きる<u>なり</u>、すぐシャワーを浴びます。
　　(A) この本は買った<u>なり</u>、まだ読んでいない。
　　(B) 妹はご飯を食べる<u>なり</u>、出かけてしまった。
　　(C) 夏休みには海<u>なり</u>山<u>なり</u>、どこかへぜひ行きたい。
　　(D) 彼も自分<u>なり</u>に頑張っているから、心配しなくてもいい。

05 交通事故があった<u>ため</u>、道がすごく込んでいる。
　　(A) 企業は生き残る<u>ため</u>、しのぎを削っている。
　　(B) 彼は健康の<u>ため</u>、毎日運動をしています。
　　(C) 雨の<u>ため</u>、試合は全部中止になってしまった。
　　(D) 東京大学に合格する<u>ため</u>、一生懸命に勉強する。

06 車を買う<u>のに</u>、必要な書類を提出した。
　　(A) 雨が降っている<u>のに</u>、彼は出かけた。
　　(B) 彼女は本当に歌が上手な<u>のに</u>、全然歌おうとしない。
　　(C) 小さな公園な<u>のに</u>、人影があまり見えなくてちょっと恐い。
　　(D) 彼女からダイエットする<u>のに</u>、有効な方法を教えてもらった。

07 今度のテストは時間さえ十分にあると、全部解けた のに。
(A)   (B)   (C)   (D)

08 説明はここまでとします。答えは自分きりに考えてみてください。
   (A)   (B)   (C)   (D)

09 今まで一度も飛行機に乗ったことがなかったのに、彼は少し緊張気味だった。
     (A)   (B)   (C)   (D)

10 本の内容があまりにも 面白くて、寝る時間やらもったいないと思ったほどだった。
       (A)   (B)   (C)   (D)

11 彼ときたら、漢字を2年間も習ったと言ったのに、まだ自分の名前すらまともに
   (A)   (B)   (C)

書ける。
 (D)

12 彼がライバルの会社に機密事項を全部話すために、計画は台無しになってしまった。
  (A)   (B)   (C)   (D)

13 子供やら解けた問題を大学生が解けない とは、ちょっと情けないね。
   (A)   (B) (C)   (D)

14 ご両親も君のためを思えばだけ、そんなに厳しく叱ったと思います。
(A)   (B)   (C)   (D)

15 最近仕事が忙しくて日曜日_____休めない。
(A) こそ
(B) ため
(C) のに
(D) すら

16 昨日まではいい天気だった_____、今日は朝から雨が降っている。
(A) のに
(B) ため
(C) ので
(D) から

17 昨日は山田さんのお宅でケーキやらお菓子_____色々ご馳走になりました。
(A) やら
(B) さえ
(C) すら
(D) なり

18 人間は生きて_____ためには食べなければならない。
(A) いき
(B) いく
(C) いこう
(D) いった

19 山田さんは仕事が_____なり、友達に電話をかけた。
(A) 終わり
(B) 終わる
(C) 終わろう
(D) 終わらない

20 彼は川に溺れた子供を_____んがため命を落とした。
(A) 救わ
(B) 救い
(C) 救う
(D) 救おう

Unit 05

공공의 적!

い형용사 · な형용사

 한눈에 들여다보기

い형용사 발음이나 한자와 함께 무엇보다도 문법적인 정리가 필요한 품사가 い형용사이다. 주로 な형용사와의 문법 비교 문제로 많이 출제되는데, 각 파트별 출제 경향을 보면 다음과 같다.

우선 파트 5 정답 찾기에는 발음문제와 한자 찾기 문제, い형용사와 대체할 수 있는 표현, 용법 구분 문제 등이 출제된다. 파트 6 오문 정정에는 접속 형태의 오용이나 문장 전체의 내용과는 맞지 않는 い형용사, な형용사와의 문법 차이에 대한 이해, い형용사에서 나온 전성명사의 수식 형태 등이 출제된다. 마지막으로 파트 7 공란 메우기는 주로 직접적으로 い형용사를 찾는 문제나 보조 형용사를 찾는 문제가 출제되는데 간혹 보기가 한자로 출제되는 경우도 있기 때문에, 한자까지 완벽하게 숙지해 둘 필요가 있다. 그리고 い형용사가 들어간 관용 표현에서 형용사 찾기 문제도 출제된 적이 있는 만큼 관용 표현도 숙지해 두어야 한다.

な형용사 주로 문법 사항 위주로 출제되는 품사인데, 발음 문제로 출제될 경우 유사한 발음이 아주 많이 나오기 때문에 상당한 주의가 요구된다. 파트 5 정답 찾기에서는 발음 문제와 한자 찾는 문제 이외에는 아직까지 출제된 적이 없다. 하지만 「～やか」나 「～らか」 등 비슷하게 끝나는 な형용사가 무수히 많으므로, 평소에 정확하게 발음을 기억해 둘 필요가 있다. 파트 6에서는 い형용사와 마찬가지로 문법적인 사항 위주로 출제된다. 대부분이 접속에 대한 문제로 각 품사별 접속 형태를 완벽하게 숙지하고 있어야 한다. 그 이외에는 い형용사와의 문법 사항을 교묘하게 바꿔서 출제되므로 주의 깊게 보아야 한다. 파트 7에는 직접적으로 찾는 문제로 출제되는데, 형용사와 마찬가지로 요즘은 한자로 제시되는 경우가 많기 때문에 평소에 한자까지 꾸준히 암기해 두어야 한다.

각 파트별 출제 유형		
	파트 5 (정답 찾기)	파트 6 (오문 정정)	파트 7 (공란 메우기)
い 형용사	·い형용사 발음 찾기 ·い형용사 한자 찾기 ·い형용사가 들어간 두 문장 연결하기 ·보조 형용사에 대한 이해 ·い형용사와 대체할 수 있는 표현 ·い형용사의 용법 구분	·조동사 접속의 오용 ·문장의 흐름과는 맞지 않는 い형용사 ·い형용사에서 나온 전성명사의 수식 형태 ·な형용사와의 문법 차이	·적절한 い형용사 찾기 ·적절한 보조 형용사 찾기 ·보조 형용사 앞의 접속 형태 ·관용 표현에서 적절한 い형용사 찾기 ·추량의 조동사 「そうだ」 앞의 접속 형태
な 형용사	·な형용사 발음 찾기 ·な형용사 한자 찾기 ·な형용사의 용법 구분	·명사 수식 형태의 오용 ·조동사 접속의 오용 ·문장의 흐름과는 맞지 않는 な형용사 ·い형용사와의 문법 차이	·적절한 な형용사 찾기 ·관용 표현에서 적절한 な형용사 찾기 ·추량의 조동사 「そうだ」 앞의 접속 형태

1　眠らない街、東京には夜でも<u>賑やか</u>なところがいっぱいある。
　　(A) にぎやか
　　(B) はなやか
　　(C) あざやか
　　(D) おだやか

2　彼女は<u>からい</u>食べ物が苦手だそうだ。
　　(A) 甘い
　　(B) 辛い
　　(C) 幸い
　　(D) 狭い

3　朝から降った雨で富士山は<u>かすかに</u>見える程度だった。
　　(A) 微か
　　(B) 徴か
　　(C) 懲か
　　(D) 薇か

4　この食べ物は柔らかくて<u>食べやすい</u>。
　　(A) 食べたくない
　　(B) 食べてもいい
　　(C) 食べた方がいい
　　(D) 食べるのに難しくない

5　一人でテレビを見るのは楽しく<u>ない</u>。
　　(A) かばんの中には何も<u>ない</u>。
　　(B) この漫画は全然面白く<u>ない</u>。
　　(C) もうこれ以上は絶対許さ<u>ない</u>。
　　(D) 何回聞いても彼の話はよくわから<u>ない</u>。

6　彼は語学専攻なのに、法律にも<u>明るい</u>。
　　(A) 彼女は部屋を<u>明る</u>くしないと寝られない。
　　(B) 山田さんは本当に経済に<u>明るい</u>人です。
　　(C) 結婚式は<u>明るい</u>雰囲気の中で行われた。
　　(D) 照明が<u>明るい</u>から、作業するのに便利だ。

7 この靴は<u>きつくて</u>、足の指が痛い。
　(A) こんな<u>きつい</u>仕事はもうこりごりだ。
　(B) 母はかなり<u>きつい</u>言葉で妹を叱った。
　(C) この服は私に似合うが、ちょっと<u>きつい</u>。
　(D) 夜までアルバイトをしていても、生活はまだ<u>きつい</u>。

8 鈴木さんは機械の操作が<u>うまくて</u>羨ましいです。
　(A) こんなに<u>うまい</u>料理は生まれて初めて食べました。
　(B) 最近、どうですか。仕事の方は<u>うまく</u>行っていますか。
　(C) 彼がこんなに絵が<u>うまい</u>とは、今まで知りませんでした。
　(D) 明日は給料日だから、<u>うまい</u>物でも食べに行きましょう。

9 駐車場に<u>ある</u> <u>大きいで</u>、素敵な<u>車</u>は誰<u>の</u>ですか。
　　　(A)　　　(B)　　　　(C)　　　(D)

10 <u>この</u>部屋、荷物が<u>多すぎて</u> <u>ほそく</u> <u>感じられます</u>。
　　(A)　　　　　　　(B)　　　(C)　　　(D)

11 <u>多いの</u>人が予想した<u>通り</u>、韓国は<u>容易く</u>中国<u>に</u>勝った。
　　(A)　　　　　　　(B)　　　　(C)　　　(D)

12 <u>小さいの</u>時、あの公園で友達と夜<u>遅く</u>まで遊<u>んだ</u><u>ものだ</u>。
　　(A)　　　　　　(B)　　　(C)　　　(D)

13 一人<u>で</u>道を歩いている<u>のに</u>、<u>だんだん</u> <u>暗く</u>になって恐かった。
　　(A)　　　　(B)　　(C)　　(D)

14 智子さんは<u>きれいし</u>、性格も<u>いいし</u>、私<u>にとっては</u>本当にいい友達な<u>の</u>です。
　　　　　(A)　　　　　(B)　　　(C)　　　　　　　　(D)

15 <u>着てみたら</u>ちょっと<u>きびしい</u>ですね。<u>一つ上</u>のサイズは<u>ありませんか</u>。
　(A)　　　　　　(B)　　　　(C)　　　　(D)

16 千代さんは背が高くて、＿＿＿＿＿な体つきをしている女性である。
(A) しなやか
(B) こまやか
(C) おおまか
(D) すみやか

17 自転車に乗った若い女性が＿＿＿＿な坂を登ってくる。
(A) おごそか
(B) すこやか
(C) ゆるやか
(D) なごやか

18 今度の交通事故で＿＿＿＿人を亡くしてしまいました。
(A) 惜しい
(B) 怪しい
(C) 正しい
(D) 空しい

19 勤務時間にはそんな＿＿＿＿話ばかりしないで、仕事をしなさい。
(A) このましい
(B) くだらない
(C) いちじるしい
(D) おびただしい

20 彼女の＿＿＿＿振る舞いに沈着冷静な彼も驚いてしまった。
(A) りりしい
(B) はしたない
(C) みずくさい
(D) なごりおしい

い형용사

집중! 이것만은 꼭!

• い형용사 기본적인 문법 사항 정리

① 부사형 ⋯⋯▸ 어미「い」를「く」로 바꿈.　　　예 寒い 춥다 → 寒く 춥게

② 과거형 ⋯⋯▸ 어미「い」를「かった」로 바꿈.　예 寒い 춥다 → 寒かった 추웠다

③ 부정형 ⋯⋯▸ 어미「い」를「くない」로 바꿈.　예 寒い 춥다 → 寒くない 춥지 않다

④ 가정형 ⋯⋯▸ 어미「い」를「ければ」로 바꿈.　예 寒い 춥다 → 寒ければ 춥다면

⑤ 동사형 ⋯⋯▸ 어미「い」를 빼고「がる」를 접속.　예 寒い 춥다 → 寒がる 추위하다

⑥ 명사형 ⋯⋯▸ 어미「い」를「さ」나「み」로 바꿈.　예 寒い 춥다 → 寒さ 추위

TEST

※ 기본적인 문법 사항을 정리해 봅시다.

い형용사	부사형	과거형	부정형	가정형	동사형	명사형
強つよい						
楽たのしい						
悲かなしい						
面白おもしろい						

각 형태별 활용은 파트 5에서는 거의 출제되지 않으며, 주로 파트 6 오문 정정에서 출제된다. 파트 5에서는 발음이나 한자 위주로 출제되므로 이 부분에 대한 공부가 필요하고, 파트 7에서는 직접적인 문법보다는 보조 형용사를 찾는 문제나 접속을 묻는 문제가 자주 출제되므로, 보조 형용사에 대해서 정리해 둘 필요가 있다.

정답

い형용사	부사형	과거형	부정형	가정형	동사형	명사형
<ruby>強<rt>つよ</rt></ruby>い	<ruby>強<rt>つよ</rt></ruby>く	<ruby>強<rt>つよ</rt></ruby>かった	<ruby>強<rt>つよ</rt></ruby>くない	<ruby>強<rt>つよ</rt></ruby>ければ	<ruby>強<rt>つよ</rt></ruby>がる	<ruby>強<rt>つよ</rt></ruby>さ
<ruby>楽<rt>たの</rt></ruby>しい	<ruby>楽<rt>たの</rt></ruby>しく	<ruby>楽<rt>たの</rt></ruby>しかった	<ruby>楽<rt>たの</rt></ruby>しくない	<ruby>楽<rt>たの</rt></ruby>しければ	<ruby>楽<rt>たの</rt></ruby>しがる	<ruby>楽<rt>たの</rt></ruby>しさ
<ruby>悲<rt>かな</rt></ruby>しい	<ruby>悲<rt>かな</rt></ruby>しく	<ruby>悲<rt>かな</rt></ruby>しかった	<ruby>悲<rt>かな</rt></ruby>しくない	<ruby>悲<rt>かな</rt></ruby>しければ	<ruby>悲<rt>かな</rt></ruby>しがる	<ruby>悲<rt>かな</rt></ruby>しさ
<ruby>面白<rt>おもしろ</rt></ruby>い	<ruby>面白<rt>おもしろ</rt></ruby>く	<ruby>面白<rt>おもしろ</rt></ruby>かった	<ruby>面白<rt>おもしろ</rt></ruby>くない	<ruby>面白<rt>おもしろ</rt></ruby>ければ	<ruby>面白<rt>おもしろ</rt></ruby>がる	<ruby>面白<rt>おもしろ</rt></ruby>さ

 조금 더 파고들기

❖ 보조 형용사와 용법

- ない ~지 않다 　　　예 面白い 재미있다 → 面白くない 재미있지 않다
- いい ~해도 좋다 　　　예 休む 쉬다 → 休んでいい 쉬어도 좋다
- 동사의 ます형 + やすい ~하기 쉽다 　예 使う 사용하다 → 使いやすい 사용하기 쉽다
- 동사의 ます형 + にくい ~하기 힘들다 　예 書く 쓰다 → 書きにくい 쓰기 힘들다
- 동사의 ます형 + がたい ~하기 어렵다 　예 理解する 이해하다 → 理解しがたい 이해하기 어렵다
- 동사의 ます형 + づらい ~하기 거북하다 　예 言う 말하다 → 言いづらい 말하기 거북하다

❖ 형용사에서 나온 전성명사 「多く」「近く」「遠く」

- 「多く(많음)」「近く(근처)」「遠く(먼 곳)」는 형용사에서 명사로 품사가 바뀐 표현들로, 바로 뒤의 명사를 직접 수식할 경우에는 반드시 조사 「の」 다음에 명사가 온다.
- 多くの人 많은 사람, 近くの病院 가까운 병원, 遠くの山 멀리 있는 산

시험에 자주 출제되는 い형용사

□ <ruby>憎<rt>にく</rt></ruby>い 밉다
□ <ruby>鈍<rt>のろ</rt></ruby>い 느리다
□ <ruby>快<rt>こころよ</rt></ruby>い 상쾌하다
□ <ruby>緩<rt>ゆる</rt></ruby>い 느슨하다
□ <ruby>尊<rt>とうと</rt></ruby>い 귀중하다
□ <ruby>詳<rt>くわ</rt></ruby>しい 상세하다
□ <ruby>煙<rt>けむ</rt></ruby>たい 거북하다
□ <ruby>険<rt>けわ</rt></ruby>しい 험악하다
□ <ruby>夥<rt>おびただ</rt></ruby>しい 매우 많다
□ <ruby>騒<rt>さわ</rt></ruby>がしい 시끄럽다
□ <ruby>煩<rt>わずら</rt></ruby>わしい 번거롭다
□ くだらない 시시하다
□ <ruby>紛<rt>まぎ</rt></ruby>らわしい 혼동되다
□ <ruby>疑<rt>うたが</rt></ruby>わしい 의심스럽다

□ <ruby>若<rt>わか</rt></ruby>い 젊다
□ <ruby>惜<rt>お</rt></ruby>しい 아깝다
□ <ruby>賢<rt>かしこ</rt></ruby>い 현명하다
□ <ruby>懐<rt>なつ</rt></ruby>かしい 그립다
□ <ruby>怪<rt>あや</rt></ruby>しい 수상하다
□ <ruby>著<rt>いちじる</rt></ruby>しい 현저하다
□ <ruby>眩<rt>まぶ</rt></ruby>しい 눈부시다
□ <ruby>平<rt>ひら</rt></ruby>たい 평평하다
□ <ruby>勇<rt>いさ</rt></ruby>ましい 용감하다
□ <ruby>情<rt>なさ</rt></ruby>けない 한심하다
□ <ruby>勿体<rt>もったい</rt></ruby>ない 아깝다
□ <ruby>恨<rt>うら</rt></ruby>めしい 원망스럽다
□ <ruby>脆<rt>もろ</rt></ruby>い 저항력이 약하다
□ <ruby>生臭<rt>なまぐさ</rt></ruby>い 비린내가 나다

□ <ruby>荒<rt>あら</rt></ruby>い 거칠다
□ <ruby>悔<rt>くや</rt></ruby>しい 분하다
□ <ruby>羨<rt>うらや</rt></ruby>ましい 부럽다
□ <ruby>空<rt>むな</rt></ruby>しい 허무하다
□ <ruby>乏<rt>とぼ</rt></ruby>しい 모자라다
□ <ruby>容易<rt>たやす</rt></ruby>い 용이하다
□ <ruby>相応<rt>ふさわ</rt></ruby>しい 상응하다
□ <ruby>清々<rt>すがすが</rt></ruby>しい 상쾌하다
□ <ruby>望<rt>のぞ</rt></ruby>ましい 바람직하다
□ <ruby>恥<rt>は</rt></ruby>ずかしい 부끄럽다
□ <ruby>図々<rt>ずうずう</rt></ruby>しい 뻔뻔스럽다
□ <ruby>慌<rt>あわ</rt></ruby>ただしい 어수선하다
□ <ruby>甚<rt>はなは</rt></ruby>だしい 정도가 심하다
□ だらしない 야무지지 못하다

쌍으로 외워 두어야 하는 い형용사

□ <ruby>寒<rt>さむ</rt></ruby>い 춥다 ↔ <ruby>暑<rt>あつ</rt></ruby>い 덥다
□ <ruby>広<rt>ひろ</rt></ruby>い 넓다 ↔ <ruby>狭<rt>せま</rt></ruby>い 좁다
□ <ruby>多<rt>おお</rt></ruby>い 많다 ↔ <ruby>少<rt>すく</rt></ruby>ない 적다
□ <ruby>速<rt>はや</rt></ruby>い 빠르다 ↔ <ruby>遅<rt>おそ</rt></ruby>い 늦다
□ <ruby>遠<rt>とお</rt></ruby>い 멀다 ↔ <ruby>近<rt>ちか</rt></ruby>い 가깝다
□ <ruby>強<rt>つよ</rt></ruby>い 강하다 ↔ <ruby>弱<rt>よわ</rt></ruby>い 약하다

□ <ruby>軽<rt>かる</rt></ruby>い 가볍다 ↔ <ruby>重<rt>おも</rt></ruby>い 무겁다
□ <ruby>厳<rt>きび</rt></ruby>しい 엄하다 ↔ <ruby>甘<rt>あま</rt></ruby>い 무르다
□ <ruby>悲<rt>かな</rt></ruby>しい 슬프다 ↔ <ruby>嬉<rt>うれ</rt></ruby>しい 기쁘다
□ <ruby>深<rt>ふか</rt></ruby>い 깊다 ↔ <ruby>浅<rt>あさ</rt></ruby>い 얕다
□ <ruby>長<rt>なが</rt></ruby>い 길다 ↔ <ruby>短<rt>みじか</rt></ruby>い 짧다
□ いい 좋다 ↔ <ruby>悪<rt>わる</rt></ruby>い 나쁘다

□ 白い 하얗다 ↔ 黒い 검다

□ 厚い 두껍다 ↔ 薄い 얇다

□ 大きい 크다 ↔ 小さい 작다

□ 安い 싸다 ↔ 高い 비싸다

□ 濃い 진하다 ↔ 薄い 연하다

□ 明るい 밝다 ↔ 暗い 어둡다

□ 易しい 쉽다 ↔ 難しい 어렵다

□ 太い 두껍다 ↔ 細い 가늘다

□ 清い 깨끗하다 ↔ 汚い 더럽다

□ 旨い 맛있다 ↔ まずい 맛없다

□ 苦しい 괴롭다 ↔ 楽しい 즐겁다

□ 鋭い 날카롭다 ↔ 鈍い 무디다

□ 高い 높다 ↔ 低い 낮다

□ 古い 오래되다 ↔ 新しい 새롭다

□ 甘い 달다 ↔ 苦い 쓰다

기타 い형용사

□ 痒い 가렵다

□ 篤い 위독하다

□ 逞しい 늠름하다

□ でかい 크다

□ 堅苦しい 딱딱하다

□ 名高い 유명하다

□ 忙しい 바쁘다

□ 偉い 위대하다

□ 白々しい 시치미를 떼다

□ 姦しい 시끄럽다

□ りりしい 늠름하다

□ 面倒くさい 귀찮다

□ 醜い 추하다

□ くどい 말이 장황하다

□ ありがたい 고맙다

□ まずい 맛없다

□ 恐ろしい 두렵다

□ 卑しい 천하다, 초라하다

□ 切ない 애절하다

□ 正しい 올바르다

□ 四角い 네모지다

□ 酸っぱい 시다

□ 好ましい 마음에 들다

□ おっかない 무섭다

□ 眠たい 졸리다

□ だるい 나른하다

□ 狡い 교활하다, 능글맞다

□ 騒々しい 시끄럽다

□ 久しい 오래되다

□ 水臭い 서먹하다

□ 重たい 무겁다

□ 初々しい 어리고 숫되다

□ おかしい 이상하다

74

□ 心強い 마음이 든든하다

□ 細かい 세세하다

□ ややこしい 까다롭다

□ 心細い 마음이 안 놓이다

□ しぶとい 끈질기다

□ いやらしい 징그럽다

□ 待ち遠しい 오래 기다리다

□ 浅ましい 비참하다

□ 目覚ましい 눈부시다

□ 大人しい 얌전하다

□ 欲深い 욕심이 많다

□ 危うい 위태롭다, 위험하다

□ はしたない 상스럽다

□ 素早い 재빠르다, 민첩하다

□ 見窄らしい 초라하다

□ 見苦しい 보기 흉하다

□ あくどい 악랄하다, 악착같다

□ 潔い 단념이 빠르다

□ 情け深い 인정이 많다

□ 決まり悪い 멋쩍다, 거북하다

□ めでたい 경사스럽다

□ 思いがけない 뜻밖이다

□ 渋い 떫다, 표정이 떠름하다

□ みっともない 꼴불견이다

□ ばかばかしい 터무니없다

□ 息苦しい 숨막히다, 답답하다

□ たどたどしい 더듬거리다

□ 喧しい 시끄럽다, 떠들썩하다

□ よそよそしい 서먹서먹하다

□ 馴れ馴れしい 매우 친하다

□ 素っ気ない 무정하다, 냉담하다

□ 若々しい 아주 젊어 보이다

□ 何気ない 아무렇지도 않다

□ 厚かましい 뻔뻔스럽다

□ しつこい 집요하다, 끈질기다

□ 奥深い 심오하다, 오묘하다

□ 華々しい 매우 화려하다

□ 名残惜しい 헤어지기 섭섭하다

□ 素晴らしい 멋지다, 훌륭하다

□ 等しい 똑같다, 동일하다

□ そそっかしい 덜렁대다

苦<ruby>にが</ruby>い 쓰다	囫	いい薬<ruby>くすり</ruby>は口<ruby>くち</ruby>に苦<ruby>にが</ruby>いものです。 좋은 약은 입에 쓴 법입니다.
生臭<ruby>なまぐさ</ruby>い 비린내가 나다	囫	1階<ruby>かい</ruby>の台所<ruby>だいどころ</ruby>から生臭<ruby>なまぐさ</ruby>いにおいがした。 1층 부엌에서 비린내나는 냄새가 났다.
詳<ruby>くわ</ruby>しい 상세하다	囫	詳<ruby>くわ</ruby>しいことは事務室<ruby>じむしつ</ruby>にお問<ruby>と</ruby>い合<ruby>あ</ruby>わせください。 상세한 것은 사무실에 문의해 주십시오.
情<ruby>なさ</ruby>けない 한심하다	囫	そんなことも一人<ruby>ひとり</ruby>でできないなんて、情<ruby>なさ</ruby>けないね。 그런 일도 혼자서 못하다니 한심하군.
容易<ruby>たやす</ruby>い 용이하다	囫	昨日<ruby>きのう</ruby>の試合<ruby>しあい</ruby>で韓国<ruby>かんこく</ruby>は容易<ruby>たやす</ruby>く中国<ruby>ちゅうごく</ruby>に勝<ruby>か</ruby>った。 어제 시합에서 한국은 쉽게 중국을 이겼다.
煩<ruby>わずら</ruby>わしい 번거롭다	囫	毎日髭<ruby>まいにちひげ</ruby>を剃<ruby>そ</ruby>るのは本当<ruby>ほんとう</ruby>に煩<ruby>わずら</ruby>わしいことである。 매일 면도를 하는 것은 정말로 번거로운 일이다.
険<ruby>けわ</ruby>しい 험악하다	囫	悪<ruby>わる</ruby>いことでもあったのか、彼<ruby>かれ</ruby>は険<ruby>けわ</ruby>しい顔<ruby>かお</ruby>をしていた。 안 좋은 일이라도 있었는지 그는 험악한 얼굴을 하고 있었다.
清々<ruby>すがすが</ruby>しい 상쾌하다	囫	朝起<ruby>あさお</ruby>きて窓<ruby>まど</ruby>を開<ruby>あ</ruby>けると、清々<ruby>すがすが</ruby>しい風<ruby>かぜ</ruby>が入<ruby>はい</ruby>ってきた。 아침에 일어나서 창문을 열자 상쾌한 바람이 들어왔다.
著<ruby>いちじる</ruby>しい 현저하다	囫	中国<ruby>ちゅうごく</ruby>は著<ruby>いちじる</ruby>しい経済発展<ruby>けいざいはってん</ruby>を遂<ruby>と</ruby>げた国<ruby>くに</ruby>の一<ruby>ひと</ruby>つである。 중국은 현저한 경제발전을 이룬 나라 중에 하나이다.
潔<ruby>いさぎよ</ruby>い 단념이 빠르다	囫	そんな可能性<ruby>かのうせい</ruby>の低<ruby>ひく</ruby>いことは潔<ruby>いさぎよ</ruby>く諦<ruby>あきら</ruby>めた方<ruby>ほう</ruby>がいいよ。 그런 가능성이 낮은 일은 깨끗하게 포기하는 게 좋아.

図々しい 뻔뻔스럽다	何気なくそんなことをするなんて、本当に図々しいね。 아무렇지도 않게 그런 일을 하다니 정말 뻔뻔하네.
夥しい 매우 많다	コンピューターは夥しい量の情報を瞬時に処理できる。 컴퓨터는 매우 많은 양의 정보를 순식간에 처리할 수 있다.
くだらない 시시하다	そんなくだらない話はいい加減にしてさっさと仕事をしなさい。 그런 시시한 이야기는 적당히 하고 빨리 일을 하시오.
勿体ない 아깝다	まだ使えるのに捨ててしまうなんて、勿体ないね。 아직 사용할 수 있는데도 버려 버리다니, 아깝네.
眩しい 눈부시다	浜辺の眩しい光に目がくらんだ。 바닷가의 눈부신 빛에 눈이 아찔했다.
憎い 밉다	決して君が憎くてそんなことを言ったわけではない。 결코 당신이 미워서 그런 말을 한 것은 아니다.
怪しい 수상하다	事件当日、現場近くで怪しい人物を見た。 사건 당일, 현장 근처에서 수상한 인물을 봤다.
勇ましい 용감하다	彼の発言は私に到底まねできない勇ましい発言だった。 그의 발언은 나는 도저히 흉내낼 수 없는 용감한 발언이었다.
くどい 말이 장황하다	くどく言わないで、はっきり要点だけ言ってください。 장황하게 말하지 말고, 확실하게 요점만 말해 주십시오.
悔しい 분하다	決勝戦で負けてしまい、悔しくてならない。 결승전에서 패해 버려, 너무 분하다.

な형용사

- な형용사 기본적인 문법 사항 정리

① 연체형 ···▶ 「〜だ」를 「な」로 바꿈. 　　예 静かだ 조용하다 →静かな 조용한

② 중지법 ···▶ 「〜だ」를 「で」로 바꿈. 　　예 静かだ 조용하다 →静かで 조용하고

③ 부사형 ···▶ 「〜だ」를 「に」로 바꿈. 　　예 静かだ 조용하다 →静かに 조용하게

④ 가정형 ···▶ 「〜だ」를 「なら」로 바꿈. 　예 静かだ 조용하다 →静かなら 조용하다면

⑤ 과거형 ···▶ 「〜だ」를 「だった」로 바꿈. 예 静かだ 조용하다 →静かだった 조용했었다

⑥ 부정형 ···▶ 「〜だ」를 「ではない」로 바꿈. 예 静かだ 조용하다 →静かではない 조용하지 않다

TEST

※ 기본적인 문법 사항을 정리해 봅시다.

な형용사	연체형	중지법	부사형	가정형	과거형	부정형
好きだ						
丈夫だ						
元気だ						
上手だ						

な형용사는 い형용사와의 접속이나 문법 차이를 확실하게 정리해 둘 필요가 있다. 파트 5에서는 발음이나 한자를 찾는 문제로 출제되며, 파트 6에서는 접속 형태나 문법의 오용, 파트 7에서는 직접적으로 な형용사를 찾는 문제나 접속을 묻는 문제가 출제된다.

정답

な형용사	연체형	중지법	부사형	가정형	과거형	부정형
好^すきだ	好^すきな	好^すきで	好^すきに	好^すきなら	好^すきだった	好^すきではない
丈夫^{じょうぶ}だ	丈夫^{じょうぶ}な	丈夫^{じょうぶ}で	丈夫^{じょうぶ}に	丈夫^{じょうぶ}なら	丈夫^{じょうぶ}だった	丈夫^{じょうぶ}ではない
元気^{げんき}だ	元気^{げんき}な	元気^{げんき}で	元気^{げんき}に	元気^{げんき}なら	元気^{げんき}だった	元気^{げんき}ではない
上手^{じょうず}だ	上手^{じょうず}な	上手^{じょうず}で	上手^{じょうず}に	上手^{じょうず}なら	上手^{じょうず}だった	上手^{じょうず}ではない

조금 더 파고들기

❖ 외래어로 된 な형용사 (な형용사로 굳어진 표현들)

- ハンサムだ 잘생기다
- シンプルだ 심플하다
- ユニークだ 독창적이다
- デリケートな 섬세한
- ホットな 뜨거운
- ナチュラルな 자연스러운

❖ 특수 활용하는 「同^{おな}じだ(똑같다)」

- 바로 뒤에 오는 명사를 수식할 때 활용어미인 「な」가 붙지 않는다.
  同^{おな}じ人^{ひと} 같은 사람 (同^{おな}じな人^{ひと} (✕))
- 다만 「のに」「ので」에 접속될 때는 「な」가 붙음.
  同^{おな}じなのに 같은데도
  同^{おな}じなので 같기 때문에

- □ 素敵だ 멋있다
- □ 下手だ 서툴다
- □ 稀だ 드물다
- □ 確かだ 정확하다
- □ 面倒だ 귀찮다
- □ 厄介だ 귀찮다
- □ 平らだ 평평하다
- □ 円らだ 둥글다
- □ 結構だ 괜찮다
- □ 厳かだ 위엄있다
- □ 派手だ 화려하다
- □ 粋だ 세련되다
- □ 密かだ 몰래하다
- □ 不便だ 불편하다
- □ 清らかだ 맑다
- □ 駄目だ 소용없다
- □ 便利だ 편리하다
- □ 手軽だ 손쉽다
- □ 大丈夫だ 괜찮다
- □ 豊かだ 풍부하다

- □ 無茶だ 엉뚱하다
- □ 気さくだ 싹싹하다
- □ 遥かだ 아득하다
- □ 巧みだ 교묘하다
- □ 平気だ 태연하다
- □ 残念だ 유감이다
- □ 強かだ 강인하다
- □ 大変だ 큰일이다
- □ 上手だ 능숙하다
- □ 無口だ 과묵하다
- □ 無駄だ 쓸데없다
- □ 丈夫だ 튼튼하다
- □ 盛んだ 한창이다
- □ 微かだ 희미하다
- □ 愚かだ 어리석다
- □ 大事だ 중요하다
- □ 重要だ 중요하다
- □ 健康だ 건강하다
- □ 素直だ 정직하다
- □ 新鮮だ 신선하다

- □ 和やかだ 부드럽다
- □ 見事だ 훌륭하다
- □ 危険だ 위험하다
- □ 淑やかだ 정숙하다
- □ 肝心だ 중요하다
- □ 平和だ 평화롭다
- □ 細やかだ 세세하다
- □ 気軽だ 소탈하다
- □ のどかだ 한가하다
- □ 穏やかだ 온화하다
- □ 親切だ 친절하다
- □ 明らかだ 분명하다
- □ 朗らかだ 명랑하다
- □ 上品だ 고상하다
- □ 大げさだ 과장되다
- □ 滑らかだ 매끄럽다
- □ 正確だ 정확하다
- □ 余計だ 불필요하다
- □ 賑やかだ 번화하다
- □ 月並みだ 진부하다

□ 緩やかだ 완만하다

□ 健やかだ 건강하다

□ 大幅だ 대폭적이다

□ 麗らかだ 화창하다

□ 速やかだ 신속하다

□ 柔らかだ 부드럽다

□ 華やかだ 화려하다

□ 疎かだ 소홀히 하다

□ 真面目だ 성실하다

□ 鮮やかだ 선명하다

□ 粗末だ 변변치 않다

□ 下品だ 품위가 없다

□ 不思議だ 이상하다

□ なだらかだ 경사가 완만하다

□ のんきだ 무사태평하다

緩^{ゆる}やかだ 완만하다	예 トラックが緩^{ゆる}やかな斜面^{しゃめん}を登^{のぼ}っている。 트럭이 완만한 사면을 올라온다.
大^{おお}げさだ 과장되다	예 彼^{かれ}には物事^{ものごと}を大^{おお}げさに言^いう癖^{くせ}がある。 그에게는 어떤 일을 과장되게 말하는 버릇이 있다.
遥^{はる}かだ 아득하다	예 環境汚染^{かんきょうおせん}は遥^{はる}かな昔^{むかし}から存在^{そんざい}した。 환경오염은 아득한 옛날부터 존재했다.
疎^{おろそ}かだ 소홀히 하다	예 毎日^{まいにち}の家事^{かじ}を疎^{おろそ}かにしてはいけませんよ。 매일의 가사를 소홀히 해서는 안 됩니다.
豊^{ゆた}かだ 풍부하다	예 中国^{ちゅうごく}は労働力^{ろうどうりょく}が豊^{ゆた}かな国^{くに}の一^{ひと}つです。 중국은 노동력이 풍부한 나라 중에 하나입니다.
微^{かす}かだ 희미하다	예 遠^{とお}くから虫^{むし}の鳴^なき声^{ごえ}が微^{かす}かに聞^きこえてくる。 멀리서 벌레 우는 소리가 희미하게 들려온다.
余計^{よけい}だ 불필요하다	예 彼女^{かのじょ}に余計^{よけい}な言^いい訳^{わけ}はしない方^{ほう}がいいよ。 그녀에게 불필요한 변명은 하지 않는 게 좋아.
速^{すみ}やかだ 신속하다	예 被災地^{ひさいち}の速^{すみ}やかな復旧^{ふっきゅう}を祈念^{きねん}してやまない。 재해지역의 신속한 복구를 진심으로 바란다.
鮮^{あざ}やかだ 선명하다	예 あの日^ひのことなら今^{いま}も鮮^{あざ}やかに覚^{おぼ}えています。 그때의 일이라면 지금도 선명하게 기억하고 있습니다.
明^{あき}らかだ 분명하다	예 彼^{かれ}がその事件^{じけん}の犯人^{はんにん}であることが明^{あき}らかになった。 그가 그 사건의 범인인 것이 밝혀졌다.

朗^{ほが}らかだ 명랑하다	예 彼^{かれ}の朗^{ほが}らかな性格^{せいかく}が気^きに入^いって結婚^{けっこん}しようと思^{おも}いました。 그의 명랑한 성격이 마음에 들어 결혼하려고 생각했습니다.
厳^{おごそ}かだ 위엄이 있다, 엄숙하다	예 二人^{ふたり}の結婚式^{けっこんしき}は教会^{きょうかい}で厳^{おごそ}かな雰囲気^{ふんいき}の中^{なか}で行^{おこな}われた。 두 사람의 결혼식은 교회에서 엄숙한 분위기 속에서 열렸다.
健^{すこ}やかだ 건강하다	예 子供^{こども}が健^{すこ}やかに育^{そだ}ってほしいと思^{おも}うのが親^{おや}の心^{こころ}である。 아이가 건강하게 자라 주었으면 좋겠다고 생각하는 것이 부모의 마음이다.
派手^{はで}だ 화려하다	예 そんな派手^{はで}な服^{ふく}は今日^{きょう}のパーティーに似合^{にあ}わないよ。 그런 화려한 옷은 오늘 파티에 어울리지 않아.
無駄^{むだ}だ 쓸데없다	예 みんな最後^{さいご}まで頑張^{がんば}ったのに、無駄^{むだ}な骨折^{ほねお}りだった。 모두 끝까지 분발했지만, 헛수고였다.
月並^{つきな}みだ 진부하다	예 この本^{ほん}は月並^{つきな}みな表現^{ひょうげん}が多^{おお}くて面白^{おもしろ}くなかった。 이 책은 진부한 표현이 많아서 재미없었다.
なだらかだ 경사가 완만하다	예 小^{ちい}さなトラックがなだらかな坂^{さか}を上^{のぼ}ってくる。 작은 트럭이 경사가 완만한 언덕을 올라온다.
滑^{なめ}らかだ 매끄럽다	예 スキンローションを塗^ぬったら、肌^{はだ}が滑^{なめ}らかになった。 스킨로션을 발랐더니, 피부가 매끈해졌다.
見事^{みごと}だ 훌륭하다	예 私^{わたし}は彼女^{かのじょ}の見事^{みごと}な演技^{えんぎ}に心^{こころ}から感動^{かんどう}した。 나는 그녀의 훌륭한 연기에 진심으로 감동했다.

01 一階の台所から<u>生臭い</u>においがしました。
(A) せいにおい
(B) なまにおい
(C) せいぐさい
(D) なまぐさい

02 今日はそんな<u>堅苦しい</u>あいさつは抜きにしましょう。
(A) けんくるしい
(B) けんぐるしい
(C) かたくるしい
(D) かたぐるしい

03 彼女の<u>ほがらか</u>な性格がその笑顔に表れている。
(A) 朗らか
(B) 滑らか
(C) 清らか
(D) 明らか

04 易しく見えるかもしれないが、毎日の家事を<u>疎か</u>にしてはいけない。
(A) ゆたかに
(B) あやうく
(C) まんざら
(D) なおざりに

05 昨日彼の取った行動は到底<u>理解しがたい</u>。
(A) 理解したくない
(B) いつでも理解できる
(C) 理解するのが難しい
(D) 理解できるかどうかわからない

06 今度の彼の作品はたいへん<u>けっこう</u>だ。
(A) お酒はもうこれで<u>けっこう</u>です。
(B) やってみると、<u>けっこう</u>面白いゲームでした。
(C) 先日は<u>けっこう</u>な品をありがとうございました。
(D) この本は日本語の勉強に<u>けっこう</u>役に立ちます。

07 この夏は特に<u>あつく</u>感じられますね。

(A) 机の上には<u>あつい</u>本が2冊置いてありました。

(B) こんな<u>あつい</u>もてなしまでしてくださるとは、感激の至りです。

(C) <u>あつい</u>日々が続いていますが、健康管理にお気を付けください。

(D) 文学への<u>あつい</u>思いがあったからこそ、この小説を完成できたと思う。

08 <u>大変の時は</u><u>いつでも</u>行きますから、<u>遠慮なく</u>私に電話<u>して</u>ください。
　　　(A)　　　　　(B)　　　　　　　　　　(C)　　　　　　　(D)

09 <u>台所の</u>テーブルの<u>上には</u> <u>おいしい</u>そうなりんごが置いて<u>ありました</u>。
　　　(A)　　　　　　　　(B)　(C)　　　　　　　　　　　　(D)

10 <u>この商品は</u>1000円<u>ぐらい</u>で買えると思っていた<u>のに</u>、思ったより<u>高い</u>でした。
　　(A)　　　　　　　(B)　　　　　　　　　　　(C)　　　　　　(D)

11 あのレストラン<u>は</u>値段も<u>安い</u>だし、味も<u>非常に</u>美味しいから、<u>よく</u>行っている。
　　　　　　　　　(A)　　　　(B)　　　　(C)　　　　　　　(D)

12 相手を<u>幸せでして</u>あげることが自分<u>にとって</u>の幸せ<u>と</u>なるのではないだろうか。
　　　　　(A)　　　(B)　　　　　　　　(C)　　　　(D)

13 <u>もし</u>火事が<u>起きた</u>場合には、慌てず<u>すこやかに</u>火を<u>消す</u>方法を考えてみてください。
　　(A)　　　　(B)　　　　　　　　　　(C)　　　　(D)

14 野原で耳を澄ませば、虫の鳴き声が＿＿＿＿＿＿聞こえてくる。

(A) たくみに

(B) かすかに

(C) おろかに

(D) おおばばに

15 引っ越しが決まったら、＿＿＿＿＿そうな段ボールを用意しておいた方がいい。

(A) 丈夫

(B) 丈夫な

(C) 丈夫に

(D) 丈夫だった

16 外国へ行くためには、＿＿＿＿＿＿手続きが必要だ。
(A) むなしい
(B) するどい
(C) はなはだしい
(D) わずらわしい

17 彼は金遣いが＿＿＿＿＿＿、いつも母に叱られている。
(A) おそくて
(B) ひろくて
(C) せまくて
(D) あらくて

18 この靴は大きすぎて、本当に＿＿＿＿＿＿にくい。
(A) 歩き
(B) 歩く
(C) 歩こう
(D) 歩いた

19 どんな理由であれ、小さい子供を殺すなんて、許し＿＿＿＿＿＿行為である。
(A) 気味の
(B) っぽい
(C) がちな
(D) がたい

20 彼はお金に＿＿＿＿＿＿みんなに嫌われている。
(A) しぶとくて
(B) いやしくて
(C) あさましくて
(D) あっけなくて

잘 세고 잘 꾸미자!

조수사 · 접속사

조수사　파트 5에서는 발음이나 한자 찾기 문제로만 출제된다. 주로 파트 6 오문 정정에서 출제되는데, 어떤 물건을 어떤 조수사를 사용해서 세는지 확실하게 기억해 둘 필요가 있다. 대표적인 조수사를 보면 종이 · 우표 · 손수건 등 얇고 넓은 물건을 셀 때는 「～枚(まい)」, 자동차 · 세탁기 · 냉장고 등 큰 물건을 셀 때는 「～台(だい)」, 우산 · 연필 · 병 · 나무 · 담배 등 가늘고 긴 물건을 셀 때는 「～本(ほん)」, 책이나 노트를 셀 때는 「～冊(さつ)」를 사용한다는 것을 기억해 두자.

접속사　접속사는 대부분이 파트 7에서 직접적으로 찾는 문제로 출제되며, 간혹 파트 5에서 같은 의미의 접속사를 찾는 문제나 파트 6에서 문장의 흐름과 맞지 않는 접속사를 찾는 문제가 출제된다. 전체적으로 수가 많지 않은 품사이므로, 이번 기회에 완벽하게 암기해 두도록 하자.

조수사 접속사	각 파트별 출제 유형		
	파트 5 (정답 찾기)	파트 6 (오문 정정)	파트 7 (공란 메우기)
조수사	· 조수사 발음 찾기 · 조수사 한자 찾기	· 「本」과 「枚」의 오용 · 「本」과 「個」의 오용 · 「冊」와 「台」의 오용 · 「枚」와 「冊」의 오용	· 적절한 조수사 찾기
접속사	· 접속사가 들어간 문장의 의미 파악 · 접속사가 들어간 두 문장을 한 문장으로 만들기 · 대체할 수 있는 접속사 찾기	· 문장의 흐름과 맞지 않는 접속사	· 적절한 접속사 찾기

1 昨日本屋に行って、新しい本を<u>三冊</u>買いました。
 (A) さんまい
 (B) さんさつ
 (C) さんぽん
 (D) さんだい

2 今四時<u>六分</u>ですから、そろそろ行きましょうか。
 (A) ろっぶん
 (B) ろっぷん
 (C) ろくふん
 (D) ろくぶん

3 庭に大きな木が<u>六本</u>植えてありました。
 (A) ろっぽん
 (B) ろっぼん
 (C) ろくほん
 (D) ろくぽん

4 友達の誕生日のプレゼントにハンカチを<u>二枚</u>買いました。
 (A) にまい
 (B) にはい
 (C) にさつ
 (D) にだい

5 <u>私の家は会社から近いです。そして、静かなところです。</u>
 (A) 私の家は会社から近くて、静かなところです。
 (B) 私の家は会社から近いですが、静かではありません。
 (C) 私の家は会社から近いですが、ちょっとうるさいです。
 (D) 私の家は会社から近くても静かなところではありません。

6 <u>ここ</u>にあるノート<u>二冊</u>と切手<u>三台</u>、全部<u>で</u>いくらですか。
 　　(A)　　　　　　(B)　　　　　(C)　　　　(D)

7 妹の机の上<u>には</u>、本<u>二冊</u>と鉛筆が<u>三枚</u>置いて<u>あり</u>ました。
 　　　　(A)　　　(B)　　　　　(C)　　　　(D)

8 家の前に車が止まる音が<u>しました</u>。<u>それに</u>、外へ<u>出て</u><u>みました</u>。
                      (A)   (B)   (C)   (D)

9 妻<u>と</u>一緒に久しぶりにデパート<u>に</u>行って上着<u>二本</u>とくつ<u>二足</u>を買いました。
     (A)   (B)   (C)   (D)

10 <u>いきなり</u>気温が<u>下がって</u>寒くなりました。<u>しかし</u>、雨も<u>降って</u>きました。
    (A)   (B)   (C)   (D)

11 昨日、電車の中で財布を<u>とられて</u>しまって困っていた。<u>しかし</u>、友達に<u>お金</u>を
                              (A)   (B)   (C)

<u>立て替えて</u>もらった。
   (D)

12 明日は<u>せっかくの</u>休みだから、映画でも<u>一編</u>見て<u>気分転換</u>したいです。
         (A)   (B)   (C)   (D)

13 家の前に車が＿＿＿＿＿＿止めてあります。
(A) 二台
(B) 二本
(C) 二冊
(D) 二枚

14 悪いことでもあったのか、彼はビールを＿＿＿＿＿＿も飲んだ。
(A) 三枚
(B) 三冊
(C) 三匹
(D) 三本

15 どうもお邪魔しました。＿＿＿＿＿＿これで失礼いたします。
(A) では
(B) および
(C) そこで
(D) ところが

16 ここはペン_____鉛筆で書いてください。
(A) だから
(B) しかも
(C) しかし
(D) あるいは

17 この駐車場は会員なら誰でも利用できます。_____時間は2時間だけです。
(A) では
(B) また
(C) それで
(D) ただし

18 母が市場に行ってすいかといちごと、_____バナナを買って来ました。
(A) それで
(B) ただし
(C) それから
(D) ようするに

19 今日のニュースはここまでです。_____明日の天気ですが。
(A) さて
(B) ところが
(C) もしくは
(D) そのうえ

20 そのようなことは事務室_____経理部にお問い合わせください。
(A) なお
(B) ないし
(C) ゆえに
(D) したがって

조수사

🔍 **집중! 이것만은 꼭!**

まい 〜枚 〜매, 〜장	だい 〜台 〜대	ほん 〜本 〜자루, 〜병	さつ 〜冊 〜권	こ 〜個 〜개
いちまい 一枚	いちだい 一台	いっぽん 一本	いっさつ 一冊	いっこ 一個
にまい 二枚	にだい 二台	にほん 二本	にさつ 二冊	にこ 二個
さんまい 三枚	さんだい 三台	さんぼん 三本	さんさつ 三冊	さんこ 三個
よんまい 四枚	よんだい 四台	よんほん 四本	よんさつ 四冊	よんこ 四個
ごまい 五枚	ごだい 五台	ごほん 五本	ごさつ 五冊	ごこ 五個
ろくまい 六枚	ろくだい 六台	ろっぽん 六本	ろくさつ 六冊	ろっこ 六個
ななまい 七枚	ななだい 七台	ななほん 七本	ななさつ 七冊	ななこ 七個
はちまい 八枚	はちだい 八台	はっぽん 八本	はっさつ 八冊	はっこ 八個
きゅうまい 九枚	きゅうだい 九台	きゅうほん 九本	きゅうさつ 九冊	きゅうこ 九個
じゅうまい 十枚	じゅうだい 十台	じゅっぽん 十本	じゅっさつ 十冊	じゅっこ 十個
なんまい 何枚	なんだい 何台	なんぼん 何本	なんさつ 何冊	なんこ 何個

ひき 〜匹 〜마리	ちゃく 〜着 〜벌	そく 〜足 〜켤레	けん 〜軒 〜채	ふん 〜分 〜분
いっぴき 一匹	いっちゃく 一着	いっそく 一足	いっけん 一軒	いっぷん 一分
にひき 二匹	にちゃく 二着	にそく 二足	にけん 二軒	にふん 二分
さんびき 三匹	さんちゃく 三着	さんそく 三足	さんげん 三軒	さんぷん 三分
よんひき 四匹	よんちゃく 四着	よんそく 四足	よんけん 四軒	よんぷん 四分
ごひき 五匹	ごちゃく 五着	ごそく 五足	ごけん 五軒	ごふん 五分
ろっぴき 六匹	ろくちゃく 六着	ろっそく 六足	ろっけん 六軒	ろっぷん 六分
ななひき 七匹	ななちゃく 七着	ななそく 七足	ななけん 七軒	ななふん 七分
はっぴき 八匹	はっちゃく 八着	はっそく 八足	はっけん 八軒	はっぷん 八分
きゅうひき 九匹	きゅうちゃく 九着	きゅうそく 九足	きゅうけん 九軒	きゅうふん 九分
じゅうびき 十匹	じゅうちゃく 十着	じゅっそく 十足	じゅっけん 十軒	じゅっぷん 十分
なんびき 何匹	なんちゃく 何着	なんそく 何足	なんけん 何軒	なんぷん 何分

※ ①〜③ 중 적절한 조수사는 몇 번일까요?

1 家の前に車が（ ①二冊 / ②二台 / ③二軒 ）止めてある。

車 자동차 | 止めてある 세워져 있다

2 昨日は生ビールを（ ①十枚 / ②十台 / ③十本 ）も飲んだ。

生ビール 생맥주

3 机の下に消しゴムが（ ①一枚 / ②一着 / ③一個 ）落ちていた。

消しゴム 지우개 | 落ちる 떨어지다

4 郵便局へ行って切手を（ ①三枚 / ②三着 / ③三匹 ）買った。

郵便局 우체국 | 切手 우표

5 テーブルの上にノートが（ ①二冊 / ②二枚 / ③二個 ）置いてある。

置いてある 놓여져 있다

조수사는 무엇보다도 어떤 대상을 어떻게 세느냐가 중요하다. 대표적인 4대 조수사인 枚(종이, 손수건, 우표, CD, T셔츠), 台(자동차, 세탁기, 냉장고, 텔레비전), 本(연필, 담배, 우산, 병, 나무), 冊(책, 노트)를 중심으로 나머지 조수사들도 발음과 함께 대상을 확실하게 기억해 두도록 하자.

정답) 1② 2③ 3③ 4① 5②

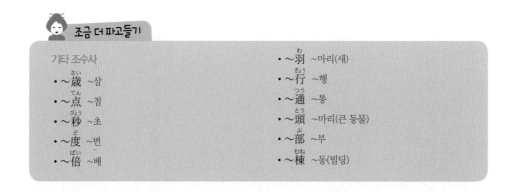

조금 더 파고들기

기타 조수사
- 〜歳 ~살
- 〜点 ~점
- 〜秒 ~초
- 〜度 ~번
- 〜倍 ~배

- 〜羽 ~마리(새)
- 〜行 ~행
- 〜通 ~통
- 〜頭 ~마리(큰 동물)
- 〜部 ~부
- 〜棟 ~동(빌딩)

접속사

집중! 이것만은 꼭!

★ 순접 접속사

- [ ] そこで 그래서
- [ ] すると 그러자
- [ ] では 그럼
- [ ] ゆえに 따라서

- [ ] だから 그러므로
- [ ] それで 그래서
- [ ] したがって 따라서
- [ ] ですから 그래서

- [ ] それから 그리고
- [ ] そのために 그 때문에
- [ ] だったら 그렇다면
- [ ] それなら 그렇다면

★ 역접 접속사

- [ ] でも 하지만
- [ ] だが 하지만
- [ ] しかし 그러나

- [ ] だけど 하지만
- [ ] ところが 그런데
- [ ] けれども 하지만

- [ ] だって 하지만
- [ ] (それ)でも 하지만, 그런데도
- [ ] しかし(ながら) 그러나, 그렇지만

★ 첨가 접속사

- [ ] また 또
- [ ] なお 더구나

- [ ] しかも 게다가
- [ ] それに 게다가

- [ ] おまけに 게다가
- [ ] そのうえ 게다가

★ 선택 접속사

- [ ] または 또는
- [ ] もしくは 또는

- [ ] あるいは 또는
- [ ] ないし(は) 내지(는)

- [ ] それとも 그렇지 않으면

★ 설명 접속사

- [ ] ただし 다만
- [ ] なお 더구나

- [ ] もっとも 다만
- [ ] ちなみに 덧붙여

- [ ] なぜなら 왜냐하면

★ 병렬 접속사

- [ ] また 또
- [ ] および 및

- [ ] かつ 또한
- [ ] それから 그리고

★ 화제전환 접속사

- [ ] さて 그런데
- [ ] ところで 그런데

- [ ] そう言えば 그러고 보니
- [ ] それはそうと 그것은 그렇고

- [ ] それはさておき 그건 제쳐 두고

※ ①~② 중 적절한 접속사는 몇 번일까요?

1 雨が降っている。(①でも / ②それに) 出かけることにした。

雨が降る 비가 내리다 | 出かける 외출하다

2 ここは誰でも利用できる。(①だから / ②ただし) 2時間だけである。

誰でも 누구든지 | 利用 이용

3 風邪を引いてしまった。(①さて / ②それで) 学校を休むことにした。

風邪を引く 감기에 걸리다 | 休む 쉬다

4 ふたを開けてみた。(①しかし / ②すると)、中から音楽が流れてきた。

ふたを開ける 뚜껑을 열다 | 流れる 흐르다

5 飲み物はコーヒーにしますか。(①それとも / ②ところで) 紅茶にしますか。

飲み物 마실 것 | 紅茶 홍차

접속사는 문장 전체의 흐름이나 의미를 정확하게 파악하지 않으면 실수를 많이 하는 부분이므로, 문장의 전후 내용 파악에 주의를 기울여야 한다. 시험에 많이 나왔던 접속사로는 「でも(하지만)」「さて(그런데)」「それに(게다가)」「しかも(게다가)」「ただし(다만)」「それから(그리고)」 등이 있다.

정답 1 ① 2 ② 3 ② 4 ② 5 ①

주요 접속사 예문

しかし 그러나	예 彼は優しい学生だ。しかし、遅刻が多い。 그는 상냥한 학생이다. 그러나 지각이 많다.
および 및	예 ここに住所および名前を書いてください。 여기에 주소 및 이름을 써 주십시오.
それとも 그렇지 않으면	예 コーヒーにしますか。それとも紅茶にしますか。 커피로 하겠습니까? 그렇지 않으면 홍차로 하겠습니까?
そのうえ 게다가	예 この部屋は広い。そのうえ、照明も明るい。 이 방은 넓다. 게다가 조명도 밝다.
もしくは 혹은	예 そこまではタクシーもしくは電車が便利です。 그곳까지는 택시 또는 전철이 편리합니다.
すると 그러자	예 窓を開けた。すると、外は雪が降っていた。 창문을 열었다. 그러자 바깥은 눈이 내려 있었다.
それで 그래서	예 雨が降り出した。それで、行かないことにした。 비가 내리기 시작했다. 그래서 가지 않기로 했다.
それから 그리고	예 コンピューターがほしい。それから車もほしい。 컴퓨터가 갖고 싶다. 그리고 자동차도 갖고 싶다.
そこで 그래서	예 昨日はとても疲れた。そこで早く寝てしまった。 어제는 매우 피곤했다. 그래서 빨리 자버렸다.
それに 게다가	예 この店の料理は安い。それに、とても美味しい。 이 가게의 요리는 싸다. 게다가 매우 맛있다.
けれども 하지만	예 この製品は安い。けれども、品質があまりよくない。 이 제품은 싸다. 하지만 품질이 그다지 좋지 않다.
ただし 다만	예 ここは誰でも駐車できる。ただし、1時間だけである。 여기는 누구든지 주차할 수 있다. 다만 1시간뿐이다.
それなら 그렇다면	예 電車の事故があったそうだ。それならタクシーで行こう。 전철 사고가 있었다고 한다. 그렇다면 택시로 가자.
ところが 그런데	예 午前中は晴れていた。ところが午後から急に雨が降り出した。 오전 중에는 맑았다. 그런데 오후부터 갑자기 비가 내리기 시작했다.

1 庭に大きな木が<u>三本</u>植えてあります。
(A) さんほん
(B) さんぼん
(C) さんふん
(D) さんぶん

2 昨日本屋に行って本を<u>八冊</u>買いました。
(A) はっさつ
(B) はちまい
(C) はちだい
(D) はっぽん

3 <u>申請書類に住所および名前を書いてください。</u>
(A) 申請書類に住所は必ず書いてください。
(B) 申請書類に住所と名前を書いてください。
(C) 申請書類に住所あるいは名前を書いてください。
(D) 申請書類に住所と名前の中で一つを書いてください。

4 <u>風邪を引いてしまいました。それで、学校を休もうと思います。</u>
(A) 風邪を引いて学校を休むつもりです。
(B) 風邪を引く前に学校を休もうと思います。
(C) 風邪を引かなくても学校を休むつもりです。
(D) 風邪を引いても学校を休んではいけません。

5 <u>シャワーを浴びます。それから、朝ご飯を食べます。</u>
(A) シャワーを浴びてから、朝ご飯を食べます。
(B) シャワーを浴びる前に、朝ご飯を食べます。
(C) シャワーを浴びないで、朝ご飯を食べます。
(D) シャワーを浴びるうちに、朝ご飯を食べます。

6 <u>飲み物</u>はコーヒー<u>に</u>しますか。<u>または</u>紅茶<u>に</u>しますか。
　(A)　　　　　　(B)　　　　　　(C)　　　　(D)

7 ふと空を<u>見上げる</u>と、鳥が<u>一匹</u>飛んでいる<u>の</u>が見えた。
　(A)　　　(B)　　　　　　(C)　　　　　(D)

8 彼の机の<u>上</u>には鉛筆<u>三本</u>と消ゴム<u>二枚</u>が<u>置いてありました</u>。
                 (A)   (B)   (C)   (D)

9 <u>この</u>体育館は会員<u>それに</u>その家族に<u>限り</u>、使用する<u>こと</u>ができます。
  (A)   (B)   (C)   (D)

10 <u>今度の日曜日には</u>、彼女と映画でも<u>一編</u>見ようと<u>思っています</u>。
  (A)   (B)   (C)   (D)

11 いくら忙しい<u>といえども</u>、電話<u>一通</u>くらいはできる<u>はず</u>なのに、<u>全く</u>電話して
              (A)   (B)   (C)   (D)

くれない。

12 昨日たんすの中にあったコート_____をクリーニングに出した。
(A) 二着
(B) 二匹
(C) 二本
(D) 二台

13 彼女はきれいだし、_____成績も優秀な学生です。
(A) だから
(B) そこで
(C) ところで
(D) そのうえ

14 明日から期末試験があります。_____夜遅くまで勉強しました。
(A) そこで
(B) だけど
(C) おまけに
(D) もしくは

15 昨日は私の誕生日でした。_____友達からプレゼントをもらいました。
(A) それに
(B) または
(C) しかし
(D) それで

16 箱を開けてみました。＿＿＿＿＿＿中から化け物が出てきました。
(A) すると
(B) ところが
(C) それでも
(D) それとも

17 お申し込みの際は、免許証＿＿＿＿＿＿健康保険証をご提示ください。
(A) なお
(B) それに
(C) ちなみに
(D) もしくは

18 花壇の前に「立入禁止」と書いてある。＿＿＿＿＿もう中に入っている人がいる。
(A) さて
(B) そして
(C) それで
(D) けれども

19 彼も自分なりには一生懸命努力している。＿＿＿＿合格の可能性は低いと言える。
(A) だが
(B) そして
(C) そこで
(D) ところで

20 説明はここまでとします。＿＿＿＿＿＿詳細は後程ご連絡いたします。
(A) なお
(B) すると
(C) そのうえ
(D) けれども

날 물로 보지마!

명사 · カタカナ

명사 명사는 주로 형식 명사 위주로 출제되기 때문에 이 부분에 대한 공부가 필요하다. 개개의 형식 명사마다 여러 가지 용법이 나오므로, 완벽하게 숙지해둘 필요가 있다. 자주 출제되는 부분으로는 파트 5에서는 각 형식 명사와 대체할 수 있는 표현이나 용법 구분, 파트 6에서는 「もの」와 「こと」의 오용, 파트 7에서는 각 형식 명사에서 나오는 문법 표현들이나 시제를 묻는 문제로 출제된다.

カタカナ カタカナ도 접속사와 마찬가지로 파트 7에서 대부분이 출제된다. 대부분의 학습자들이 영어에 대한 지식만 어느 정도 있다면 따로 공부를 하지 않아도 된다고 소홀히 하는 경향이 있는데, 언어의 특성상 영어 단어와는 발음 면에서 상당히 차이나는 단어도 많기 때문에 공부해 둘 필요가 있다. 그리고 파트 6에서 장음이나 단음 구분 문제로 출제된 적이 있는 만큼 평소에 꼼꼼하게 암기해 두는 습관이 필요하다.

명사 カタカナ	각 파트별 출제 유형		
	파트 5 (정답 찾기)	파트 6 (오문 정정)	파트 7 (공란 메우기)
명사	· 「もの」의 용법 구분 · 「こと」의 용법 구분 · 「わけ」의 용법 구분 · 「ところ」의 용법 구분 · 「わけ」를 사용한 문법 표현의 의미 파악 · 「もの」를 사용한 문법 표현의 의미 파악 · 「こと」를 사용한 문법 표현의 의미 파악 · 「もの」를 사용한 문법 표현과 대체할 수 있는 표현	· 「もの」와 「こと」의 문법 표현 구분 · 「もの」 「こと」 「の」의 구분 · 「わけ」를 사용한 문법 표현의 정확한 형태 · 「わけ」를 사용한 문법 표현들의 의미 구분 · 「ところ」 앞 시제의 오용 · 기타 문법 표현의 오용	· 「もの」를 사용한 문법 표현 찾기 · 「こと」를 사용한 문법 표현 찾기 · 「わけ」를 사용한 문법 표현 찾기 · 「～ところだ」 앞의 적절한 시제 찾기 · 「～ことがある」 앞의 적절한 시제 찾기
カタカナ	· カタカナ와 대체할 수 있는 표현	· カタカナ의 단음 오용 · カタカナ의 장음 오용	· 적절한 カタカナ 찾기

1 いい薬さえあれば、彼は助かったものを。
   (A) いい薬があって彼は助かった。
   (B) いい薬がなくても彼は助かった。
   (C) いい薬があったのに、彼は助からなかった。
   (D) いい薬があったら彼は助かったかもしれない。

2 彼は来月日本へ出張することになっている。
   (A) 出張が決まっている
   (B) 出張に行った方がいい
   (C) 出張に行くかもしれない
   (D) 出張に行きたくなさそうだ

3 先生に頼まれたことだから、しないわけにはいかない。
   (A) するわけがない
   (B) するかもしれない
   (C) しなくてもかまわない
   (D) しなければならない

4 彼の音楽は本当に素晴らしくて、羨ましいことだ。
   (A) 家族がみんな健康で結構なことだ。
   (B) 朝寝坊をしたくなかったら早く寝ることだ。
   (C) お酒を飲む時でも他人の悪口は言わないことだ。
   (D) 日本語がうまくなりたかったらもっと勉強することだ。

5 小さい頃はよく親に叱られたものだ。
   (A) 彼の演奏にはすごいものがある。
   (B) あんなまずい店二度と行くものか。
   (C) 昔あの公園で友達とよく遊んだものだ。
   (D) 行くとは言ったものの、本当は行きたくない。

6 その事業の成功にはわけがあると思う。
   (A) 彼ほどのやり手にこの仕事はわけないことだろう。
   (B) 彼は酔っ払うと、わけのわからないことばかり言う。
   (C) もうすぐ試験だから、遊んでいるわけにはいかない。
   (D) 泣いたわけを聞いてみても彼女は何も言ってくれなかった。

7　その少年が物を盗むところを見たという証言が出た。
　　(A) 現在、先生のところでお世話になっています。
　　(B) 会場は参加者が多すぎて座るところもなかった。
　　(C) 当時、一人ではどうしようもなく、泣くところであった。
　　(D) 引っ越しするなら、賑やかなところより静かなところがいいです。

8　山田さんは 海外旅行を<u>した</u> <u>もの</u>がありますか。
　　　　　　(A)　　(B)　　　　 (C)　 (D)

9　電話<u>で</u>話せば<u>それで</u>いい。あなたが<u>わざわざ</u>行く<u>ことがある</u>。
　　　　(A)　　　　(B)　　　　　　　　　 (C)　　　 (D)

10　ひらがなもよく<u>書けない</u>彼に<u>こんなに</u>難しい問題<u>が</u>できる<u>わけだ</u>。
　　　　　　　　　　 (A)　　　　 (B)　　　　　　　 (C)　　　 (D)

11　<u>朝寝坊</u>の彼の<u>ものだから</u>、今日の授業も<u>また</u>遅刻する<u>にちがいない</u>。
　　　(A)　　　　　(B)　　　　　　　　　　(C)　　　　　　 (D)

12　けんかして彼女<u>と</u>別れた<u>ものか</u>、時間が経つ<u>につれて</u>だんだん後悔し<u>はじめた</u>。
　　　　　　　　(A)　　　　(B)　　　　　　　 (C)　　　　　　　　 (D)

13　山田さんは悪いこと<u>でも</u>あったのか話<u>もろくにせず</u>、<u>一人</u>で ビル<u>ばかり</u>飲んでいた。
　　　　　　　　　　　(A)　　　　　　　 (B)　　　　(C)　 (D)

14　高校時代には<u>何でも</u>自由に買う<u>わけにはいけず</u>、少ない小遣い<u>から</u>やりくり<u>した</u>
　　　　　　　　(A)　　　　　　 (B)　　　　　　　　　　 (C)　　　　 (D)
ものだ。

15　様々な苦難を<u>乗り越えて</u> <u>マラソーン大会</u>で優勝を<u>果たした</u>彼の話を聞いて涙を
　　　　　　　(A)　　　　　 (B)　　　　　 (C)
<u>禁じ得なかった</u>。
　　(D)

16 新しいパソコンを買うために、＿＿＿＿＿＿＿をしている。
   (A) リサイクル
   (B) アイロニー
   (C) アルバイト
   (D) スキャンダル

17 ここの書類は全部＿＿＿＿＿＿によって分類されているので、本当に使いやすい。
   (A) ノック
   (B) カテゴリー
   (C) ダイエット
   (D) スタンダード

18 「あなたは外国へ＿＿＿＿＿＿ことがありますか。」
「いいえ、まだ一度もありません。」
   (A) 行く
   (B) 行き
   (C) 行った
   (D) 行こう

19 となりの部屋でピアノを弾いている＿＿＿＿＿＿が聞こえる。
   (A) の
   (B) もの
   (C) こと
   (D) ところ

20 彼は周囲の非難を＿＿＿＿＿＿、計画を進めていった。
   (A) もの
   (B) ものか
   (C) ものの
   (D) ものともせず

명사 - ① もの 1

집중! 이것만은 꼭!

- 「もの」의 대표적 용법1

① ～もの : ～인 걸   ▶ 젊은 여성이나 아이가 이유를 설명할 때 사용.

예 そんなに速く走れないもの。 그렇게 빨리 달릴 수 없는 걸요.

② ～ものだ : ～인 법이다, ～인 것이다   ▶ 상식이나 진리, 본성 등을 나타냄

예 金というのはすぐなくなるものだ。 돈이라고 하는 것은 바로 없어지는 법이다.

③ ～たものだ : ～하곤 했다   ▶ 과거를 그리워하는 기분으로 말할 때 사용

예 幼い時、あそこによく行ったものだ。 어릴 때 저곳에 자주 가곤 했다.

④ ～ものだから : ～이니까, ～이므로   ▶ 개인적인 이유를 들어 변명할 때 사용

예 バスが来ないものだから、遅刻してしまった。 버스가 오지 않아서 지각해 버렸다.

⑤ ～ものの : ～이지만   ▶ 뒷부분에 상반 모순된 일이 전개됨을 나타냄

예 新しいコンピューターを買ったものの、まだ全然使っていない。
새로운 컴퓨터를 샀지만, 아직 전혀 사용하지 않았다.

TEST

※ ①～② 중 몇 번일까요?

1 だって仕方がない（①もの / ②ものだ）。　　　　だって 하지만 | 仕方がない 어쩔 수 없다

2 昔、あの公園でよく（①遊ぶ / ②遊んだ）ものだ。　　昔 옛날 | 公園 공원 | 遊ぶ 놀다

3 健康はいつも大切にする（①ものだ / ②ものの）。　　健康 건강 | 大切だ 소중하다

4 駅まで遠かった（①ものの / ②ものだから）、タクシーに乗って行きました。

駅 역 | 遠い 멀다 | ～に乗る ～을 타다

5 新しい靴を買った（①ものの / ②ものだから）、まだ一度もはいていない。

新しい 새롭다 | 靴 구두 | はく 신다

형식명사 「もの」는 여러 가지 용법 중에서 「～ものだ」가 가장 출제 빈도가 높다. 앞에 기본형이 올 때는 '～인 법이다'라는 의미이고, た형이 오면 '～하곤 했다'라는 의미가 된다. 접속에 따른 의미 차이를 기억해 두도록 하자.

① ⑤ ② ① ③ ② ② ① : 1

명사 - ② もの 2

🔍 집중! 이것만은 꼭!

- 「もの」의 대표적 용법 2

① 〜ものを : 〜것을, 〜텐데 　　　▶ 불만이나 후회 유감의 기분을 나타냄

　　例　いい薬さえあれば彼は助かったものを。 좋은 약만 있었다면 그는 살았을 텐데.

② 〜ものか : 〜할까보냐 　　　▶ 상대방의 말이나 생각을 강하게 반대, 부정할 때 사용

　　例　あんな人に負けるものか。 저런 사람에게 질까보냐?

③ 〜ものがある : 〜인 것이 있다, 정말 〜하다 　　▶ 화자의 느낌을 나타냄

　　例　この作品は構成に斬新なものがある。 이 작품에는 구성에 참신한 것이 있다.(구성이 정말 참신하다)

④ 〜ものなら : 〜라면 　　　▶ 실현 가능성이 희박한 것을 가정할 때 사용

　　例　できるものなら、鳥になって空を飛んでみたい。 가능한 일이라면 새가 되어 하늘을 날아 보고 싶다.

⑤ 〜をものともせず(に) : 〜을 아랑곳하지 않고 　▶ 뒤에는 문제를 해결한다는 의미의 표현이 옴

　　例　彼は委員たちの反対をものともせず、改革を進めていった。
　　　　그는 위원들의 반대를 아랑곳하지 않고 개혁을 진행시켜 갔다.

TEST

※ ①〜② 중 몇 번일까요?

1 無礼なあんな人に頼む（①ものを / ②ものか）。　　　無礼 무례 | 頼む 부탁하다

2 私に話してくれたらよかった（①ものか ②ものを）。　　〜てくれる 〜해주다

3 彼の活躍ぶりには目覚ましい（①ものを / ② ものがある）。

　　　　　　　　　　　　　　活躍ぶり 활약상 | 目覚ましい 눈부시다

4 できる（①ものなら / ②ものか）、人生を最初からやり直したい。

　　　　　　　　　　　　　人生 인생 | 最初 처음 | やり直す 다시 하다

5 周囲の反対（①ものなら / ②をものともせず）、二人は結婚した。

　　　　　　　　　　　　周囲 주위 | 反対 반대 | 結婚 결혼

정리된 「もの」의 용법은 대부분 파트 7 공란 메우기에 출제된다. 유사하게 생긴 표현의 의미 구분이 중요한테, 이 중에서도 특히 '〜을 아랑곳하지 않고'라는 의미인 「〜をものともせず(に)」의 출제 빈도가 상당히 높으므로, 반드시 암기해 두어야 한다.

정답 ①②②③④②⑤

명사 - ③ こと1

집중! 이것만은 꼭!

• 「こと」의 대표적 용법1

① ～ことがある : ～할 때가 있다   ▶ 때때로 그러한 경우가 있음을 나타냄

예 休日に早く起きることがある。휴일에 일찍 일어날 때가 있다.

② ～たことがある : ～한 적이 있다   ▶ 과거의 경험을 나타냄

예 あなたは日本に行ったことがありますか。당신은 일본에 간 적이 있습니까?

③ ～ことにする : ～하기로 하다   ▶ 주체에 의해 결정됨을 나타냄

예 来月静かなところに引っ越すことにしました。다음달 조용한 곳으로 이사하기로 했습니다.

④ ～ことになる : ～하게 되다   ▶ 자연스럽게 그러한 결과가 됨을 나타냄

예 今度、東京支店に行くことになりました。이번에 도쿄 지점에 가게 되었습니다.

⑤ ～ことになっている : ～하기로 되어 있다   ▶ 어떤 약속이나 예정을 나타냄

예 午後3時に鈴木さんと会うことになっている。오후 3시에 스즈키 씨와 만나기로 되어 있다.

TEST

※ ①～② 중 몇 번일까요?

1 頑張っても、時として失敗 (①する / ②した) ことがある。

頑張る 분발하다 | 時として 때로는 | 失敗 실패

2 山田さんにはこれまで二度 (①会う / ②会った) ことがある。

これまで 지금까지 | 会う 만나다

3 二人はやはり離婚する (①ことにした / ②ことになった)。

やはり 역시 | 離婚 이혼

4 健康のために、ジョギングをする (①ことにした / ②ことになった)。

健康 건강 | ～ために ～을 위하여

5 今度の海外出張は彼が行く (①ことになる / ②ことになっている)。

海外 해외 | 出張 출장

형식명사 「こと」는 기본적으로 「～たことがある」에서 접속 형태가 상당히 자주 출제되므로, 접속에 따른 의미 차이를 기억해 두자. 그리고 「～ことにする」와 「～ことになる」를 찾는 문제는 문장 전체의 의미를 잘 따져 보고 골라야 실수가 없다.

정답 ②1 ②2 ①3 ①4 ②5

명사 - ④ こと 2

- 「こと」의 대표적 용법 2

① ～ことだ : ～해야 한다 　　　　▶ 충고나 명령 주장을 할 때 사용

　例 健康のために、毎日運動することだ。 건강을 위해서 매일 운동해야 한다.

② ～ことに : ～하게도 　　　　▶ 말하는 사람의 감정을 강조해서 나타냄

　例 幸いなことに、事故は免れた。 다행스럽게도 사고는 면했다.

③ ～こととて : ～이므로, ～인 까닭에 　　　　▶ 어떤 원인이나 이유를 나타냄

　例 子供のやったこととて、大目に見てくれませんか。 아이가 한 짓이니까, 너그럽게 봐주지 않겠습니까?

④ ～ことはない : ～할 필요는 없다 　　　　▶ 상대방을 격려하거나 충고할 때 자주 사용

　例 もうこれ以上心配することはない。 이제 더 이상 걱정할 필요는 없다.

⑤ ～ことだから : ～이기 때문에 　　　　▶ 성격이나 행동패턴에 근거해 판단을 내릴 때 사용.

　例 朝寝坊の山田君のことだから、まだ寝ているだろう。
　늦잠꾸러기인 야마다 군이기 때문에, 아직 자고 있을 것이다.

TEST

※ ①～② 중 몇 번일까요?

1 大人の話はよく聞く（ ①ことだ / ②ことに ）。　　　大人 어른 | よく 잘

2 大学に落ちても心配する（ ①ことだ / ②ことはない ）。　　　落ちる 떨어지다 | 心配 걱정

3 驚いた（ ①ことに / ②こととて ）彼は社長になっていた。　　　驚く 놀라다 | 社長 사장

4 優秀な彼の（ ①ことに / ②ことだから ）心配は要らない。　　　優秀 우수 | 心配 걱정 | 要る 필요하다

5 ここは田舎の（ ①ことに / ②こととて ）大したものはありませんが。

田舎 시골 | 大した 별, 이렇다 할, 큰

형식명사 「こと」는 「もの」와 용법 면에서 유사하게 생긴 표현이 많다. 대표적인 표현으로는 「～ことがある (～하는 경우가 있다)」와 「～ものがある(～인 것이 있다)」, 「～ことだ(～해야 한다)」와 「～ものだ(～인 법이다)」, 「～ことだから(～이기 때문에, 성격ㆍ행동패턴에 근거해 판단을 내릴 때)」와 「～ものだから(～이기 때문에, 개인적인 이유를 들어 변명할 때)」 등이 있다.

조금 더 파고들기

「もの」「こと」「の」의 구분

① 구체적인 명사나 사물, 눈에 보이는 것은 「もの」와 「の」 둘 다 가능.

　例 机の上にあるもの(の)は何ですか。 책상 위에 있는 것은 무엇입니까?

② 바꿀 수 있는 명사가 있는 경우에는 「の」만 사용 가능.

　例 昨日学校に行けなかったのは風邪を引いたからだ。「の」 → '이유', '원인'
　어제 학교에 못간 것은 감기에 걸렸기 때문이다.

③ 「見る」「見える」「聞く」「聞こえる」 등 시각이나 청각을 나타내는 동사 앞이나 동작인 장면 다음에는 「の」만 사용 가능.

　例 子供たちが遊んでいるのが見える。 아이들이 놀고 있는 것이 보인다.

명사 - ⑤ ところ

• 「ところ」의 대표적 용법

① 동사의 기본형＋ところだ : 마침 ～하려던 참이다 　▶ 동작이나 상태의 시작을 나타냄

예 これから日本語の勉強をするところです。　이제부터 일본어 공부를 하려던 참입니다.

② 진행형＋ところだ : ～하고 있는 중이다 　▶ 동작이나 상태의 진행을 나타냄

예 息子はお風呂に入っているところです。　아들은 목욕하고 있는 중입니다.

③ た형＋ところだ : 막(방금) ～했다 　▶ 동작이나 상태의 완료를 나타냄

예 ちょうど今昼ご飯を食べ終わったところです。　마침 방금 점심을 다 먹었습니다.

④ ～たところ : ～했더니, ～한 결과 　▶ 순접의 결과를 서술할 때 사용.

예 その料理は食べてみたところ、とても美味しかった。　그 요리는 먹어 봤더니 아주 맛있었다.

⑤ ～たところが : ～했더니, ～한 결과 　▶ 역접의 결과를 서술할 때 사용.

예 せっかく行ってみたところが、誰もいなかった。　모처럼 가 봤더니, 아무도 없었다.

⑥ ～たところで : ～해 봤자, ～한들 　▶ 부정적인 판단이나 평가를 나타내는 표현이 뒤에 옴.

예 今から出発したところで、もう遅いだろう。　지금부터 출발해 봤자, 이미 늦었을 것이다.

TEST

※ ①～② 중 몇 번일까요?

1 今から昼ご飯を（①食べる / ②食べた）ところです。　今から 지금부터 | 昼ご飯 점심식사

2 （①行く / ②行った）ところで、もう間に合わないだろう。　もう 이제, 이미 | 間に合う 시간에 맞추다

3 ただいま資料を（①調べている / ②調べた）ところです。　ただいま 현재 | 資料 자료 | 調べる 조사하다

4 先生のお宅に訪ねてみた（①ところ / ②ところで）、留守だった。　お宅 댁 | 訪ねる 방문하다 | 留守 부재중

5 高いお金を払って買った（①ところが / ②ところで）、すぐ壊れてしまった。

払う 지불하다 | 壊れる 고장나다

형식명사「ところ」는 앞에 오는 동사의 시제나 형태에 따라서 의미가 많이 바뀌는 표현이므로, 이 부분에 대한 공부가 필요하다. 특히「진행형＋ところだ」는 실제 시험에서 접속 형태인 진행형을 찾는 문제로 나온 적이 있는 만큼 잘 기억해 두자.

정답 ①① ②① ③① ④② ⑤①

명사 – ⑥ わけ・はず

🔍 집중! 이것만은 꼭!

• 「わけ・はず」의 대표적 용법

① ～わけだ・～はずだ : ～인 것이다, ～일 터이다 　▶ 당연, 환언, 이유, 결론을 나타냄

　예 こうして二人は結婚し、幸せに暮したわけだ。 이렇게 해서 두 사람은 결혼해 행복하게 산 것이다.

　　さっき電話があったから、彼ももうすぐ着くはずだ。

　　조금 전에 전화가 왔으니까, 그도 이제 곧 도착할 터이다.

② ～わけがない・～はずがない : ～일 리가 없다 　▶ 가능성이 전혀 없음을 나타냄

　예 今度の旅行に彼が行くわけがない。 이번 여행에 그가 갈 리가 없다.

　　先生は入院中だから、今日ここにいらっしゃるはずがないよ。

　　선생님께서는 입원 중이시니까, 오늘 여기에 오실 리가 없어.

③ ～わけではない : ～인 것은 아니다 　▶ 필연적인 어떤 내용을 부정함을 나타냄

　예 明日予定があるわけではないですが。 내일 예정이 있는 건 아닙니다만…….

④ ～わけにはいかない : ～할 수는 없다 　▶ 상식・통념으로 보아 불가능하다는 것을 나타냄

　예 明日から試験なので、遊んでいるわけにはいかない。 내일부터 시험이기 때문에, 놀고 있을 수는 없다.

⑤ ～ないわけにはいかない : ～해야만 한다 　▶ 의무를 나타냄

　예 妻がせっかく作ったのだから、食べないわけにはいかない。 아내가 모처럼 만들었으니까, 먹어야한다.

TEST

※ ①～② 중 몇 번일까요?

1 山田君もそろそろ来る（①はずだ / ②わけではない）。　　もう 이제｜そろそろ 슬슬

2 彼がこの問題をわからない（①わけだ / ②わけがない）。　　問題 문제｜わかる 알다

3 （①食べるはずだが / ②食べないわけではないが）、あまり好きではない。　あまり 그다지｜好きだ 좋아하다

4 明日からテストなので、（①遊ばない / ②遊んでいる）わけにはいかない。　　遊ぶ 놀다

5 先生に頼まれたことだから、（①するわけがない / ②しないわけにはいかない）。　頼む 부탁하다

형식명사「わけ・はず」는 모든 표현이 실제 시험에 출제된 만큼 잘 정리해 두어야 한다. 특히 최근 시험에 자주 출제되는「～ないわけにはいかない」는 의미를 정확하게 기억해 두자.

정답 ①② ②② ③② ④② ⑤②

カタカナ

• 주요 **カタカナ**

☐ ナイフ 칼

☐ リスク 위험

☐ モラル 도덕

☐ ケース 경우

☐ マナー 매너

☐ グッズ 상품

☐ データ 자료

☐ レベル 수준

☐ コーヒー 커피

☐ クール 산뜻함

☐ チャンス 기회

☐ ピーク 최고점

☐ キャリア 경력

☐ タイムリー 시의 적절함

☐ アイテム 품목

☐ セオリー 이론

☐ アイドル 우상

☐ ベテラン 베테랑

☐ ブランド 상품명

☐ レシート 영수증

☐ イメージ 이미지

☐ スタイル 스타일

☐ リサイクル 재활용

☐ トレーニング 훈련

☐ キャンパス 캠퍼스

☐ メッセージ 메시지

☐ マニュアル 설명서

☐ バーゲン 바겐세일

☐ メカニズム 매커니즘

☐ カテゴリー 카테고리

☐ スケジュール 스케줄

☐ アンケート 설문조사

☐ ノック 노크

☐ ローン 융자

☐ コピー 복사

☐ ツアー 여행

☐ メリット 장점

☐ カップル 커플

☐ ギャップ 차이

☐ チケット 티켓

☐ シーズン 시즌

☐ コーナー 매장

☐ グループ 그룹

☐ ワープロ 워드프로세서

☐ マスコミ 매스컴

☐ コメント 코멘트

☐ サイズ 사이즈

☐ ターゲット 표적

☐ アドバイス 충고

☐ キャッシュ 현금

☐ コンテンツ 내용

☐ レポート 보고서

☐ カロリー 칼로리

☐ ピリオド 종지부

☐ エリート 엘리트

☐ ユニーク 독특함

☐ デザイン 디자인

☐ ストレス 스트레스

☐ ナンセンス 넌센스

☐ マンネリ 매너리즘

☐ アナウンス 안내방송

☐ プライバシー 사생활

☐ アレルギー 알레르기

☐ アルバイト 아르바이트

☐ ガイド 안내

☐ クリア 명료

☐ ビール 맥주

☐ メリット 장점

☐ クイズ 퀴즈

☐ ニュース 뉴스

☐ パニック 공황

☐ ハッカー 해커　　　☐ アプローチ 접근　　　☐ エネルギー 에너지

☐ ユーモア 유머　　　☐ セクハラ 성희롱　　　☐ ウイルス 바이러스

☐ シンプル 심플　　　☐ キャンセル 취소　　　☐ ヒステリー 히스테리

☐ バランス 균형　　　☐ スペシャル 특별　　　☐ スキャンダル 스캔들

☐ リサーチ 조사　　　☐ ハンサム 잘생김　　　☐ トラウマ 정신적 외상

☐ ストライキ 파업　　☐ サービス 서비스　　　☐ ワンクッション
　　　　　　　　　　　　　　　　　　　　　　　　　충격을 완화시키는 한 단계

☐ プリント 프린트　　☐ プレッシャー 압력

☐ エピソード 일화　　☐ リストラ 정리해고

☐ メディア 미디어　　☐ リハーサル 리허설

TEST

※ ①〜② 중 몇 번일까요?

1 政府の公式的な（①コメント / ②スピーチ）はまだ出ていない。　　政府 정부｜公式的 공식적

2 （①マニュアル / ②アナウンス）をよく読んでから操作してください。　読む 읽다｜操作 조작

3 日本では（①リサイクル / ②リハーサル）運動が注目を浴びている。
　　　　　　　　　　　　　　　　　運動 운동｜注目を浴びる 주목을 받다

4 健康になるためには（①バランス / ②レベル）の取れた食事が大事だ。
　　　　　　　　　　　　　　　　健康 건강｜食事 식사｜大事だ 중요하다

5 一人でこの仕事をするなんて、それは（①クイズ / ②ナンセンス）ですよ。
　　　　　　　　　　　　　　一人で 혼자서｜〜なんて 〜라니

カタカナは 주로 파트 7 공란 메우기에서 출제된다. 하지만 파트 5에서 カタカナ와 대체할 수 있는 표현이나 파트 6에서 장단음 구분이나 촉음(っ) 유무의 오용 문제로 출제된 적이 있는 만큼 이 부분에 대한 공부도 필요 하다. 발음과 영어의 의미만 정확하게 알고 있으면 대부분 맞출 수 있는 문제이므로, 이번 기회에 잘 정리해 두도 록 하자.

정답) 1① 2① 3① 4① 5②

01 納豆は<u>全然食べないわけではない</u>。
　(A) 納豆はいつも食べている。
　(B) 納豆はあまり食べたくない。
　(C) 時々納豆を食べる時もある。
　(D) 納豆は今まで食べたことがない。

02 二人は周囲の反対<u>をものともせず</u>、結婚した。
　(A) をおいて
　(B) をよそに
　(C) をきっかけに
　(D) をかわきりに

03 <u>わけ</u>もなく子供を叱るのはよくない。
　(A) その国の経済発展には<u>わけ</u>がある。
　(B) ここで諦めてしまう<u>わけ</u>にはいかない。
　(C) 彼にとってこの仕事は<u>わけ</u>ないことだ。
　(D) 彼は<u>わけ</u>のわからないことばかり言っている。

04 夫は今お風呂に入っている<u>ところ</u>です。
　(A) 私は高い<u>ところ</u>はあまり好きではない。
　(B) 現在の<u>ところ</u>、志願者は約100人ほどだ。
　(C) 彼は自分の悪い<u>ところ</u>をすぐ忘れてしまう。
　(D) 行っている<u>ところ</u>だから、待っていてください。

05 金というのはすぐなくなる<u>もの</u>だ。
　(A) 机の上にある<u>もの</u>は何ですか。
　(B) 人の心はなかなかわからない<u>もの</u>だ。
　(C) 好きな<u>もの</u>ばかり食べていてはいけない。
　(D) これは平たい<u>もの</u>の上に置いてください。

06 その子供が本を盗んでいる<u>ところ</u>を見たという証言が出た。
　(A) その件は静かな<u>ところ</u>で話しましょう。
　(B) 今赤ちゃんが寝ている<u>ところ</u>だから、静かにしてください。
　(C) 会場は既に人々で込んでいて、どこにも座る<u>ところ</u>がなかった。
　(D) 冒頭の<u>ところ</u>がよくわかりませんが、もう一度説明していただけますか。

07 休む<u>時には</u>仕事の<u>こと</u>を全部忘れて、<u>十分に</u>楽し<u>むものだ</u>。
         (A)   (B)   (C)   (D)

08 私は健康の<u>ために</u>、毎朝<u>30分</u><u>ぐらい</u>運動をする<u>ことになった</u>。
                (A)   (B)   (C)   (D)

09 <u>今から出発する</u>ところで、最後の電車<u>には</u>間に<u>合わない</u>だろう。
   (A)   (B)   (C)   (D)

10 幸い<u>なのに</u>、あなたの<u>おかげで</u>その悪夢<u>のような</u>事故を<u>免れる</u>ことができました。
        (A)   (B)   (C)   (D)

11 こうなってしまった<u>以上</u>、途中<u>で</u>諦める<u>わけ</u>にもいけず、最後<u>まで</u>頑張るつもりだ。
                  (A)   (B)   (C)   (D)

12 ひどい風邪で熱が<u>出る</u>し体も<u>だるい</u>が、<u>だからといって</u>会社に行かない
                 (A)   (B)   (C)

<u>わけではない</u>。
   (D)

13 ダイエットに成功するためには、食べ物の_____を減らす必要がある。
(A) カロリー
(B) イメージ
(C) ストライキ
(D) ナンセンス

14 来週は_____がぎっしり詰まっていて、旅行するどころではない。
(A) ブーム
(B) ハンサム
(C) ロマンチック
(D) スケジュール

15 この商品はデパートでも売っている_____。
(A) ことだ
(B) ごろだ
(C) はずだ
(D) ばかりだ

16 こんなに難しい問題を子供が解ける_____。
(A) わけだ
(B) ことだ
(C) ことはない
(D) わけがない

17 できる_____、過去に戻ってもう一度人生をやり直したい。
(A) ものを
(B) ものか
(C) ものなら
(D) ものだから

18 今その話をしたら、パニックに陥るかもしれないから、_____置いて話しましょう。
(A) リハビリ
(B) トラウマ
(C) ジレンマ
(D) ワンクッション

19 今出発_____ところで、もう間に合わないから諦めた方がいいよ。
(A) する
(B) した
(C) して
(D) しよう

20 友達が家に遊びに来た_____、昨日は勉強できませんでした。
(A) ことだから
(B) ものだから
(C) わけだから
(D) ところだから

JPT 단골 손님!

부사

 한눈에 들여다보기 📷

부사 파트 5와 7에서 주로 출제되는 품사인데, 파트 5에서는 발음이나 한자 찾기 문제, 대체할 수 있는 부사를 묻는 문제로 출제된다. 이 중에서 대체할 수 있는 부사 찾기가 가장 많이 출제되는데, 실제 시험에 나왔던 표현들로는 「できるだけ＝なるべく(가능한 한)」「不意に＝突然(돌연, 갑자기)」「偶然＝たまたま(우연히)」「予め＝前以て(미리, 사전에)」「殊に＝特に(특히)」 등이 있다.

파트 6에서의 부사 오용 빈도는 높지는 않지만 문장의 흐름과는 맞지 않는 부사를 찾는 문제가 주로 출제된다. 그리고 「少ないでも(×) → 少なくとも」「めったで(×) → めったに」처럼 부사의 형태를 교묘하게 바꿔 출제되는 경우도 있으므로 암기할 때는 정확하게 기억을 해 두어야 한다.

마지막으로 파트 7에서는 직접적으로 부사를 찾는 문제로 출제되는데 단시간에 빨리 정답을 찾으려면 「きっと〜だろう(틀림없이 ～일 것이다)」「決して〜ない(결코 ～하지 않다)」「必ずしも〜ない(반드시 ～인 것은 아니다)」처럼 각 부사마다 호응 관계를 암기해 두는 것이 좋다.

부사	각 파트별 출제 유형		
	파트 5 (정답 찾기)	파트 6 (오문 정정)	파트 7 (공란 메우기)
부사	· 부사 발음 찾기 · 부사 한자 찾기 · 대체할 수 있는 부사 찾기 · 부사의 용법 구분	· 호응 관계의 오용 · 부사 형태의 오용 · 문장의 흐름과 맞지 않는 부사 · 「かなり」와 「なかなか」의 구분 · 「むしろ」와 「かえって」의 구분 · 「いちおう」와 「とりあえず」의 구분	· 적절한 부사 찾기 · 호응 관계를 기억해 두어야 하는 부사

1 参加希望の方は必ず私のところに<u>直に</u>連絡してください。
   (A) じかに
   (B) まさに
   (C) ただちに
   (D) おもむろに

2 気候も11月に入って、<u>だいぶ</u>寒くなりました。
   (A) 代部
   (B) 大部
   (C) 代分
   (D) 大分

3 彼が書いた小説は<u>ちっとも</u>面白くない。
   (A) かなり
   (B) あまり
   (C) まったく
   (D) いきなり

4 タクシーに乗ったおかげで、約束の時間に<u>ぎりぎり</u>間に合った。
   (A) ほとんど
   (B) ひたすら
   (C) かろうじて
   (D) だいたい

5 彼女はうつむいたまま、<u>ずっと</u>何も話さなかった。
   (A) これよりあの荷物の方が<u>ずっと</u>重い。
   (B) 今まで<u>ずっと</u>ここで待っていましたか。
   (C) 道子さんは智子さんより<u>ずっと</u>美しい。
   (D) 心理学なら彼の方が<u>ずっと</u>よく知っている。

6 どう見ても二人は<u>ただ</u>の仲ではないらしい。
   (A) この机、隣の鈴木さんから<u>ただ</u>同様で買ったよ。
   (B) 今の私には<u>ただ</u>無事を祈ることしかできることがない。
   (C) その話が部長の耳に入ったら、<u>ただ</u>では済まないだろう。
   (D) 手当てをもらわずに<u>ただ</u>で夜遅くまで仕事をすることを「サービス残業」と呼ぶ。

7 彼と<u>仲直りする</u><u>くらいなら</u>、<u>かえって</u>死んだ方が<u>ましだ</u>。
   (A)   (B)   (C)   (D)

8 <u>朝</u><u>家を出た</u>とたん、<u>常に</u>激しいにわか雨が<u>降りはじめた</u>。
(A)   (B)   (C)   (D)

9 値段が<u>高い</u>品物だから<u>といって</u>、<u>やっと</u>いい物とは<u>言えない</u>だろう。
      (A)   (B)   (C)   (D)

10 <u>いくら</u>時間が<u>十分あって</u>、あの問題は<u>難しくて</u>誰も<u>できなかった</u>でしょう。
   (A)   (B)   (C)   (D)

11 <u>めったで</u>笑わない彼女が<u>げらげら</u>笑うなんて、<u>よほど</u>面白かった<u>らしい</u>。
    (A)   (B)   (C)   (D)

12 <u>自分なりに</u>一生懸命に頑張ってはいるが、<u>主に</u>思った<u>通りに</u>ならない。
     (A)   (B)   (C)   (D)

13 「昨夜は＿＿＿＿＿＿眠れましたか。」「おかげ様で、熟睡しました。」
(A) ぎっしり
(B) きゅうに
(C) とにかく
(D) ぐっすり

14 この地域は治安がよくないため、＿＿＿＿＿＿凶悪事件が起っている。
(A) 実に
(B) さっぱり
(C) 一向に
(D) しばしば

15 あの二人は本当に仲がよくて、＿＿＿＿＿＿姉妹のようだ。
(A) まるで
(B) そもそも
(C) もっぱら
(D) とうてい

16 たばこを止めようと思いながらも、_____吸ってしまった。
(A) つい
(B) いまだに
(C) はたして
(D) いちおう

17 学生にそんなことを言われるなんて、先生も_____不愉快だっただろう。
(A) さぞ
(B) ついに
(C) たびたび
(D) まもなく

18 この薬を飲んだら治ると思ったのに、_____悪くなってしまった。
(A) さほど
(B) たいして
(C) かえって
(D) あらかじめ

19 空を見上げると、_____と雲が浮かんでいました。
(A) ぽっかり
(B) うっかり
(C) がっちり
(D) すんなり

20 _____後悔してみても、もう後の祭りです。
(A) いまさら
(B) なおさら
(C) ことさら
(D) まんざら

부사

집중! 이것만은 꼭!

• 주요 부사

☐ まず 우선

☐ もう 이미

☐ さぞ 필시

☐ ただ 단지

☐ もし 만약

☐ つい 그만

☐ まるで 마치

☐ ふと 문득

☐ やや 약간

☐ さっぱり 전혀

☐ ずっと 훨씬

☐ たとえ 설사

☐ あまり 그다지

☐ ほとんど 거의

☐ まさか 설마

☐ そもそも 애초

☐ かなり 상당히

☐ いっそ 오히려

☐ むしろ 오히려

☐ ようやく 간신히

☐ ちっとも 조금도

☐ きっと 틀림없이

☐ ひたすら 오로지

☐ とにかく 어쨌든

☐ しばしば 자주

☐ せめて 하다못해

☐ しみじみ 절실히

☐ すっかり 완전히

☐ ぽっかり 두둥실

☐ ぐっすり 푹, 편안히

☐ うっかり 무심코, 깜빡

☐ それほど 그다지

☐ やっと 겨우, 간신히

☐ たかが 고작, 기껏해야

☐ ぎっしり 가득, 잔뜩

☐ あくまで 어디까지나

• 한자를 반드시 암기해야 하는 부사

☐ 直に (じか) 직접

☐ 更に (さら) 더욱 더

☐ 尽く (ことごと) 전부

☐ 実に (じつ) 실로

☐ 今更 (いまさら) 이제 와서

☐ 急に (きゅう) 갑자기

☐ 早速 (さっそく) 당장

☐ 一応 (いちおう) 일단, 대충

☐ 強いて (し) 굳이

☐ 是非 (ぜひ) 부디

☐ 徐に (おもむろ) 서서히, 천천히

☐ 別に (べつ) 특별히

☐ 直ちに (ただ) 바로

☐ 辛うじて (かろ) 겨우, 간신히

☐ 大分 (だいぶ) 상당히

☐ 敢えて (あ) 굳이

☐ 徐々に (じょじょ) 서서히, 천천히

☐ 大体 (だいたい) 대체로

☐ 確か (たし) 확실히

☐ 常に (つね) 항상

☐ 一層 (いっそう) 한층 더

□ 却って 도리어   □ 度々 자주   □ 専ら 전적으로

□ 一斉に 일제히   □ 正に 정말로   □ 一気に 단숨에

□ 少なくとも 적어도   □ 必ず 반드시   □ 全く 정말, 전혀

□ 遂に 드디어, 마침내   □ 時折 때때로   □ 予め 미리, 사전에

□ 取り敢えず 일단, 우선   □ 果たして 과연   □ 相変わらず 여전히

□ 主に 주로   □ 今にも 이제곧   □ 非常に 대단히, 매우

TEST

※ ①～② 중 적절한 부사는 몇 번일까요?

1 （①予め / ②敢えて）予約しておいた方がいい。

予め 미리｜敢えて 굳이｜予約 예약

2 そんな話は（①一斉に / ②全く）聞いたことがない。

一斉に 일제히｜全く 전혀

3 三月になって（①うっかり / ②大分）暖かくなりました。

うっかり 무심코｜大分 상당히｜暖かい 따뜻하다

4 日本の景気も（①徐々に / ②今更）回復しつつある。

景気 경기｜徐々に 서서히｜今更 이제와서｜回復 회복｜ます형+つつある 계속 ~하다

5 私はサッカーより（①むしろ / ②ぐっすり）野球の方が好きだ。

むしろ 오히려｜ぐっすり 푹｜野球 야구

부사도 거의 매 시험 빠짐없이 출제되고 있는 품사인데, 특히 한자가 있는 부사는 발음이나 한자찾기 문제로 출제되는 경우가 많기 때문에, 한자를 반드시 기억해 두자. 파트별로 자주 출제 유형은 파트 5에서는 발음이나 한자, 같은 의미의 부사 찾기, 파트 6은 문장의 흐름과는 맞지 않는 부사 찾기, 파트 7에서는 직접적으로 부사를 찾는 문제로 출제된다.

정답 ① ⑤ ② ④ ③ ② ② ① ①

120

조금 더 파고들기

뒷부분에 부정형(ない형)이 오는 부사

- 然程(さ ほど) 그다지
- 満更(まんざら) 그다지
- 大して(たい) 그다지

- 強ち(あなが) 반드시
- 一向に(いっこう) 조금도
- 決して(けっ) 결코

- 到底(とうてい) 도저히
- 滅多に(めった) 좀처럼
- 碌に(ろく) 변변히

- 未だに(いま) 아직까지
- 一概に(いちがい) 일괄적으로
- 必ずしも(かなら) 반드시

まさか 설마	예 まさか彼が試験に落ちるとは。 설마 그가 시험에 떨어지리라고는.
すっかり 완전히	예 すっかり長居をしてしまいました。 너무 오랫동안 머물러 버렸습니다.
相変わらず 여전히	예 彼は相変わらず歌が下手だった。 그는 여전히 노래가 서툴렀다.
ちっとも 조금도	예 彼の書いた小説はちっとも面白くなかった。 그가 쓴 소설은 조금도 재미있지 않았다.
早速 즉시	예 彼の話を聞いて、早速そこへ行ってみた。 그의 이야기를 듣고 즉시 그곳에 가 보았다.
徐々に 서서히	예 低迷していた景気も徐々に回復している。 침체되어 있던 경기도 서서히 회복되고 있다.
一斉に 일제히	예 信号が変わると、車が一斉に走り出した。 신호가 바뀌자 자동차가 일제히 달리기 시작했다.
今更 이제 와서	예 今更後悔しても、もうもとには戻れない。 이제 와서 후회해도 이미 원래대로는 돌아갈 수 없다.
むしろ 오히려	예 ポップソングよりはむしろクラシックの方が好きです。 팝송보다는 오히려 클래식 쪽을 더 좋아합니다.

予め _{あらかじ} 미리, 사전에	예 いつも込んでいるから、予め予約しておいた方がいい。 항상 붐비니까 미리 예약해 두는 것이 좋다.
まるで 마치	예 彼女はまるで鳥のようにきれいな声で歌っていた。 그녀는 마치 새처럼 아름다운 목소리로 노래하고 있었다.
敢えて _あ 굳이	예 子供の将来のために、彼は敢えてその意見に反対した。 아이의 장래를 위해서, 그는 굳이 그 의견을 반대했다.
果たして _は 과연	예 これから毎日10時間勉強して、果たしてその大学に合格できるだろうか。 이제부터 매일 10시간 공부해서 과연 그 대학에 합격할 수 있을까?
ぎっしり 가득, 잔뜩	예 箱の中には小物がぎっしり入っていた。 상자 안에는 자질구레한 물건이 잔뜩 들어 있었다.
やっと 겨우, 간신히	예 三日間もかかってやっとレポートを書き終えた。 사흘간이나 걸려 겨우 보고서를 다 썼다.
たとえ 설령, 설사	예 たとえ子供であれ、罪を犯したからには罰を与えるべきだ。 설사 아이라고 해도 죄를 저지른 이상은 벌을 주어야 한다.
そもそも 애초	예 そもそも彼にやる気がなかったのは確かなことだ。 애초 그에게 할 마음이 없었던 것은 확실하다.

01 彼が作成した提案は委員会で<u>尽</u>く拒否されてしまった。
(A) まったく
(B) あいにく
(C) とにかく
(D) ことごとく

02 彼氏のおかげで、<u>かろうじて</u>レポートを書き終えることができた。
(A) 幸うじて
(B) 行うじて
(C) 辛うじて
(D) 倖うじて

03 今回彼が取った態度は<u>とうてい</u>理解できない。
(A) 倒底
(B) 到低
(C) 倒低
(D) 到底

04 被害者から依頼を受けて、<u>さっそく</u>捜査に乗り出した。
(A) 加速
(B) 減速
(C) 敏速
(D) 早速

05 出来上がった常識を覆すのは<u>かなり</u>難しいでしょう。
(A) 確か
(B) 少なくとも
(C) なかなか
(D) 取り敢えず

06 昨日、駅前で高校時代の友人に<u>偶然</u>会いました。
(A) いきなり
(B) よほど
(C) たまたま
(D) あいかわらず

07 あまりに働きすぎると体を壊しますよ。
(A) 明日のパーティーにはあまり行きたくない。
(B) 今日はあまりにも暑かったので、何度もシャワーを浴びた。
(C) その知らせを聞いて悲しさのあまり、泣いてしまった。
(D) いい大学に合格したのに、彼女はあまり嬉しくないようだ。

08 一時間前に出発したから、もう来るだろう。
(A) 彼はもう出かけてしまいました。
(B) 東京行きの電車がもうすぐ来ます。
(C) もう済んだことは考えない方がいい。
(D) その件はもう少し考えさせてください。

09 早く出発したおかげで、ついに約束の時間に間に合った。
　(A)　　　　　　　(B)　　　　(C)　　　　　　　(D)

10 いけないと思いながら、うっかり娘の日記を読んでしまった。
　　(A)　　　　　(B)　　　(C)　　　　　　　　(D)

11 海外旅行をするためには、一応パスポートとビザが必要である。
　　　　　(A)　　　(B)　　(C)　　　　　　(D)

12 先生は「たとえ今回失敗して、次に頑張ればいい」と私を励まして
　　　　　　(A)　　　　　(B)　　　　　　　　(C)

くださいました。
　　　(D)

13 外国までは行けなくても、＿＿＿＿＿＿東京には一度行ってみたいです。
(A) 碌に
(B) 非常に
(C) せめて
(D) 滅多に

14 彼は3ヶ月かけて＿＿＿＿＿＿卒業論文を書き上げた。
(A) やっと
(B) 主に
(C) きっと
(D) 時折

15 _____山田さんが優勝できるとは、想像もできなかった。

(A) もし

(B) まさか

(C) しみじみ

(D) 相変わらず

16 彼は両親の反対を_____気にしていないようだ。

(A) 敢えて

(B) あくまで

(C) 一向に

(D) 今にも

17 今の段階では、どちらがいいか_____は言えないと思います。

(A) 更に

(B) 是非

(C) 強ち

(D) 一概に

18 彼の手帳には来週のスケジュールが_____と書いてあった。

(A) 不意に

(B) びっしり

(C) 決して

(D) 大して

19 _____彼女が今度の大会でも優勝できるかどうかは疑問である。

(A) 果たして

(B) 却って

(C) 徐々に

(D) すっかり

20 校長先生が入ると、生徒たちは_____立ち上がった。

(A) いっそう

(B) ひとりでに

(C) あらかじめ

(D) いっせいに

그래도 동사는 매번 나온다!

동사 · 복합동사

 한눈에 들여다보기

동사 동사는 지금까지 파트 5에서 단 한 번도 출제되지 않은 적이 없는 품사이다. 매 시험마다 발음이나 한자찾기 문제가 반드시 출제되므로, 나올 때마다 암기를 해 두어야 한다. 그리고 파트 6 오문 정정 에서는 주로 자동사와 타동사의 오용이나 상태 표현에 관한 문제 및 활용을 묻는 문제로 많이 출제 되었다. 마지막으로 파트 7에서는 직접적으로 찾는 문제가 나오는데, 최근의 출제경향은 한자로 제시하거나 상당히 까다로운 동사를 제시하는 경우가 많으므로, 이 부분에 대한 공부도 필요하다.

복합동사 복합동사는 매년 평균 2번에서 3번 정도 출제되는데 출제되면 상당히 까다로운 부분이므로 평소 에 꾸준히 암기를 해 두어야 한다. 무엇보다도 의미파악이 힘든 것이 복합동사이므로 동사를 분리 해 개개의 의미를 생각하지 말고 형태 그대로 의미와 함께 암기해 두어야 한다.

동사 복합동사	각 파트별 출제 유형		
	파트 5 (정답 찾기)	파트 6 (오문 정정)	파트 7 (공란 메우기)

동사	· 동사 발음 찾기
	· 동사 한자 찾기
	· 동사의 의미 구분
	· 상태 표현에 대한 이해
	· 동사가 들어간 관용 표현의
	  의미
	· 수수 동사에 대한 이해
	· 동사의 용법 구분
		· 문장의 흐름과 맞지 않는 동사
		· 동사 형태의 오용
		· 자동사와 타동사의 구분
		· 자동사와 타동사의 상태 표현의
		  오용
		· 「いる」와 「ある」의 구분
		· 「残る」와 「余る」의 구분
		· 「知る」와 「わかる」의 구분
		· 특수한 의미로 사용되는
		  동사들에 대한 이해
			· 적절한 동사 찾기
			· 적절한 착용동사 찾기
			· 자동사와 타동사의 진행 및
			  상태 표현

복합동사	· 복합동사 발음 찾기 · 복합동사 한자 찾기 · 복합동사가 들어간 관용 표현의 의미	· 문장의 흐름과 맞지 않는 복합동사	· 적절한 복합동사 찾기

1　彼は他の部署に行くのを拒んでいました。
　　(A) こばんで
　　(B) いどんで
　　(C) いなんで
　　(D) いとなんで

2　相手のチームをあなどったばかりに、負けてしまいました。
　　(A) 毎った
　　(B) 侮った
　　(C) 悔った
　　(D) 晦った

3　この家は後10年は持つと思います。
　　(A) 彼は今年一年生を持つことになった。
　　(B) デザインよりは長く持つ靴を買いたいですが。
　　(C) 彼は子供の時から文学に興味を持っていた。
　　(D) 彼女は昔から音楽の才能を持った少女だった。

4　10時間以上かかってやっと宿題ができた。
　　(A) 彼に十分にできる仕事だと思います。
　　(B) 用意ができたら、そろそろ行きましょうか。
　　(C) 家の近くに新しい店ができたので、行ってみた。
　　(D) 急用ができて会議には行けなくなってしまった。

5　昨日ここで交通事故があったそうです。
　　(A) 彼女は絵にすごい才能がある。
　　(B) 部長、先程取引先から電話がありました。
　　(C) 大きな木がたくさんあって、空気がいい。
　　(D) 彼は今50階もあるビルで働いています。

6　講義の要点はこのノートに控えておいています。
　　(A) 選手たちはみんな控え室で控えていた。
　　(B) 健康のため、脂っこい物は控えてください。
　　(C) 本題とは合わない勝手な発言は控えていただけますか。
　　(D) できるだけ当日の予定は手帳にしっかりと控えておいてください。

7 机の上に本や雑誌などが置いています。
    (A) (B)   (C)   (D)

8 弟の和夫は目が悪くて、高校時代から眼鏡をかけます。
    (A)   (B)   (C)   (D)

9 会社から帰ってくると、閉まったはずの窓が開けてありました。
    (A)   (B)   (C)   (D)

10 あなたが決めたことだから、私としては諦めてしまえとは言えます。
       (A)   (B)   (C)   (D)

11 窓側に座っている人は全然わからない人ですが、あの人は誰ですか。
      (A)   (B)   (C) (D)

12 事務室の許可なしに この先に勝手に通ってはいけませんよ。
    (A)   (B)   (C)   (D)

13 凍っていた両国の関係は、今回の首脳会談での歩み寄せで一挙に雪解けのムード
    (A)   (B)   (C)

  が漂った。
    (D)

14 この店では鉛筆や消ゴムなどの文房具は_____いません。
(A) ころんで
(B) あつめて
(C) あつかって
(D) おこなって

15 最近インフルエンザが_____いるので、体に気を付けてください。
(A) なげて
(B) はやって
(C) おぎなって
(D) あやまって

16 彼は日々努力を＿＿＿＿＿＿ので、みんなに尊敬されています。
(A) きめない
(B) きたえない
(C) つかまえない
(D) おこたらない

17 彼は思い切って新しい事業に＿＿＿＿＿＿。
(A) 乗り合った
(B) 乗り遅れた
(C) 乗り換えた
(D) 乗り出した

18 部長は周りの反対を＿＿＿＿＿＿、計画通り工事を進めて行った。
(A) 追い抜いて
(B) 座り込んで
(C) 押し切って
(D) 明け暮れて

19 友人に今までのことを全部＿＿＿＿＿＿、心が楽になった。
(A) 打ち明けたら
(B) 割り込んだら
(C) 立て込んだら
(D) 乗り越えたら

20 昨日＿＿＿＿＿＿もらった食事代、明日までには返すから心配しないで。
(A) 取り替えて
(B) 立て替えて
(C) 切り替えて
(D) 積み替えて

동사

🔍 집중! 이것만은 꼭!

• 동사와 관련된 기본적인 문법 사항

① 상태 표현은 자동사는 「〜ている」로, 타동사는 「〜てある」로 나타냄.

　　例 私の部屋の窓が開いている。 내 방의 창문이 열려 있다. (자동사의 상태 표현 단순한 상태)

　　　 私の部屋の窓が開けてある。 내 방의 창문이 열려 있다. (타동사의 상태 표현 누군가에 의해 열려진 상태)

② 동작의 진행과 변화된 결과의 상태를 나타내는 「〜ている」.

　　例 彼は今友達に手紙を書いている。 그는 지금 친구에게 편지를 쓰고 있다. (동작의 진행)

　　　 台所にゴキブリが死んでいる。 부엌에 바퀴벌레가 죽어 있다. (변화된 결과의 상태)

③ 통과나 이동, 경유점 등을 나타내는 자동사 앞에는 조사 「を」가 옴.

　　例 鳥が空を飛んでいる。 새가 하늘을 날고 있다. (이동)

　　　 許可なしにここを通ってはいけません。 허가 없이 여기를 통과해서는 안 됩니다. (통과)

　　　 図書館はこの橋を渡って10分ぐらい歩くとあります。
　　　 도서관은 이 다리를 건너 10분 정도 걸으면 있습니다. (경유점)

TEST

※ ①～②번 중 몇 번일까요?

1 黒板に字が書いて（①いる / ②ある）。　　　　黒板 흑판, 칠판 | 字 글자

2 今、母に手紙を書いて（①いる / ②ある）。　　手紙を書く 편지를 쓰다

3 机の上に本が置いて（①いる / ②ある）。　　　机 책상 | 置く 두다

4 家の前に車が止まって（①いる / ②ある）。　　家 집 | 止まる 멈춰서다

5 冷蔵庫に果物が入れて（①いる / ②ある）。　　冷蔵庫 냉장고 | 果物 과일

동사는 무엇보다도 자동사와 타동사의 구분이 중요하므로, 어떤 동사가 등장하면 반드시 그와 쌍을 이루는 자동사나 타동사를 함께 암기해 두어야 한다. 각 파트별로 출제 경향을 보면 파트 5에서는 발음이나 한자 찾기 문제로, 파트 6에서는 활용 및 자동사와 타동사의 오용이나 상태 표현의 오용 문제로, 파트 7에서는 직접적으로 어떤 동사를 찾는 문제로 출제된다. JPT 시험에 출제되지 않은 적이 단 한 번도 없는 품사이므로, 평소에 꾸준히 암기해 두도록 하자.

②⑤①②③①②②④⑤②

「～ている」형으로 사용되는 동사

- 持つ 들다
- 知る 알다
- 似る 닮다
- 痩せる 마르다
- 住む 살다
- 太る 뚱뚱하다

- すぐれる 뛰어나다
- 尖る 뾰족하다
- 覚える 외우다
- 曲がる 구부러지다
- そびえる 우뚝 솟다
- ありふれる 흔하다

● 유사한 의미의 동사 구분

① 「受ける」・「もらう」

- うける ▶ 외부로부터 가해진 어떤 작용을 받는 경우

  예) 感動を受けた映画について話してみましょう。 감동을 받은 영화에 대해서 이야기해 봅시다.

- もらう ▶ 실제로 뭔가를 받거나 다른 사람의 호의나 친절을 받는 경우

  예) こんな賞がもらえるなんて夢にも思わなかった。
  이런 상을 받을 수 있다니 꿈에도 생각지 못했다.

② 「思う」・「考える」

- 思う ▶ 마음속의 어떤 대상의 이미지를 직감적이고 정서적으로 나타낼 경우

  예) 山田君は今日も遅刻するだろうと思う。 야마다 군은 오늘도 지각할 것이라고 생각한다.

- 考える ▶ 마음속의 어떤 대상의 이미지를 지적이고 논리적으로 나타낼 경우

  예) この問題のもっとよい解決策を考えてみてください。
  이 문제의 더 좋은 해결책을 생각해 봐 주십시오.

③ 「知る」・「分かる」

- 知る ▶ 외부에서 얻은 지식을 강조할 경우

  예) あの人を知っていますか。 저 사람을 알고 있습니까?

- 分かる ▶ 내용이나 의미 등이 어떤 대상의 이해를 강조할 경우

  예) 分かった人は手を挙げてください。 이해한 사람은 손을 들어 주십시오.

쌍으로 외워야 하는 자동사와 타동사

□ 残る 남다 ↔ 残す 남기다

□ 開く 열리다 ↔ 開ける 열다

□ 移る 옮겨지다 ↔ 移す 옮기다

□ 集まる 모이다 ↔ 集める 모으다

□ 閉まる 닫히다 ↔ 閉める 닫다

□ 外れる 벗겨지다 ↔ 外す 떼어 내다

□ 漏れる 새다 ↔ 漏らす 새게 하다

□ 渡る 넘어가다 ↔ 渡す 넘기다

□ 育つ 자라다 ↔ 育てる 키우다

□ 膨れる 부풀다 ↔ 膨らます 부풀리다

□ 濁る 탁해지다 ↔ 濁す 탁하게 하다

□ 減る 줄다 ↔ 減らす 줄이다

□ 生きる 살다 ↔ 生かす 살리다

□ 消える 꺼지다 ↔ 消す 끄다

□ 及ぶ 미치다 ↔ 及ぼす 미치게 하다

□ 起きる 일어나다 ↔ 起こす 일으키다

□ 通る 통과하다 ↔ 通す 통과시키다

□ 肥える 살찌다 ↔ 肥やす 살찌우다

□ 傾く 기울다 ↔ 傾ける 기울이다

□ 加わる 더해지다 ↔ 加える 더하다

□ 高まる 높아지다 ↔ 高める 높이다

□ 満ちる 차다 ↔ 満たす 채우다

□ 沸く 끓다 ↔ 沸かす 끓이다

□ 破れる 찢어지다 ↔ 破る 찢다

□ 空く 비다 ↔ 空ける 비우다

□ 増える 늘다 ↔ 増やす 늘리다

□ 溶ける 녹다 ↔ 溶かす 녹이다

□ 立つ 서다 ↔ 立てる 세우다

□ 止まる 멈추다 ↔ 止める 세우다

□ 乾く 마르다 ↔ 乾かす 말리다

□ 隠れる 숨다 ↔ 隠す 숨기다

□ 含まれる 포함되다 ↔ 含む 포함하다

□ 広まる 넓어지다 ↔ 広める 넓히다

□ 逸れる 빗나가다 ↔ 逸らす 비껴 가게 하다

□ 垂れる 늘어지다 ↔ 垂らす 늘어뜨리다

□ 叶う 성취되다 ↔ 叶える 성취시키다

- □ 脱^ぬぐ 벗다
- □ 踏^ふむ 밟다
- □ 拾^{ひろ}う 줍다
- □ 掘^ほる 파다
- □ 洗^{あら}う 씻다
- □ 畳^{たた}む 접다
- □ 帯^おびる 띠다
- □ 腐^{くさ}る 썩다
- □ 叫^{さけ}ぶ 외치다
- □ 舞^まう 춤추다
- □ 這^はう 기다
- □ 従^{したが}う 따르다
- □ 沿^そう 따르다
- □ 束^{たば}ねる 묶다
- □ 光^{ひか}る 빛나다
- □ 陥^{おちい}る 빠지다
- □ 老^おいる 늙다
- □ 刻^{きざ}む 새기다
- □ 忌^いむ 꺼리다
- □ 響^{ひび}く 울리다

- □ 描^{えが}く 그리다
- □ 養^{やしな}う 기르다
- □ 触^{さわ}る 만지다
- □ 宿^{やど}る 머물다
- □ 覆^{くつがえ}す 뒤엎다
- □ 果^はたす 다하다
- □ 捨^すてる 버리다
- □ 学^{まな}ぶ 배우다
- □ 犯^{おか}す 저지르다
- □ 預^{あず}ける 맡기다
- □ 生^いかす 살리다
- □ 催^{もよお}す 개최하다
- □ 招^{まね}く 초대하다
- □ 悼^{いた}む 애도하다
- □ 飾^{かざ}る 장식하다
- □ 謝^{あやま}る 사과하다
- □ 誓^{ちか}う 맹세하다
- □ 配^{くば}る 배부하다
- □ 鈍^{にぶ}る 둔해지다
- □ 潜^{ひそ}む 잠복하다

- □ 疑^{うたが}う 의심하다
- □ 投^なげる 던지다
- □ 耽^{ふけ}る 몰두하다
- □ 緩^{ゆる}める 늦추다
- □ 営^{いとな}む 경영하다
- □ 除^{のぞ}く 제거하다
- □ 断^{ことわ}る 거절하다
- □ 仕^{つか}える 섬기다
- □ 迫^{せま}る 다가오다
- □ 遮^{さえぎ}る 차단하다
- □ 漂^{ただよ}う 표류하다
- □ 授^{さず}ける 수여하다
- □ 慌^{あわ}てる 당황하다
- □ 保^{たも}つ 유지하다
- □ 納^{おさ}める 납입하다
- □ 設^{もう}ける 설치하다
- □ 富^とむ 풍부하다
- □ 妨^{さまた}げる 방해하다
- □ 備^{そな}える 대비하다
- □ 勤^{つと}める 근무하다

□ 乾く 목이 마르다

□ 試みる 시도하다

□ 強いる 강요하다

□ 湿る 습기가 차다

□ 企む 꾸미다, 계획하다

□ 絶える 끊어지다

□ 託す 맡기다, 부탁하다

□ 侵す 침해하다, 침범하다

□ 廃れる 쇠퇴하다

□ かさばる 부피가 커지다

□ 経つ 지나가다, 경과하다

□ 鍛える 단련하다

□ 傾げる 고개를 갸웃하다

□ 遂げる 이루다, 완수하다

□ 率いる 인솔하다

踏_ふむ 밟다	例 電車_{でんしゃ}の中_{なか}で足_{あし}を踏_ふまれてしまった。 전철 안에서 발을 밟혀 버렸다.
犯_{おか}す 저지르다	例 彼_{かれ}は同_{おな}じ罪_{つみ}を犯_{おか}してしまった。 그는 똑같은 죄를 저질러 버렸다.
配_{くば}る 배부하다	例 パンフレットは窓口_{まどぐち}でお配_{くば}りします。 팜플렛은 창구에서 배부합니다.
慌_{あわ}てる 당황하다	例 彼_{かれ}はその事故_{じこ}でとても慌_{あわ}てていた。 그는 그 사고로 매우 당황해 있었다.
掘_ほる 파다	例 四国_{しこく}と本州_{ほんしゅう}の間_{あいだ}に海底_{かいてい}トンネルを掘_ほる。 시코쿠와 혼슈 사이에 해저 터널을 파다.
学_{まな}ぶ 배우다	例 今回_{こんかい}の講演_{こうえん}で色々_{いろいろ}なことを学_{まな}びました。 이번 강연에서 여러 가지를 배웠습니다.
謝_{あやま}る 사과하다	例 あなたが先_{さき}に謝_{あやま}ることはないと思_{おも}う。 당신이 먼저 사과할 필요는 없다고 생각한다.
預_{あず}ける 맡기다	例 貴重品_{きちょうひん}はホテルのフロントにお預_{あず}けください。 귀중품은 호텔 프런트에 맡겨 주십시오.
断_{ことわ}る 거절하다	例 彼_{かれ}の提案_{ていあん}はやはり断_{ことわ}った方_{ほう}がいいと思_{おも}う。 그의 제안은 역시 거절하는 게 좋다고 생각해.
投_なげる 던지다	例 危_{あぶ}ないと思_{おも}いながらも、つい投_なげてしまった。 위험하다고 알고 있으면서도 그만 던져 버렸다.
疑_{うたが}う 의심하다	例 こんな証拠_{しょうこ}がある以上_{いじょう}、もはや疑_{うたが}う余地_{よち}はないだろう。 이런 증거가 있는 이상, 이제 의심할 여지는 없을 것이다.
残_{のこ}る 남다	例 私_{わたし}たちは部屋_{へや}に残_{のこ}ったが、他_{ほか}の人_{ひと}たちはみんな出_でていった。 우리들은 방에 남았지만, 다른 사람들은 모두 나갔다.

복합동사

🔍 집중! 이것만은 꼭!

- 대표적인 복합동사의 형태와 의미

① ます형 + 始める / 出す ▶ ~하기 시작하다(동작의 개시)

　🈁 突然雨が降り出した。 갑자기 비가 내리기 시작했다.

② ます형 + 続ける ▶ 계속 ~하다(동작의 계속)

　🈁 彼女はずっと泣き続けた。 그녀는 계속 울었다.

③ ます형 + 終わる / 終える / 切る ▶ 다 ~하다(동작의 종결)

　🈁 食べ終わったものは自分で片付けてください。 다 먹은 음식은 스스로 치워 주십시오.

④ ます형 + 過ぎる ▶ 너무 ~하다(정도의 심함)

　🈁 飲み過ぎると、明日の仕事に差し支えがありますよ。 과음하면 내일 일에 지장이 있습니다.

⑤ ます형 + 合う ▶ 서로 ~하다(상호 동작)

　🈁 その件は課長とゆっくり話し合った方がいい。 그 건은 과장님과 천천히 서로 이야기하는 것이 좋다.

⑥ ます형 + 直す ▶ 다시 ~하다(동작의 반복)

　🈁 できることなら、過去に戻って最初から人生をやり直したい。

　　가능하다면 과거로 돌아가서 처음부터 인생을 다시 시작하고 싶다.

TEST

※ 다음 복합동사의 의미를 알아봅시다.

복합동사	의미	복합동사	의미
降り出す		食べ過ぎる	
降り続ける		見合う	
食べ切る		読み終わる	

복합동사는 출제 빈도 면에서는 그다지 높지 않지만, 일단 출제가 되면 상당히 까다로운 부분이다. 일단은 기본적인 형태와 의미를 완벽하게 숙지를 한 다음 개개의 복합동사를 하나씩 암기해 나가야 한다. 출제 유형은 파트 5에서는 발음이나 한자, 의미를 묻는 문제로 출제되고, 파트 6에서는 의미의 오용, 파트 7에서는 직접적으로 찾는 문제로 출제된다.

복합동사	의미	복합동사	의미
降り出す	내리기 시작하다	食べ過ぎる	과식하다
降り続ける	계속 내리다	見合う	서로 보다, 균형이 잡히다
食べ切る	다 먹다	読み終わる	다 읽다

 조금 더 파고들기

① 명사 + 동사
　예 勉強 (공부) + する(하다) → 勉強する(공부하다)
　　 心(마음) + 得る(얻다) → 心得る(알다, 납득하다)

② 명사 + 접미어
　예 春(봄) + めく(~다워지다) → 春めく(봄다워지다)
　　 学者(학자) + ぶる(~인 체하다) → 学者ぶる(학자인체 하다)

③ 동사 + 동사
　예 読む(읽다) + 直す(다시 ~하다) → 読み直す(다시 읽다)
　　 引く(당기다) + 抜く(뽑다) → 引き抜く(뽑아내다)

④ 접두어 + 동사
　예 打ち + 明ける → 打ち明ける(털어놓고 얘기하다)
　　 かっ + 飛ばす → かっ飛ばす(멀리 날리다)

⑤ 형용사 어간 + 동사
　예 近い(가깝다) + 寄る(접근하다) → 近寄る(접근하다)
　　 遅い(늦다) + すぎる(지나치다) → 遅すぎる(지나치게 늦다)

⑥ 형용사 어간 + 접미어
　예 可愛い(귀엽다) + がる(~하다) → 可愛がる(귀여워하다)
　　 偉い(잘나다) + ぶる(~인 체하다) → 偉ぶる(뽐내다)

시험에 자주 출제되는 복합동사

□ 取り出す 꺼내다

□ 似合う 어울리다

□ 見込む 예상하다

□ 見落す 간과하다

□ 見送る 배웅하다

□ 長引く 지연되다

□ 差し控える 삼가다

□ 押し切る 무릅쓰다

□ 座り込む 농성하다

□ 飲み込む 이해하다

□ 繰り返す 반복하다

□ 受け取る 수취하다

□ 打ち消す 부정하다

□ 見つかる 발견되다

□ 出掛ける 외출하다

□ 呼び掛ける 호소하다

□ 押し付ける 강요하다

□ 言い付ける 명령하다

□ 引っ張る 잡아당기다

□ 飛び出す 튀어나오다

□ 受け入れる 받아들이다

□ 持ち上げる 들어 올리다

□ 立て替える 대신 지불하다

□ 打ち合わせる 미리 의논하다

□ 横切る 횡단하다

□ 引き出す 꺼내다

□ 支払う 지불하다

□ 仕組む 궁리하다

□ 区切る 구분짓다

□ 引っ掛かる 걸리다

□ 取り消す 취소하다

□ 踏み切る 결단하다

□ 割り込む 끼어들다

□ 追い抜く 추월하다

□ 仕向ける 작용하다

□ 取り組む 몰두하다

□ 付き合う 교제하다

□ 差し引く 공제하다

□ 取り締まる 단속하다

□ 取り立てる 수확하다

□ 引き止める 만류하다

□ 売り切れる 매진되다

□ 目指す 목표로 하다

□ 打ち明ける 고백하다

□ 引っ込む 틀어박히다

□ 見上げる 올려다 보다

□ 出会う 우연히 만나다

□ 差し支える 지장이 있다

□ 気付く 깨닫다

□ 見舞う 닥쳐오다

□ 役立つ 도움되다

□ 裏切る 배신하다

□ 突っ込む 처넣다

□ 引っ繰り返す 뒤집다

□ 乗り出す 착수하다

□ 立ち直る 회복하다

□ 掛け合う 교섭하다

□ 着替える 갈아입다

□ 打ち切る 중단하다

□ 引っ越す 이사하다

□ 受け持つ 담당하다

□ 取り替える 교체하다

□ 呼び出す 불러내다

□ 切り詰める 절약하다

□ 見入る 열심히 보다

□ 引き受ける 인수하다

□ 取り入れる 도입하다

□ 見せ付ける 과시하다

□ 張り切る 힘이 넘치다

□ 話し掛ける 말을 걸다

□ 見直す 다시 평가하다

□ 巻き込む 말려들게 하다

주요 복합동사 예문

取り出す 꺼내다	예 彼は机の中から本を取り出した。 그는 책상 안에서 책을 꺼냈다.
取り消す 취소하다	예 当日に予約を取り消すことは不可能です。 당일에 예약을 취소하는 것은 불가능합니다.
押し付ける 강요하다	예 自分の意見を他人に押し付けるのはよくない。 자신의 의견을 타인에게 강요하는 것은 좋지 않다.
受け入れる 받아들이다	예 彼は彼女の話を全て事実として受け入れた。 그는 그녀의 이야기를 전부 사실로 받아들였다.
切り詰める 절약하다	예 今の状況では生活費を切り詰めるしかない。 지금 상황으로서는 생활비를 절약할 수밖에 없다.
飲み込む 이해하다, 납득하다	예 新入社員はやっと仕事の要領を飲み込んだようだ。 신입사원은 겨우 일의 요령을 이해한 것 같다.
繰り返す 반복하다	예 難しい漢字は繰り返して書いてみた方がいいですよ。 어려운 한자는 반복해서 써 보는 게 좋습니다.
出掛ける 외출하다	예 ちょうど出掛けようとしている時に、友達から電話がかかってきた。 마침 외출하려고 하고 있을 때 친구에게서 전화가 걸려왔다.
目指す 목표로 하다	예 彼は世界選手権を目指して一生懸命に頑張っています。 그는 세계선수권을 목표로 해서 열심히 분발하고 있습니다.
乗り越える 극복하다	예 私は何かを乗り越えるたびに、強かになっていく人が好きだ。 나는 뭔가를 극복할 때마다 강해져가는 사람을 좋아한다.
押し切る 무릅쓰다	예 両親の反対を押し切って、彼はアメリカに留学することにした。 부모님의 반대를 무릅쓰고 그는 미국에 유학하기로 했다.
立て替える 대신 지불하다	예 財布を持ってこなかったので、友達に交通費を立て替えてもらった。 지갑을 안 가져 와서 친구가 교통비를 대신 지불해 주었다.

01 健康のため、お酒はできるだけ<u>控えて</u>ください。
(A) ひかえて
(B) むかえて
(C) そなえて
(D) かなえて

02 子供の時は栄養が<u>かたよって</u>いてはいけない。
(A) 偏って
(B) 編って
(C) 遍って
(D) 片って

03 昨日、銀行に行って税金を<u>おさめた</u>。
(A) 納めた
(B) 収めた
(C) 治めた
(D) 修めた

04 山田先生は今年1年生を<u>担当する</u>ことになった。
(A) 受け持つ
(B) 入れる
(C) 取り締まる
(D) 取り替える

05 彼は家を出たとたん、事故に<u>あった</u>そうだ。
(A) 二人は意見が<u>あった</u>ことがない。
(B) 先週は本当にひどい目に<u>あった</u>。
(C) 彼女とは3時頃駅で<u>あう</u>予定である。
(D) 彼は服とは全然<u>あわない</u>靴をはいていた。

06 忙しい時には食事を<u>かく</u>こともあります。
(A) 彼の<u>かいた</u>小説はあまり面白くなかった。
(B) 山田君は朝からだらだら汗を<u>かいて</u>いた。
(C) この欄に住所および名前を<u>かいて</u>ください。
(D) これは私にとって<u>かく</u>ことのできない条件です。

07 初めて舞台に立ったので、ついあがってしまいました。
(A) 来月から水道代が10%あがるという。
(B) 遠慮なさらずにどうぞおあがりください。
(C) あがったあまり、ろくに答案が書けなかった。
(D) 新しい機械を導入してから仕事の能率が大幅にあがった。

08 さっきから変なにおいが出たので、窓を開けた。
    (A)   (B)   (C)   (D)

09 彼女は外見は妹と 似るが、性格は全く異なる。
     (A)   (B) (C)   (D)

10 危うく電車の中に会社の機密書類を取り忘れる ところだった。
   (A)   (B)   (C)   (D)

11 幼い時、できるものなら、鳥になって空が飛んでみたいとよく思ったものだ。
        (A)   (B)   (C)   (D)

12 映画が始まるまではまだ2時間もあるから、そんなに早く行っても間に合いますよ。
     (A)   (B)   (C)   (D)

13 最近、家計が火の車だから、これからは小遣いや生活費をもっと 切り捨てる必
        (A)   (B)   (C)   (D)

要がある。

14 彼は老夫婦を＿＿＿＿＿＿生涯の蓄えを取った。
(A) しみて
(B) だまして
(C) いだいて
(D) くつがえして

15 決して彼の資料が＿＿＿＿＿＿とは言えないと思う。
(A) かけあった
(B) きがえた
(C) わりこんだ
(D) やくだった

16 今の会社の礎を_____のは、鈴木社長です。
(A) かさんだ
(B) きずいた
(C) ふくらんだ
(D) たがやした

17 契約書類に_____ところのないように気を付けてください。
(A) 見込む
(B) 見合う
(C) 見落とす
(D) 見上げる

18 自分が嫌なことを他人に_____いけない。
(A) 押し付けては
(B) 取り組んでは
(C) 支払っては
(D) 打ち切っては

19 ちょっとしたことで、とんでもない事件に_____しまった。
(A) 引っ込まれて
(B) 巻き込まれて
(C) 押し切られて
(D) 持ち上げられて

20 首相は議員の反対をものともせず、新しい制度の実施に_____。
(A) 差し控えた
(B) 見せ付けた
(C) 踏み切った
(D) 張り切った

동사와 함께 암기를!

의성어 · 의태어

의성어 · 의성어 의성어나 의태어는 어휘 부분에서 상당히 까다로운 부분이므로 충분한 공부가 필요하다. 대체적으로 의성어보다는 의태어 쪽의 출제 비중이 높은데 각 파트별 출제유형을 보면 다음과 같다.

우선 파트 5 정답 찾기에서는 어떤 표현과 대체할 수 있는 의태어를 찾는 문제와 발음 문제가 출제된 적이 있는 만큼 한자로 표기가 가능한 의태어는 한자를 암기할 필요가 있다. 그리고 아직 실제 JPT 시험에서 출제되지는 않았지만 의태어의 용법 구분도 공부해 둘 필요가 있다. 대부분의 의태어가 적어도 두 가지 이상의 의미를 가지는 경우가 많기 때문에, 각 의미에 따른 예문을 만들어 두는 것이 좋다.

파트 6 오문 정정에서는 오용 문제로만 출제되기 때문에 평소에 정확한 의미만 암기하고 있으면 크게 어렵지 않은 부분이다. 그런데 지금까지 출제된 표현들을 보면 대체적으로 형태가 유사한 표현이 많이 출제되므로, 유사하게 발음되는 단어들을 중점적으로 구분해 두어야 한다.

마지막으로 파트 7 공란 메우기에서는 직접적으로 찾는 문제로 출제되는데, 「〜ら〜ら」나 「〜り〜り」의 형태로 끝나는 표현이나 「からから」나 「きらきら」처럼 형태가 유사한 단어를 보기에 제시하는 경우가 많으므로, 이 부분에 대한 공부가 필요하다.

의성어 의태어	각 파트별 출제 유형		
	파트 5 (정답 찾기)	파트 6 (오문 정정)	파트 7 (공란 메우기)
의성어 의태어	· 의태어의 발음 · 같은 의미의 의태어 찾기 · 의태어가 들어간 문장의 　의미 파악 · 관용 표현과 대체할 수 　있는 의태어 찾기 · 의태어의 용법 구분	· 「からから」와 「きらきら」의 오용 · 「どんどん」과 「どきどき」의 오용 · 「のろのろ」와 「ごろごろ」의 오용 · 기타 의성어 · 의태어의 오용	· 적절한 의성어 · 의태어 찾기

1 彼女にメールを送ってもすぐに返事が来なくて苛々した。
(A) いらいら
(B) ひそひそ
(C) へとへと
(D) ぺこぺこ

2 私は語学は勿論、歴史を勉強しなければならないと痛切に感じた。
(A) くすくす
(B) ひしひし
(C) もじもじ
(D) まごまご

3 朝はいつも込んでいますが、昼の電車はとても空いています。
(A) もくもくです
(B) どさどさです
(C) がらがらです
(D) ふわふわです

4 ドアをどんどん叩いたが、返事が全然ない。
(A) 彼は胸をどんどんと叩いて、悔しがった。
(B) 意見があったら、どんどん言ってください。
(C) 外国人による犯罪はどんどん増えるだろう。
(D) これから世界はどんどん変わっていくだろう。

5 決勝戦を控えている彼はぴりぴりしていた。
(A) 日に焼けて背中がぴりぴりする。
(B) とうがらしをたくさん食べて舌がぴりぴりする。
(C) 階段で転んですりむいた膝がぴりぴり痛い。
(D) 試合前の選手たちはみんなぴりぴりしている。

6 強い地震で 町中の建物がばりばり揺れた。
 (A)   (B) (C)   (D)

7 昨夜から門の外を怪しい男の人がひそひそしている。
     (A)   (B)   (C)   (D)

8 道に迷ってしまい、同じところを何度も くよくよ回った。
 (A) (B) (C) (D)

9 彼女との初めてのデートの時は本当にどんどんしました。
 (A) (B) (C) (D)

10 昨日の徹夜のせいで、電車の中でつい うねうねと眠ってしまった。
 (A) (B) (C) (D)

11 朝から注文がじわじわ 入ってきたので、今日はご飯を食べる余裕も
 (A) (B) (C)

ありませんでした。
 (D)

12 時間があまりありませんので、そんなにべたべた 言わないではっきり要点だけ
 (A) (B) (C) (D)

言ってください。

13 今日はこれで＿＿＿＿＿失礼します。
 (A) くさくさ
 (B) そろそろ
 (C) がたがた
 (D) うかうか

14 田舎に行くと、空いっぱいの星が＿＿＿＿＿と光っていて本当にきれいです。
 (A) きらきら
 (B) よちよち
 (C) ぶかぶか
 (D) すたすた

15 山田さんはいつも仕事について＿＿＿＿＿文句ばかり言っている。
 (A) ぶつぶつ
 (B) じめじめ
 (C) にこにこ
 (D) からから

16 彼の息子は小学生なのに、英語が＿＿＿＿＿＿だ。
(A) ぎりぎり
(B) ぺらぺら
(C) ぞくぞく
(D) ほかほか

17 彼は勤めていた会社を辞めて、今は＿＿＿＿＿＿している。
(A) がっくり
(B) しとしと
(C) ぶらぶら
(D) めそめそ

18 面白いことでもあったのか、彼女はさっきから＿＿＿＿＿＿と笑っている。
(A) にこにこ
(B) おいおい
(C) ぱらぱら
(D) のろのろ

19 弟は＿＿＿＿＿＿と小遣いを貯めて新しいパソコンを買った。
(A) だらだら
(B) ごたごた
(C) こつこつ
(D) からから

20 この先は＿＿＿＿＿＿道だから、運転に気を付けてください。
(A) でこぼこ
(B) ぽかぽか
(C) てくてく
(D) ぎしぎし

의성어 · 의태어

🔍 **집중! 이것만은 꼭!**

• 시험에 자주 출제되는 의성어 · 의태어

☐ ぎりぎり 빠듯한 모양

☐ ぎっしり 가득 찬 모양

☐ くらくら 현기증이 나는 모양

☐ ねばねば 끈적끈적한 모양

☐ ぴかぴか 광택이 나는 모양

☐ じろじろ 빤히 쳐다보는 모양

☐ てくてく 터벅터벅 걷는 모양

☐ ひしひし 강하게 느끼는 모양

☐ じりじり 서서히 나아가는 모양

☐ わくわく 두근두근 거리는 모양

☐ きらきら 반짝반짝 빛나는 모양

☐ げらげら 큰 소리로 웃는 모양

☐ がらがら 텅텅 비어 있는 모양

☐ こつこつ 꾸준히 노력하는 모양

☐ どろどろ 진흙투성이가 된 모양

☐ ちらほら 드문드문 보이는 모양

☐ ぽかぽか 따뜻하게 느끼는 모양

☐ ぐらぐら 흔들흔들 흔들리는 모양

☐ くどくど 같은 말을 반복하는 모양

☐ だぶだぶ 옷 따위가 헐렁한 모양

☐ べたべた 끈적끈적 달라붙는 모양

☐ だらだら 액체가 줄줄 흐르는 모양

☐ そろそろ 시간이 다 되어 가는 모양

☐ ごろごろ 아무 일도 않고 노는 모양

☐ どしどし 쉴 사이 없이 계속되는 모양

☐ ぶつぶつ 투덜투덜 불평을 하는 모양

☐ がたがた 심하게 떨리어 움직이는 모양

☐ ぐずぐず 판단 · 행동이 느리고 굼뜬 모양

☐ じわじわ 조금씩 착실하게 진행되는 모양

☐ すらすら 막힘 없이 원활히 진행되는 모양

☐ まごまご 망설이는 모양

☐ うんざり 지긋지긋한 모양

☐ からから 바싹 마른 모양

☐ でこぼこ 울퉁불퉁한 모양

☐ はらはら 위태위태한 모양

☐ じめじめ 습기가 많은 모양

□ しみじみ 깊이 느끼는 모양

□ ぼろぼろ 너덜너덜한 모양

□ うとうと 꾸벅꾸벅 조는 모양

□ うろうろ 우왕좌왕하는 모양

□ ぞくぞく 추위를 느끼는 모양

□ ぐるぐる 빙글빙글 도는 모양

□ がちがち 물건이 단단한 모양

□ そわそわ 안절부절못하는 모양

□ てきぱき 일을 척척 해내는 모양

□ ぎしぎし 무리하게 채워 넣는 모양

□ ぽっかり 갈라져서 버려지는 모양

□ ぺらぺら 말을 아주 잘 하는 모양

□ のろのろ 동작·진행이 굼뜬 모양

□ ごたごた 혼잡하고 어수선한 모양

□ くよくよ 사소한 일을 걱정하는 모양

□ ごちゃごちゃ 어지러이 뒤섞인 모양

□ いらいら 안달복달하며 초조한 모양

□ どきどき 두근두근 가슴이 뛰는 모양

□ ずきずき 상처가 쑤시면서 아픈 모양

□ ぴりぴり 바늘에 찔린 듯이 아픈 모양

□ へとへと 몹시 지쳐서 힘이 없는 모양

□ くだくだ 말을 장황하게 늘어놓는 모양

□ どんどん 일이 순조롭게 진행되는 모양

□ うかうか 아무 생각 없이 행동하는 모양

TEST

※ ①〜② 중 적절한 의성어 · 의태어는 몇 번일까요?

1 靴^{くつ}を（①ぴかぴか / ②すらすら）に磨^{みが}く。

> すらすら 막힘 없이 원활히 진행되는 모양 | 磨^{みが}く 닦다

2 あまりにも面白^{おもしろ}くて（①しくしく / ②げらげら）と笑^{わら}う。

> しくしく 코를 훌쩍이며 우는 모양 | 笑^{わら}う 웃다

3 遅刻^{ちこく}の言^いい訳^{わけ}を（①くだくだ / ②てくてく）と並^{なら}べる。

> 遅刻^{ちこく} 지각 | 言^いい訳^{わけ} 변명 | てくてく 터벅터벅 걷는 모양

4 包帯^{ほうたい}に血^ちが（①ぴりぴり / ②じわじわ）と染^しみ出^でてくる。

> 包帯^{ほうたい} 붕대 | ぴりぴり 바늘에 찔린 듯이 아픈 모양 | 染^しみ出^でる 배어 나오다

5 立^たっていられないくらい（①へとへと / ②まごまご）になった。

> 立^たつ 서다 | まごまご 망설이는 모양

JPT 시험에서 의성어나 의태어는 상당히 출제 빈도가 높은 부분이다. 보통 두 달에 한 번 정도 빈도로 출제되고 있는데, 문장 전체의 정확한 의미를 파악할 수 있어야만 맞출 수 있는 부분이므로, 평소에 꾸준히 공부해 둘 필요가 있다. 또 동사가 함께 암기해 두어야 하는 표현이 상당히 많으므로, 암기를 할 때 아예 동사를 붙여서 기억해 두도록 하자.

정답 1 ① 2 ② 3 ② 4 ② 5 ①

そろそろ 시간이 다 되어 가는 모양	예 では、そろそろおいとまいたします。 그럼 슬슬 실례하겠습니다.
きらきら 반짝반짝 빛나는 모양	예 夜空に星がきらきら光っている。 밤하늘에 별이 반짝반짝 빛나고 있다.
がたがた 심하게 떨리어 움직이는 모양	예 強い風で雨戸ががたがたいう。 강한 바람 때문에, 덧문이 덜커덩덜커덩 소리가 난다.
ひしひし 강하게 느끼는 모양	예 私の責任であることをひしひしと痛感する。 내 책임인 것을 절실히 통감한다.
がちがち 물건이 단단한 모양	예 冬の間、池はがちがちに凍ってしまう。 겨울 동안에 연못은 꽁꽁 얼어 버린다.
ぐるぐる 빙글빙글 도는 모양	예 地球は太陽の周りをぐるぐる回っている。 지구는 태양의 주위를 빙글빙글 돌고 있다.
じめじめ 습기가 많은 모양	예 梅雨の季節になると、じめじめした日が続く。 장마철이 되면, 습기가 많은 날이 이어진다.
ぺらぺら 말을 아주 잘 하는 모양	예 彼はまだ中学生なのに、英語がぺらぺらだ。 그는 아직 중학생인데도 영어를 아주 잘한다.
げらげら 큰 소리로 웃는 모양	예 何が面白いのか、みんなげらげらと笑っていた。 무엇이 재미있는지 모두 껄껄 웃고 있었다.
うとうと 꾸벅꾸벅 조는 모양	예 昨夜テレビを見ながら、うとうと眠ってしまった。 어젯밤 텔레비전을 보면서 꾸벅꾸벅 잠들어 버렸다.

ぴりぴり 바늘에 찔린 듯이 아픈 모양	예 とうがらしを入れすぎたのか、舌がぴりぴりする。 고춧가루를 너무 많이 넣은 탓인지 혀가 얼얼하다.
ごろごろ 아무 일도 않고 노는 모양	예 彼は休日になると、いつも家でごろごろしている。 그는 휴일이 되면 항상 집에서 빈둥거리고 있다.
へとへと 몹시 지쳐서 힘이 없는 모양	예 昨日は10時間も歩き続けて、みんなへとへとになった。 어제는 10시간이나 계속 걸어서 모두 녹초가 되었다.
ねばねば 끈적끈적한 모양	예 これはねばねばする納豆をかき混ぜるための専用の棒です。 이것은 끈적끈적한 낫토를 섞기 위한 전용막대입니다.
そわそわ 안절부절못하는 모양	예 山田君は教室でもそわそわ落ち着きがない。 야마다 군은 교실에서도 안절부절못하고 차분하지 않다.
ぞくぞく 추위를 느끼는 모양	예 ひどい風邪で背中がぞくぞくする。 심한 감기로 등이 오싹오싹하다.
ごたごた 혼잡하고 어수선한 모양	예 弟の机の引き出しの中はいつもごたごたしている。 남동생 책상의 서랍 안은 언제나 어지럽다.
ぽかぽか 따뜻하게 느끼는 모양	예 寒い時にお酒を飲むと体がぽかぽかしてくる。 추울 때 술을 마시면 몸이 따끈따끈해진다.
じりじり 서서히 나아가는 모양	예 安定していた物価がじりじりと上昇している。 안정되어 있던 물가가 차츰차츰 상승하고 있다.
どしどし 쉴 사이 없이 계속되는 모양	예 どしどしと仕事が入ってきて体が持たない。 쉴 새 없이 일이 들어와 몸이 견뎌내지 못한다.

01 彼の車に乗った私は彼の運転が怖くて<u>気が気でなかった</u>。
(A) うじうじした
(B) びくびくした
(C) どたばたした
(D) はらはらした

02 二日酔いで、<u>激しい頭痛がする</u>。
(A) 頭ががんがんする
(B) 頭がぴんぴんする
(C) 頭がむずむずする
(D) 頭がべたべたする

03 あまりにあいまいな態度ばかり取っていてはいけない。
(A) 中立的な
(B) はっきりした
(C) 批判的な
(D) あやふやな

04 休みの日は大抵家で<u>ぶらぶら</u>します。
(A) 軒に干し柿が<u>ぶらぶら</u>と下がっている。
(B) 午後は時間つぶしに原宿を<u>ぶらぶら</u>した。
(C) そこまでは<u>ぶらぶら</u>と歩いても10分しかかからない。
(D) 彼は卒業したのに、就職もしないで<u>ぶらぶら</u>している。

05 何が忙しいのか、彼は一日中<u>ばたばた</u>としている。
(A) 帆が風で<u>ばたばた</u>と大きな音を立てていた。
(B) 仕事を<u>ばたばた</u>と片付けて飲みに行きましょう。
(C) 階段を<u>ばたばた</u>と駆け降りる音が聞こえてきた。
(D) こうなった以上、今更<u>ばたばた</u>しても始まらない。

06 嫌な仕事は最初から<u>きっかりと</u> <u>断った</u> <u>方が</u>いいと<u>思う</u>。
  (A)   (B)   (C)   (D)

07 <u>中途半端な</u>態度<u>ばかり</u>取っている彼には<u>もう</u> <u>すんなり</u>です。
   (A)   (B)   (C)   (D)

08 彼は先生に<u>叱られる</u>のを<u>恐れて</u>、いつも<u>何か</u><u>うきうき</u>している。
              (A)   (B)   (C)   (D)

09 この薬<u>さえ飲めば</u>、すぐ<u>治る</u>と<u>言われた</u>のに、<u>あっさり</u>よくならない。
            (A)   (B)   (C)   (D)

10 試験の<u>点数</u>が悪い<u>からといって</u>、いつまでも<u>なよなよ</u>していても<u>仕方がない</u>。
          (A)   (B)   (C)   (D)

11 先週から梅雨に<u>入って</u>毎日<u>どろどろ</u>とした日が<u>続いて</u>います。
           (A)   (B)   (C)   (D)

12 彼女はいつもにこにこと笑顔で＿＿＿＿＿＿仕事をしている。
(A) くだくだ
(B) そろそろ
(C) てきぱき
(D) ぼろぼろ

13 いつまでも＿＿＿＿＿＿悩んでいるわけにはいかない。
(A) くよくよ
(B) かさかさ
(C) もやもや
(D) すくすく

14 冷夏の影響で、野菜の価格が＿＿＿＿＿＿と上がっている。
(A) じりじり
(B) よろよろ
(C) さらさら
(D) ちらちら

15 本当に寒くて、歯が＿＿＿＿＿＿と鳴った。
(A) がちがち
(B) はきはき
(C) するする
(D) にやにや

16 よいことは誉め、悪いことは＿＿＿＿＿言わないできっぱりと叱る。
(A) てくてく
(B) くどくど
(C) むかむか
(D) だらだら

17 私の彼氏は運転がとても乱暴で、いつも＿＿＿＿＿させられる。
(A) ぐるぐる
(B) ずきずき
(C) はらはら
(D) うかうか

18 箱の中には色々な小物が＿＿＿＿＿入っていた。
(A) どんどん
(B) ぐずぐず
(C) ぴりぴり
(D) ごちゃごちゃ

19 彼の自慢話には私ももう＿＿＿＿＿した。
(A) うんざり
(B) ぎっしり
(C) ぽっかり
(D) すんなり

20 この服、デザインはいいけど、ちょっと＿＿＿＿＿だね。
(A) じりじり
(B) げらげら
(C) だぶだぶ
(D) わくわく

JPT 유형 따라잡기
모의 테스트 1회

Ⅴ. 下の_____線の言葉の正しい表現、または同じ意味のはたらきをしている言葉を
(A)から(D)の中で一つ選びなさい。

1 彼は不治の<u>病</u>にかかってしまった。
(A) びょう
(B) みやこ
(C) やまい
(D) つばさ

2 彼の性格は、生真面目ゆえに、<u>融通</u>が利
かない。
(A) ゆずう
(B) ゆつう
(C) ゆうずう
(D) ゆうつう

3 チケットを手に入れるために朝早くから
<u>行列</u>ができた。
(A) こうれつ
(B) ごうれつ
(C) きょうれつ
(D) ぎょうれつ

4 ニュース速報によると、仙台では電車が
大雪で<u>立往生</u>しているそうだ。
(A) りつおうせい
(B) たちおうせい
(C) りつおうじょう
(D) たちおうじょう

5 その建物の入口には<u>立入禁止</u>の看板が立
っていた。
(A) たちいりきんし
(B) たちいりきんじ
(C) りつにゅうきんし
(D) りつにゅうきんじ

6 これは<u>強いて</u>言えば、どちらに近いですか。
(A) しいて
(B) きいて
(C) まいて
(D) かいて

7 ビタミンが不足しがちな冬は野菜や果物
などで栄養を<u>補う</u>必要がある。
(A) あらそう
(B) おぎなう
(C) よそおう
(D) おこなう

8 軍事行動はテロリストと同じ罪を<u>おかす</u>
危険があります。
(A) 侵す
(B) 犯す
(C) 冒す
(D) 正す

9 年の暮れは<u>あわただしい</u>日が続きます。
(A) 恭しい
(B) 慌しい
(C) 新しい
(D) 忙しい

10 今日はお忙しそうですので、明日<u>あらた
めて</u>伺います。
(A) 再めて
(B) 改めて
(C) 度めて
(D) 極めて

11 最近生活が<u>火の車</u>で、<u>旅行するどころで</u>
<u>はない</u>。
(A) 最近生活の余裕はあるが、旅行はあま
りしたくない。
(B) 最近生活は忙しいが、たまには旅行で
も行きたい。
(C) 最近経済的に苦しくて、旅行する余裕
がない。
(D) 最近生活は豊かになったが、忙しくて
旅行なんかできない。

12 <u>病気を口実にして</u>仕事もせずにぶらぶら
している。
(A) 病気にかぎって
(B) 病気にかこつけて
(C) 病気において
(D) 病気にかかわらず

13 妻がせっかく作った料理なんだから、<u>食</u>
<u>べないわけにはいかない</u>。
(A) 食べなくてもいい
(B) 食べなければならない
(C) 食べるわけではない
(D) 食べないきらいがある

14 あの人は知っている<u>のに</u>、知らないふり
をしている。
(A) 知らないから
(B) 知っていながら
(C) 知らないに決っているから
(D) 知っているかどうかわからないが

15 新たに三人が我々の仕事に加わることに
なり、ようやく完成の<u>目処が立った</u>。
(A) 見当がついた
(B) 決着をつけた
(C) けりがついた
(D) 山が外れた

16 彼は全部知っているのに、<u>涼しい顔をし</u>
<u>ている</u>。
(A) 大きな顔をしている
(B) そ知らぬ顔をしている
(C) 笑顔ばかり浮べている
(D) 進まぬ顔をしている

17 彼は莫大な金を持ってい<u>ながら</u>、生活は
いたって質素だ。
(A) 音楽を聞き<u>ながら</u>勉強する。
(B) あの家では兄弟3人<u>ながら</u>医者である。
(C) 京都には昔<u>ながら</u>の建物がたくさん残
っている。
(D) 彼はいい腕を持ってい<u>ながら</u>、一向に
それを生かそうとしない。

18 大雨が降った<u>ため</u>、ダイヤが乱れてしまった。
(A) 子供の教育の<u>ため</u>に毎月2万円ずつ貯金
している。
(B) 昨日吉田さんから人生にいろいろ<u>ため</u>
になる話を聞いた。
(C) 彼は交通事故の後遺症を克服する<u>ため</u>
リハビリに頑張っていた。
(D) 依頼を受けてから事業申請まで短期間で
あった<u>ため</u>、十分な検討ができなかった。

19 授業に遅れない<u>ように</u>、早めに家を出た。
(A) 私も彼の<u>ように</u>英語が上手になりたい。
(B) まるで石の<u>ように</u>固いパンを食べさせ
られた。
(C) 展示品には手を触れない<u>ように</u>してく
ださい。
(D) 彼は事件の経緯を次の<u>ように</u>述べた。

20 <u>ほど</u>よく焼けたら、皿に取ります。
(A) 太郎が怒る<u>ほど</u>次郎も怒る。
(B) 他人を責めず自分の身の<u>ほど</u>を知れ。
(C) 阪神は他の球場では甲子園<u>ほど</u>強くない。
(D) ハンバーガーは食べれば食べる<u>ほど</u>太る。

VI. 下の＿＿＿線のA、B、C、Dの中で正しくない言葉を一つ選びなさい。

21 いつも相手の立場を念頭に入れて、適切な助言を与えられるように努力している。
(A)　　　　　　　　　　　　(B)　　(C)　　　　　　(D)

22 この歌は子供から老人にかけて、多くの人に愛されています。
　　　　　　(A)　　　(B)　　　(C)　　(D)

23 私がお茶を入れる 間、彼は一言もしゃべらずにじっと座った。
　　　　　　(A)　(B)　　　　(C)　　　　　(D)

24 駅は禁煙でありながら、時々、たばこを吸っている人がいます。
(A)　　　　(B)　　　(C)　　　　(D)

25 彼が真実を言わない以上、私から先に本心を打ち明けるわけがない。
　　　　　　(A)　　　(B)　　(C)　　　　(D)

26 大事なお客さんが来るので、母は床をはらはらに 磨いた。
(A)　　　　　　　　　　　(B)　　(C)　　(D)

27 一ヶ月前に彼女にプロポーズしたが、まさか返事をくれない。
　　　(A)　　(B)　　　　　　(C)　　　(D)

28 不況による就職難が深刻化し、大学生のみならず高校生の就職もやさしくしている。
　　(A)　　　　　(B)　　　　　(C)　　　　　(D)

29 最近この地域では交通量が増えたために、交通事故も多くなっていった。
　　　　　　(A)　　　　(B)　　　(C)　　　　(D)

30 今日は雨が激しい上で、風も強かったので、陸上大会は中止となってしまった。
　　　　　　(A)　(B)　　(C)　　　　　　(D)

31 <u>多く</u>の人が予想した<u>通り</u>、韓国代表チームは<u>容易く</u>ドイツに勝って<u>優勝された</u>。
   (A)   (B)   (C)   (D)

32 何回<u>も</u>繰り返して発音の練習をした<u>おかげで</u>、今では上手に<u>話す</u> <u>ように</u>なった。
      (A)   (B)   (C)   (D)

33 <u>今朝に</u>朝寝坊をしてしまったが、走って学校に<u>来たので</u>、<u>なんとか</u>授業に間に<u>合った</u>。
     (A)   (B)   (C)   (D)

34 いくら事件の真相を問いつめ<u>ても</u>、彼女は否定<u>だけ</u> <u>しなければ</u>、肯定もしなかった。
     (A)   (B)   (C)   (D)

35 <u>最初に</u>説明を聞いた時は<u>大変そうだ</u>と思ったが、実際に<u>やってみれば</u>思ったより<u>簡単</u>だった。
     (A)   (B)   (C)   (D)

36 <u>人並み</u>も疎らな梅林に<u>たたずんで</u>いると、梅を<u>独占</u>しているようで得した<u>気分</u>になった。
     (A)   (B)   (C)   (D)

37 心の優しい彼<u>のことだから</u>周囲の言葉に<u>必要以上に</u> <u>傷つけ</u>、責めなくてよい<u>ような</u>ことで
     (A)   (B)   (C)   (D)

自分を責めたことだろう。

38 私は健康に関してだけは誰にも<u>負けない</u>とずっと思っていたが、<u>ちょっとした油断</u>から
                                (A)   (B)

風邪を引いて<u>すっかり</u>体調を<u>壊して</u>しまった。
            (C)   (D)

39 日曜日<u>に</u>、宅配便で<u>お歳暮の贈り物</u>を贈ったのですが、もう<u>届いたらしく</u>、山田先生から
     (A)   (B)   (C)

電話が<u>かかってきました</u>。
        (D)

40 近年の計算機の著しい進歩<u>と</u>共に、自然現象や物理現象を直接<u>解き明かす</u>ための
                       (A)   (B)

<u>手段として</u>、計算科学の重要性が実験と<u>顔</u>を並べるまでになった。
   (C)   (D)

下の_____線に入る適当な言葉を(A)から(D)の中で一つ選びなさい。

41 風邪を引かないように、体_____気を付けてください。
    (A) を
    (B) で
    (C) に
    (D) から

42 私は小学校から高校まで病気_____学校を休んだことは一日もない。
    (A) に
    (B) で
    (C) へ
    (D) が

43 田中さんは配達人_____小荷物を受け取った。
    (A) と
    (B) で
    (C) へ
    (D) から

44 そんな昔話は子供で_____知っている。
    (A) だけ
    (B) すら
    (C) ほど
    (D) ばかり

45 フロントの前にA工業の山田様が_____います。
    (A) 参られて
    (B) 拝見して
    (C) お越しになって
    (D) 申し上げて

46 梅雨が_____とたんに本格的な夏が到来した。
    (A) やんだ
    (B) あげた
    (C) あけた
    (D) おえた

47 彼は去年優勝した鈴木選手と互角の勝負を演じ、一躍脚光を_____。

(A) あびた

(B) もらった

(C) あつめた

(D) もとめた

48 急に用事ができて旅行に行けなくなったので、ホテルの予約を_____。

(A) とりけした

(B) とりあげた

(C) とりいれた

(D) とりだした

49 お風呂が_____おっしゃってください。

(A) あまかったら

(B) にぶかったら

(C) ぬるかったら

(D) ゆるかったら

50 最近息子の金遣いが_____ので、注意した。

(A) あらい

(B) くどい

(C) にくい

(D) しぶい

51 _____に育ってほしいと願う親心は万国共通の思いです。

(A) すこやか

(B) おだやか

(C) しなやか

(D) おごそか

52 昨日乗った東京行きの新幹線の中は _____だった。

(A) ごろごろ

(B) ぎりぎり

(C) がらがら

(D) だらだら

53 梅雨に入ったせいか、雨がしとしとと降り続き、家の中も＿＿＿＿＿＿＿しています。
(A) げらげら
(B) じめじめ
(C) くらくら
(D) ぐずぐず

54 この工事は、順調にいけば来年春に完了する＿＿＿＿＿＿＿だ。
(A) 見積もり
(B) 見込み
(C) 見出し
(D) 見晴らし

55 私はあまり＿＿＿＿＿＿＿ではないから、折り紙などは苦手だ。
(A) 適性
(B) 器用
(C) 上達
(D) 上品

56 この辺りは最近相次いで殺人事件が起こっていてとても＿＿＿＿＿＿＿だ。
(A) 迷惑
(B) 面倒
(C) 世話
(D) 物騒

57 万が一にも泥棒に入られないように、日頃から、＿＿＿＿＿＿＿している。
(A) 用心
(B) 油断
(C) 味方
(D) 得体

58 先生の＿＿＿＿＿＿＿をつぶすようなことだけは絶対にしたくない。
(A) 耳
(B) 体
(C) 腰
(D) 顔

59 口では忙しい_____と愚痴をこぼしながらも、スタッフの表情は楽しそうだ。

(A) のなんか

(B) のなんで

(C) のなんの

(D) のなんだ

60 旅人たちは主人が採ってきた魚や野菜を御馳走になるなど、温かい_____を受けた。

(A) もてなし

(B) ていさい

(C) しめきり

(D) とりしまり

61 今回の仕事は思っていたよりたいへん_____だった。

(A) こつ

(B) すべ

(C) かど

(D) やっかい

62 交通事故に遭ったが、_____怪我はなかった。

(A) かえって

(B) おもに

(C) いっせいに

(D) さいわい

63 あの田中さんが地震の被災者のために_____にも100万円も寄付したそうだ。

(A) 疎外

(B) 例外

(C) 以外

(D) 意外

64 彼は、昔は_____、今はビルを10棟も持つ実業家である。

(A) いざしらず

(B) ひっきりなしに

(C) せいいっぱい

(D) あらいざらい

65 日本語の単語や熟語はなかなか頭に入らず、＿＿＿＿＿＿＿そばから忘れてしまう。

(A) おぼえる

(B) おぼえた

(C) おぼえて

(D) おぼえると

66 ピアノを習いに行くのを＿＿＿＿＿からというもの、どんどん弾けなくなってしまった。

(A) やめる

(B) やめて

(C) やめた

(D) やめよう

67 勉強家の弟＿＿＿＿＿＿＿、兄は遊んでばかりいる。

(A) によらず

(B) をのぞいて

(C) とともに

(D) にひきかえ

68 酒を飲んで車を運転するなんて、教師にある＿＿＿＿＿＿ことだ。

(A) べき

(B) まじき

(C) あしき

(D) べからず

69 彼女は事業に成功して1000万円＿＿＿＿＿＿車を買ったそうだ。

(A) からある

(B) からする

(C) からみる

(D) からなる

70 借金に借金を重ねた挙げ句、遂には夜逃げまでする＿＿＿＿＿＿だ。

(A) 末

(B) 始末

(C) 始終

(D) 以上

Ⅷ. 下の文を読んで、後の問いにもっとも適当な答えを(A)から(D)の中で一つ選びなさい。

(71〜73)

　まだ、世界の色々なところで、女性を差別しています。私は女性を差別するなんて、とてもひどいことだと思います。パキスタンで14歳の女の子が「女子に教育を」と訴えただけで銃撃されたという記事を読んで、いかりが込み上げ、同時にとても悲しくなりました。なぜ、正しいことを言っただけで、①こんなひどいことになってしまうんだろう？　同じ世界に住んでいるのになぜこんなに差があり、公平ではないんだろう？

　私は、こういう悲しいことや、国と国同士のけんかのニュースがあると、②＿＿＿＿と不思議に思います。また、世界が早く平和になるといいと思います。以前、学校で平和について話し合ったことがあります。その時、私が出したのが「悪いことが起こるのは、みんなが相手のことを考えていないから」という意見です。世界中の人が相手の気持ちを考えれば、世界は平和になると思います。

71 ①こんなひどいことが指していることは何ですか。
(A) 国と国同士のけんかのニュースがあること
(B) 女性への差別が毎年だんだんひどくなること
(C) 世界の色々なところで、女性を差別していること
(D) パキスタンで女の子が「女子に教育を」と訴えただけで銃撃されたこと

72 本文の内容からみて、②＿＿＿＿に入るもっとも適当な文章はどれですか。
(A) なぜ公平な国が多くなっているんだろう
(B) なぜ大人はあまりけんかをしないんだろう
(C) なぜ悲しいことはだんだん減っていくんだろう
(D) なぜ大人が大人らしくないことをするんだろう

73 この人の主張として正しいものはどれですか。
(A) 公平な世界は現実的にあり得ないことである。
(B) いくら努力しても平和な世界は実現できないと言える。
(C) 人々が相手の気持ち考えれば世界は平和になれる。
(D) 相手の気持ちを考えるだけでは平和な世界にはなれない。

(74~76)

　風が冷たい寒い日。駅で電車を待っていると、反対側のホームで3人の作業員が駅のスピーカーを点検していた。そこへ電車が到着し、数人の乗客が降りた。その中にいたサラリーマン風の中年男性は作業員の前を通った時、立ち止まってかばんを置いた。そして自動販売機の前に立ち、何やら作業員に①＿＿＿＿。何しているんだと思っていたら、自販機で買った温かい飲み物を作業員に渡し、別の作業員にも「君は何がいい?」と聞いているようだった。男性は3人に渡し終えると、かばんを持って「寒い中ご苦労様」と言って去っていった。作業員たちも頭をぺこっと下げてお礼を伝えていた。その光景を見ていた私はとても心が温かくなった。年を取るなら、あんな中年になりたいと思った。

74 中年男性が作業員の前を通った時に立ち止まった理由は何ですか。
　(A) 作業員の作業を手伝うため
　(B) 作業員に飲み物を渡すため
　(C) 作業の進捗状況を確認するため
　(D) 電車がホームに入るのを待つため

75 本文の内容からみて、①＿＿＿＿に入るもっとも適当な言葉はどれですか。
　(A) 気になった
　(B) 役に立った
　(C) 声を掛けた
　(D) 迷惑をかけた

76 この人がとても心が温かくなったと感じた理由は何ですか。
　(A) 中年男性のてきぱき仕事をする姿に感動したため
　(B) 中年男性の仕事を手伝ってあげる姿に感動したため
　(C) 中年男性の作業員に対する思いやりに感動したため
　(D) 中年男性の作業員に対する言葉遣いに感動したため

(77〜80)

　先日、家族と外食した時、ふと隣の席を見ると、高校生くらいのお兄さんとそのお
ばあさんと思われる人が食事をしていた。私が驚いたのは、おばあさんがいくら話し
かけても、お兄さんはずっと携帯をいじっていて、顔も見ずに「うん」と適当に返し
ていたことだ。結局、おばあさんは寂しそうに食事をし、お兄さんは「ご馳走様」も
言わず、2人は店を出ていった。おばあさんがかわいそうでならなかったけれど、振り
返ってみると、私も祖父母に同じような思いをさせていることに気付いた。

　祖父母の家に行くと、ついテレビゲームに夢中になり、祖父母が一生懸命話しかけ
てくれているのに、全く返事をしなかったり、素っ気ない返事をしたりした。母に何
度も注意されて分かっているのに、なぜかゲームの方に①＿＿＿＿しまう。さっき見てい
た光景と同じで、私も祖父母に悲しい思いをさせていたんだな、ととても反省した。
これからは、もう絶対そんな思いをさせないようにしようと心に誓った。

77 この人は何に驚きましたか。
　(A) 隣の席のお兄さんがおばあさんと2人で食事をしていること
　(B) 隣の席のお兄さんとおばあさんが何の会話もなしに食事をしていること
　(C) 隣の席のお兄さんがおばあさんの話しかけによく相槌を打ってあげていること
　(D) 隣の席のお兄さんがおばあさんの話しかけに顔も見ずに適当に答えていたこと

78 この人は隣の席の2人を見てどんなことに気が付きましたか。
　(A) 自分は祖父母との会話が多かったこと
　(B) 祖父母の話をろくに聞かずに自分ばかり話していたこと
　(C) 自分は祖父母の話に顔を見ながらきちんと答えていたこと
　(D) 自分も隣の席のお兄さんのように祖父母の話に耳を傾けなかったこと

79 この人は今まで祖父母の家に行くと、どんなふうに行動しましたか。
　(A) 祖父母の話にきちんとした返事をした。
　(B) 祖父母の話に全然返事をしなかった。
　(C) 祖父母の話に夢中になって聞いてあげた。
　(D) 祖父母の話にいつも興味を持って聞いていた。

80 本文の内容からみて、①＿＿＿＿に入るもっとも適当な言葉はどれですか。
　(A) 気がして
　(B) 気が向いて
　(C) 気を使って
　(D) 気をもんで

　中学2年の息子が、①職場体験で3日間スーパーマーケットにお世話になりました。朝8時、開店前の品出しから始まり、午後2時までの勤務でした。息子は仕事の様子を毎日報告してくれました。お客さんに接していて、あいさつから話が広がり、「アルバイトか」と聞かれて、「職場体験中です」と話すと「頑張れよ」と激励してもらったと言います。先輩のパートの皆さんにも、賞味期限を見ながらの品出しとか、②＿＿＿＿＿＿＿＿の商品やこれから売り出す商品の陳列場所とかのノウハウを親切に教えていただいたそうです。この3日間で息子は、大きく成長することができました。スーパーで働く人やお客様、そして毎日交代で様子を見に来て下さった先生方に、心から感謝します。③＿＿＿＿息子が、スーパーで働いている私に「毎日、家のこともして出勤するお母さんも大変だね」って言ってくれたことが何よりもうれしかったです。

81 本文に出ている①職場体験についての説明の中で、正しいものはどれですか。

(A) 1日の勤務時間は4時間である。

(B) アルバイトと同じ時給がもらえる。

(C) スーパーマーケットで3日間行われる。

(D) 勤務結果を毎日先生に報告する必要がある。

82 本文の内容からみて、②＿＿＿＿に入るもっとも適当な言葉はどれですか。

(A) 売れ筋

(B) 売れ行き

(C) 売り切れ

(D) 売れ残り

83 本文の内容からみて、③＿＿＿＿に入るもっとも適当な言葉はどれですか。

(A) そして

(B) ただし

(C) ないし

(D) しかしながら

84 この人が何よりもうれしかったと思ったことは何ですか。

(A) 接客業務の難しさを息子が十分に理解していること

(B) 家事と仕事の並立の大変さを息子が分かってくれたこと

(C) 職場体験がつらいのに、息子が一言も愚痴をこぼさなかったこと

(D) 息子が先輩のパートの皆さんに色々なノウハウを教えてもらったこと

(85〜88)

　私は、赤系統や緑系統の色を区別するのが難しい赤緑色覚異常者の一人です。都心の地下鉄の路線の色分け表示などが分かりません。庭の芝が緑なのか、枯れて茶色なのかも、目を近づけてやっと分かる程度です。①＿＿＿＿、紅葉の美しさなど、生まれてこのかた一度も味わったことがないのです。特に不満なのは、テレビ局です。一部の局以外は、生活に欠かせない気象情報などで、色覚障害者に対応していません。緑、薄い赤、赤などで色分けされたテレビの画像は、録画して一時停止させ、目を凝らしながら見てやっと、何とか理解できる程度なのです。この障害は男性の20人に1人の割合で存在します。特に、テレビ局は受信料を視聴者から受け取っています。放送局や交通機関など、私たちの生活に直接関わる組織には工夫をお願いしたいと思います。

85 この人についての説明の中で、正しいものはどれですか。
(A) 庭の芝の色は全く区別できない。
(B) 特定の色が区別できない異常を持っている。
(C) 都心の地下鉄の路線の色分け表示は区別できる。
(D) 赤系統は区別できるが、緑系統の色は区別が苦手である。

86 本文の内容からみて、①＿＿＿＿に入るもっとも適当な言葉はどれですか。
(A) むしろ
(B) よもや
(C) ましてや
(D) たがだか

87 この人はテレビ局の何が特に不満ですか。
(A) ほとんどのテレビ局の画像が派手すぎること
(B) ほとんどのテレビ局のチャンネルが多すぎること
(C) ほとんどのテレビ局で色覚異常者用の対応がなされていないこと
(D) ほとんどのテレビ局が文字サイズや画像などにあまり気を使わないこと

88 この人の主張として正しいものはどれですか。
(A) 放送局は色覚バリアフリーに工夫すべきだ。
(B) 国は色覚異常者を減らすために努力すべきだ。
(C) 一刻も早く色覚異常者に対する偏見をなくすべきだ。
(D) 放送局は色覚異常者専用の番組製作に力を入れるべきだ。

　　肌で感じる温度感覚は、見た目で左右される可能性があることを①横沢教授らのグループが実験で明らかにした。大学生20人に対し、自分の手と作り物の手の甲に氷とプラスチックを当て、手に触れた物の温度をどう感じるか調べた。その際、本人の手は見えないようにして、見えるところに作り物の手を置き、それぞれに同じ間隔で同じ刺激を与え、作り物の手が自分の手であるかのように感じる状況にして実験した。自分の手、作り物の手の両方にプラスチックを当てた後、作り物の手の方だけ氷に替えたところ、20人中15人が「②＿＿＿＿」と答えた。更に、本人の手はプラスチックのままで、作り物の手は氷を当てた後、プラスチックに替えると、18人が「温度が上がった」と答えた。横沢教授は「人間の温度感覚は、③＿＿＿＿＿＿が示せた」と話している。ただし、雪景色の写真を見せるなど視覚情報だけの場合、温度感覚には影響がないことは、過去の実験で確かめられているという。

89 ①横沢教授らのグループの実験でどんなことが明らかになりましたか。
(A) 温度感覚は外見で左右される可能性がある。
(B) 温度感覚は視覚の情報処理とはあまり関係がない。
(C) 視覚情報は温度感覚にもっとも大きな影響を与える。
(D) 温度感覚は皮膚の感覚だけに頼っていると言っても過言ではない。

90 本文の内容からみて、②＿＿＿＿に入るもっとも適当な言葉はどれですか。
(A) 触れた物が温かくなった
(B) 触れた物が冷たくなった
(C) 感覚がだんだんなくなった
(D) 触れた物の温度差は感じられなかった

91 本文の内容からみて、③＿＿＿＿に入るもっとも適当な言葉はどれですか。
(A) 視覚情報だけに頼っていること
(B) 皮膚の感覚だけに頼っていること
(C) 視覚の情報処理とはあまり関係がないこと
(D) 皮膚の感覚と視覚の情報処理が補い合っていること

92 本文の内容と合っているものはどれですか。
(A) 温度感覚が見た目で左右される可能性は低い。
(B) 視覚情報だけの場合、温度感覚には影響がない。
(C) 人間は視覚情報だけで冷たい物も温かく感じられる。
(D) 皮膚の感覚より視覚情報の方がもっと速く脳に伝えられる。

(93～96)

　　公職選挙法による選挙で選ばれながら、任期途中でその職を投げ出した例をこれまで多く見てきた。半分以上の任期を残して辞職した東京都の石原慎太郎氏の例は記憶に新しい。辞職した人たちも、選挙戦中は有権者に対し多くの公約に賛同し、政治への思いや願いを一票に託した。そうして選ばれた自治体の長や議員が、病気や死亡など不慮の事態以外の理由で任期途中で辞職というのでは、無責任すぎるし有権者をないがしろにした身勝手な行為と言えよう。

　　①＿＿＿＿＿現行制度では、こうした行為に対して罰則を科す制度が見当たらないのは疑問でならない。公職選挙法では、選挙で一定の得票に達しなかった場合に供託金が没収される制度がある。一方で、ひとたび当選すれば任期途中の辞職に対して罰則がないというのは②＿＿＿＿＿。任期途中の辞職は公約放棄や政治の混乱を招きかねず、後任を選ぶ選挙には多額の税金も投入される。有権者にとっては二重、三重の負担となる。こうした事態を防ぐためには、任期途中の辞職には明確な罰則を科すことが望まれる。

93 この人は公職者が不慮の事態以外の理由で任期途中で辞職することについてどう思っていますか。
　(A) 任期途中の辞職は早ければ早いほどいいと思っている。
　(B) それなりの理由さえあれば許されるものであると思っている。
　(C) 非常に無責任で有権者を無視した身勝手な行為だと思っている。
　(D) よくないことではあるが、だからといって非難されることではないと思っている。

94 本文の内容からみて、①＿＿＿＿＿に入るもっとも適当な言葉はどれですか。
　(A) そして
　(B) もっとも
　(C) ところが
　(D) それから

95 本文の内容からみて、②＿＿＿＿＿に入るもっとも適当な表現はどれですか。
　(A) 制度の不備ではないか
　(B) このままでいいと思われる
　(C) 当たり前と思えば当たり前だろう
　(D) 現状ではやむを得ないと言えかねない

96 この人の主張として正しいものはどれですか。
　(A) 任期途中の辞職でも罰則は必要ではない。
　(B) 任期途中には辞職できないように、制度の整備が必要である。
　(C) 罰則は任期途中の辞職問題の根本的な解決策にはなれない。
　(D) 資格のない人の任期途中の辞職は有権者にとってはありがたいことである。

　　町のあちこちに様々な①コンビニエンスストアがある。最近、コンビニ業界は店が増えすぎと言われている。業界では国内は5万店が限界という見方が多い。既に大小チェーンで約4万9千店もあるのに、大手各社は今年も来年も、新店を数百店規模で増やす計画を持っている。大手は、同じ地域にたくさん店を出した方が、物流が効率的になってよいと考えている。だが、ライバルの店も近所に増えれば、②＿＿＿＿＿。結果として経営が難しくなるチェーンが出てくる。堅調と言われてきた国内消費の雲行きも怪しくなり、6月頃から売上高が前年を下回るコンビニも出てきた。大手チェーン同士の「実力差」も目立つ。1日の平均売上を比べると、上位と下位のチェーンで約20万円の差が広がっている。相手はコンビニだけではない。大手スーパーがコンビニに似た小型店を都市部に出し始め、ドラッグストアの品揃えもコンビニに似てきた。米アマゾンなどのインターネット通販も強力なライバルである。今後、生き残りをかけた競争は、ますます激しくなりそうである。

97 ①コンビニエンスストアの現状についての説明の中で、正しくないものはどれですか。
　(A) 最近、業界では店が増えすぎたと言われている。
　(B) 業界では国内は5万店が限界という見方が多い。
　(C) 大手各社は来年から新店を数百店規模で増やす計画を持っているという。
　(D) 大手各社は同じ地域にたくさん店を出すのは効率的ではないと考えている。

98 本文の内容からみて、②＿＿＿＿＿に入るもっとも適当な言葉はどれですか。
　(A) 利用する消費者にとってはいいことである
　(B) 良質の品物が増え、サービスの改善に繋がる
　(C) 競争で1店当たりの売上高は減る恐れがある
　(D) 競争しなくても済むから、売上高の改善が見込まれる

99 この人はこれからのコンビニエンスストア業界についてどう思っていますか。
　(A) 生き残りにしのぎを削っていくと思っている。
　(B) 大手各社による独占が懸念されると思っている。
　(C) 競争が減り、安定的な売上高が見込まれると思っている。
　(D) 競争は激しくなるが、売上高にはさほど影響がないと思っている。

100 本文の内容と合っているものはどれですか。
　(A) ドラッグストアの増加はコンビニエンスストアの売上改善に繋がる。
　(B) 1日の平均売上を比べると、上位と下位のチェーンでの差はあまりない。
　(C) インターネット通販はコンビニエンスストアの強力なライバルになりつつある。
　(D) 国内消費の回復で、6月頃から売上高が前年を上回るコンビニも出てきた。

MEMO

Chapter 2

어렵지만 반드시 나오는 부분!

Chapter 2

어렵지만
반드시 나오는 부분!

JPT 점수에 때빼고 광내기

조동사(추량 조동사·(ら)れる·(さ)せる·(さ)せられる)

한눈에 들여다보기

추량조동사 추량을 나타내는 조동사는 용법 구분도 중요하지만 접속 형태도 상당히 비중 있게 출제되고 있으므로, 각 품사에 따른 접속 형태의 차이를 기억해 두어야 한다. 각 표현별 대표적인 출제 유형을 보면 「そうだ」는 양태와 전문의 구분 및 접속 형태의 오용, 「ようだ」는 '불확실한 단정, 비유, 예시, 목적'의 용법 등의 용법 구분, 「みたいだ」는 「ようだ」와의 접속 구분, 「らしい」는 조동사 「らしい」와 접미사 「らしい」의 구분 문제로 출제된다.

(ら)れる 조동사 「(ら)れる」에는 수동, 가능, 존경, 자발의 용법이 있는데 JPT 시험에서는 주로 수동과 존경의 용법이 출제된다. 기타 가능이나 자발의 용법도 앞으로 출제될 가능성이 많은 표현들이므로, 기억해 두어야 하는데 특히 자발의 용법은 앞에 오는 동사가 극히 제한적이므로, 자발의 용법으로 사용되는 동사를 반드시 암기해 두어야 한다.

(さ)せる 사역을 나타내는 「(さ)せる」는 파트 6에서 수동을 나타내는 「(ら)れる」와의 오용 문제로 주로 출제된다. 기타 파트 7에서 사역 표현을 직접적으로 찾는 문제로 출제된 적도 있는 만큼 이 부분에 대한 공부도 필요하다.

(さ)せられる 원하지 않았는데 어떤 일을 억지로 당한 경우에 사용하는 표현이 사역수동, 즉 「(さ)せられる」인데 정확한 용법 암기가 중요하다. 특히 파트 7에서는 5단 동사일 경우에 「される」라는 축약 표현으로 보기에 나오는 경우도 있으므로, 언제 축약 표현으로 만들 수 있는지도 기억해 두도록 하자.

각 파트별 출제 유형			
조동사	파트 5 (정답 찾기)	파트 6 (오문 정정)	파트 7 (공란 메우기)
추량 조동사	· 양태의 「そうだ」의 용법 구분 · 전문의 「そうだ」의 용법 구분 · 「ようだ」의 용법 구분 · 「らしい」의 용법 구분	· 「そうだ」의 접속 형태 오용 · 「みたいだ」의 접속 형태 오용 · 「そうだ」와 「ようだ」의 오용 · 「そうだ」의 부정형 오용 · 「ようだ」와 「らしい」의 오용	· 「そうだ」나 「そうだ」 앞의 접속 형태 찾기 · 「ようだ」나 「ようだ」 앞의 접속 형태 찾기 · 「らしい」나 「らしい」 앞의 접속 형태 찾기
(ら)れる	· 「(ら)れる」의 용법 구분	· 「(ら)れる」와 「(さ)せる」의 오용	· 「(ら)れる」 찾기
(さ)せる	· 「(さ)せる」가 들어간 문장의 이해	· 「(さ)せる」와 「(ら)れる」의 오용	· 「(さ)せる」 찾기
(さ)せられる	· 「(さ)せられる」가 들어간 문장의 이해	· 「(さ)せられる」와 「(さ)せる」의 오용	· 「(さ)せられる」 찾기 · 축약 표현인 「される」 찾기

1 彼は真面目なのはわかるが、業務上のミスが多くて結局仕事を<u>辞めさせられた</u>。
   (A) 首になった
   (B) 自ら辞めることにした
   (C) 仕事を辞めるつもりだ
   (D) 仕事を辞める気は全くない

2 これはけっこう難しい仕事になり<u>そうだ</u>。
   (A) 思ったより早く駅に着き<u>そうだ</u>。
   (B) この薬は風邪によく効く<u>そうだ</u>。
   (C) 明日から天気が崩れる<u>そうだ</u>。
   (D) 今度のパーティーに彼も行く<u>そうだ</u>。

3 今年の夏は去年より暑い<u>そうだ</u>。
   (A) この仕事は今日中に終わり<u>そうだ</u>。
   (B) 本当に美味し<u>そう</u>なケーキですね。
   (C) その映画は思ったより面白い<u>そうだ</u>。
   (D) 彼はあまり英語に興味がなさ<u>そうだ</u>。

4 真っ赤な服が今流行している<u>らしい</u>。
   (A) この頃子供<u>らしい</u>子供が少なくなった。
   (B) もう少し学生<u>らしい</u>行動を取ってほしい。
   (C) それは本当に山田君<u>らしい</u>発言だった。
   (D) たばこの吸い殻が火事の原因だった<u>らしい</u>。

5 合格するなんて、まるで夢の<u>ような</u>話だ。
   (A) 空に浮かんでいる雲は綿の<u>ようだ</u>。
   (B) 杉原君の<u>ように</u>正直な人は多くない。
   (C) 学校に遅刻しない<u>ように</u>早く寝なさい。
   (D) そのことは誰も気付いていない<u>ようだ</u>。

180

6 あの高い山は家からも眺め<u>られる</u>。

(A) 渡辺先生は2時に来<u>られる</u>予定だ。

(B) これぐらいの量だったら充分食べ<u>られる</u>。

(C) 一人で住んでいる母のことが案じ<u>られる</u>。

(D) となりに家が建て<u>られて</u>、部屋が暗くなった。

7 パン屋<u>から</u><u>やきたて</u>のパンの<u>美味しようなに</u>においが<u>した</u>。
　　　 (A)　　　(B)　　　　　　(C)　　　　　　(D)

8 ここは<u>長生きする</u>人の<u>多い</u>村<u>として</u>日本全国に<u>知らせている</u>。
　　　 (A)　　　　　 (B)　　 (C)　　　　　 (D)

9 栗は秋<u>に</u>一番美味しく<u>なる</u><u>よう</u>ですが、私は<u>そう</u>は思いません。
　　　 (A)　　　　　　　 (B)　 (C)　　　　 (D)

10 <u>今にも</u>雨が<u>降りような</u><u>空模様</u>ですから、傘を持って<u>行った</u>方がいいよ。
　 (A)　　　　 (B)　　 (C)　　　　　　　　　　　(D)

11 お金を<u>稼ぐように</u>日本に来た<u>大部分</u>の外国人は、日本の<u>法律</u>を<u>きちんと</u>守っている。
　　　　 (A)　　 (B)　　　 (C)　　　　　　　　　　　　 (D)

12 宿題が<u>たくさん</u>あった<u>のに</u>、母に買い物に<u>行かせて</u>結局<u>全く</u>できなかった。
　　　　 (A)　　　　　 (B)　　　　　　　 (C)　　 (D)

13 今日、先生の研究室は＿＿＿＿＿＿ようだ。

(A) 静か

(B) 静かだ

(C) 静かな

(D) 静かに

14 隣の部屋の住人は、どうやら＿＿＿＿＿らしい。

(A) 学生

(B) 学生な

(C) 学生だ

(D) 学生に

Chapter2 어렵지만 반드시 나오는 부분! 181

15 その湖はまるで絵＿＿＿＿＿＿美しかった。

(A) ように

(B) みたいに

(C) そうに

(D) らしく

16 天気予報によると、台風の影響で明日から大雨が＿＿＿＿＿＿そうだ。

(A) 降り

(B) 降る

(C) 降った

(D) 降ろう

17 合奏中に音を間違えて先生に注意＿＿＿＿＿＿しまった。

(A) して

(B) させて

(C) されて

(D) になって

18 彼の考えはどうも時代錯誤＿＿＿＿＿＿気がする。

(A) そうな

(B) らしく

(C) のような

(D) みたいで

19 彼は子供の頃、いやいやピアノを＿＿＿＿＿＿。

(A) 習わせた

(B) 習わされた

(C) 習わなかった

(D) 習いたかった

20 夜中に間違い電話のため＿＿＿＿＿＿それからろくに眠れなかった。

(A) 起こして

(B) 起こされて

(C) 起こさせて

(D) 起こらせて

추량 조동사

집중! 이것만은 꼭!

● **추량 조동사 필수 사항 정리**

① **そうだ** : ~인 것 같다(양태), ~라고 한다(전문) ▶ 시각적이고 직관적으로 포착된 상황.

今日は雨が降りそうだ。

오늘은 비가 내릴 것 같다. (양태)

今日は雨が降るそうだ。

오늘은 비가 내린다고 한다. (전문)

② **ようだ** : ~인 것 같다(불확실한 단정), ~도록(목적), ~와 같다(비유), ~처럼(예시) ▶ 주관적인 근거.

明日の旅行に田中さんも行くようだ。

내일 여행에 다나카 씨도 가는 것 같다. (불확실한 단정)

彼に明日は早く来るようにと伝えてください。

그에게 내일은 일찍 오라고 전해 주십시오. (목적)

この花はまるで絵のようだ。

이 꽃은 마치 그림과 같다. (비유)

イギリスのように法律が甘い国も少ない。

영국처럼 법률이 무른 나라도 적다. (예시)

③ **みたいだ** : ~인 것 같다(불확실한 단정) ▶ 「ようだ」와 용법이 유사한 회화체 표현.

今度の試験は失敗したみたいだ。

이번 시험은 실패한 것 같다.

私も彼みたいに日本語が上手になりたい。

나도 그처럼 일본어가 능숙해지고 싶다.

④ **らしい** : ~인 것 같다(조동사), ~답다(접미사) ▶ 접미사일 때는 명사에만 접속.

どうやら明日は雨らしい。

아무래도 내일은 비가 내릴 것 같다. (조동사)

彼は本当に男らしい男だ。

그는 정말로 남자다운 남자이다. (접미사)

※ ①~② 중 적절한 표현은 몇 번일까요?

1 論文は後2、3日で完成し（① そうだ / ② ようだ）。　　論文 논문｜完成 완성

2 まるで飛行機の（① ように / ② ような）速さだ。　　まるで 마치｜飛行機 비행기｜

速さ 속도

3 梅雨（① らしい / ② そうな）天気が何日も続いている。　　梅雨 장마｜続く 이어지다

4 彼女はまるで日本人の（① ように / ② ような）日本語が上手だ。

～のように ～처럼｜上手だ 잘하다

5 一生懸命勉強したから、いい成績が（① 取り / ② 取れ）そうだ。

成績を取る 성적을 따다

추량의 조동사는 기본적으로 각 품사에 따른 접속 형태를 기억해 두어야 한다. 특히「そうだ」와「ようだ」의 접속 형태 차이는 파트 6 오문 정정에서 상당히 많이 출제되었기 때문에, 반드시 숙지해 두도록 하자. 그리고「らしい」도 최근에 조동사와 접미사 구분 문제로 실제 시험에 출제된 적이 있는 만큼 이 부분에 대한 공부도 필요하다.

정답 ① 5 ② 4 ③ 3 ② 2 ① 1

(ら)れる

🔍 집중! 이것만은 꼭!

● 「(ら)れる」의 네 가지 용법(수동, 가능 존경, 자발)

① **수동** ▶ 상대방이나 어떤 대상으로부터 동작을 받음.

昨夜は赤ちゃんに泣かれてろくに眠られなかった。 어젯밤은 아기가 울어서 제대로 잘 수가 없었다.

② **가능** ▶ 어떤 일이나 대상에 대한 능력을 나타냄.

これくらい一時間で全部覚えられる。 이 정도는 한 시간이면 전부 외울 수 있다.

③ **존경** ▶ 상대방의 동작이나 어떤 내용을 높임.

先生が朝刊を読まれている。 선생님이 조간을 읽고 계신다.

④ **자발** ▶ 어떤 동작이 자연히 그렇게 됨을 나타냄.

彼女を見ると、昔のことが思い出される。 그녀를 보면 옛날 일이 생각난다.

田舎で一人暮らししている母のことが案じられる。

시골에서 혼자서 생활하고 계시는 어머니가 걱정이 된다.

TEST

※ ①～④ 중 몇 번 용법일까요?

1 昨日、泥棒に入られた。 　　　　(① / ② / ③ / ④) 　泥棒 도둑

2 母の健康が案じられる。 　　　　(① / ② / ③ / ④) 　健康 건강 | 案じる 걱정하다

3 高校の時、母に死なれた。 　　　　(① / ② / ③ / ④) 　死ぬ 죽다

4 これぐらいは一人で食べられる。 　(① / ② / ③ / ④) 　一人で 혼자서

5 先生は毎朝6時に起きられる。 　　(① / ② / ③ / ④) 　起きる 일어나다

「(ら)れる」는 각 용법의 구분이 중요한데, 주로 시험에 나오는 것이 수동과 존경의 용법이다. 참고로 자발의 용법으로 사용되는 경우에는 「(ら)れる」 앞에 오는 동사가 한정되어 있는데, 「思い出す(생각해내다)」 「案じる (걱정하다)」 「偲ぶ(그리워하다)」 등의 동사가 온다는 것을 기억해 두도록 하자.

정답 1 ① 2 ④ 3 ① 4 ② 5 ③

(さ)せる

● 사역 ▶ 상대방이나 어떤 대상에게 동작·작용 등을 시킬 때 사용.

子供に手紙を書かせた。
아이에게 편지를 쓰게 했다.

息子を朝早く起きさせた。
아들을 아침 일찍 일어나게 했다.

子供ににんじんを食べさせた。
아이에게 당근을 먹게 했다.

後輩をあいさつに来させた。
후배를 인사하러 오게 했다.

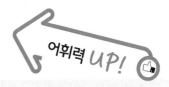
어휘력 UP!

관용 표현 ①

☐ 堂に入る 도가 트이다

☐ 寝ても覚めても 자나깨나

☐ 闇に紛れる 어둠을 틈타다

☐ 蝶よ花よ 금이야 옥이야

☐ 泣きべそをかく 울상을 짓다

☐ 氷山の一角 빙산의 일각

☐ 星を挙げる 범인을 검거하다

☐ 猫も杓子も 개나 소나 모두

☐ 高飛車に出る 고자세로 나오다

☐ 水を打ったように 쥐죽은 듯이

☐ 反りが合わない 뜻이 맞지 않다

☐ 一か八か 운은 하늘에 맡기고

(さ)せられる

집중! 이것만은 꼭!

● 사역수동 ▶ 원하지 않는데 어떤 일을 억지로 당할 경우에 사용.

　　　　　　 5단 동사의 경우 「される」로 바꿀 수 있음.

　　　　　　 (다만, 활용어미가 「す」로 끝나는 동사는 제외)

私は日本語の勉強を<u>させられた</u>。

나는 (어쩔 수 없이) 일본어 공부를 했다.

昨日お酒を飲<u>ませられた</u>。(= 飲まされた)

어제 (어쩔 수 없이) 술을 마셨다.

駅の前で2時間も待<u>たせられた</u>。(= 待たされた)

역 앞에서 (어쩔 수 없이) 2시간이나 기다렸다.

私は文庫本ばかり読<u>ませられた</u>。(= 読まされた)

나는 (어쩔 수 없이) 문고본만 읽었다.

어휘력 UP!

관용 표현 ②

☐ 火花を散らす　불꽃을 튀기다

☐ 焼き餅を焼く　질투하다, 시샘하다

☐ 取るに足らない　대수롭지 않다

☐ 目と鼻の先　엎어지면 코 닿을 데

☐ 一石を投じる　파문을 일으키다

☐ 舌を巻く　혀를 내두르다, 감탄하다

☐ 痛くも痒くもない　아무렇지도 않다

☐ 自腹を切る　자신이 돈을 지불하다

☐ 言葉に余る　말로 형용할 수 없다

☐ 足の踏み場もない　발 디딜 곳이 없다

☐ 言うに及ばない　거론할 필요가 없다

☐ そばづえを食う　뜻밖의 봉변을 당하다

01 この小説はあまり<u>面白そうではありません</u>。

(A) 面白くなさそうです

(B) 面白くなかったです

(C) 面白くないそうです

(D) 面白いかもしれません

02 山田さんは今日欠席する<u>そうだ</u>。

(A) 彼はいかにも健康<u>そう</u>に見えた。

(B) 天気予報によると、夜は雨が降る<u>そうだ</u>。

(C) この映画の方があの映画より面白<u>そうだ</u>。

(D) 公園で子供たちが楽し<u>そうに</u>遊んでいる。

03 私の父は本当に男<u>らしい</u>人だ。

(A) 教室には誰もいない<u>らしい</u>。

(B) 彼女は何も知らなかった<u>らしい</u>。

(C) 春<u>らしい</u>暖かい日が続いている。

(D) 向こうから鈴木さん<u>らしい</u>人が来る。

04 母に頼ま<u>れた</u>用事を忘れてしまった。

(A) 授業中、先生が本を読ま<u>れる</u>。

(B) 一人ではそんなに早く起きら<u>れ</u>ない。

(C) その選手は四番清原にホームランを打た<u>れた</u>。

(D) この写真を見ると、10年前のことが思い出さ<u>れる</u>。

05 鈴木先生の<u>ような</u>学者になりたいです。

(A) どうも風邪を引いてしまった<u>ようだ</u>。

(B) あの人はどうやら日本人の<u>ようだ</u>。

(C) まるで月の<u>ように</u>丸い顔をしている。

(D) 韓国の<u>ように</u>伝統を重んじる国は少ない。

06 彼は運ばれ<u>て</u>きた料理を<u>さも</u> <u>美味しい</u>そうに食べ<u>始めた</u>。
　　　　 (A)　　　　　 (B)　　　 (C)　　　　 (D)

07 私は大学を<u>出て</u>以来、恋愛<u>そうな</u>恋愛も<u>せずに</u>現在に<u>至った</u>。
　　　　　　　　(A)　　　　　　(B)　　　　(C)　　　　　(D)

08 <u>このお菓子は美味しようですが</u>、<u>実は</u>あまり<u>美味しく</u>ありません。
　　(A)　　　　　　　(B)　　　　　(C)　　　　(D)

09 <u>最初は</u>あまり<u>面白そうもない</u>と思ったが、見ている<u>うちに</u>面白くて毎日<u>見ている</u>。
　　(A)　　　　　　(B)　　　　　　　　　　　　　　(C)　　　　　　　(D)

10 自分<u>なりに</u>一生懸命に<u>頑張っている</u>のですが、明日までに宿題が<u>できそうでは</u>
　　　　(A)　　　　　　　(B)　　　　　　　　　　　(C)　　　　　(D)

ありません。

11 彼<u>ときたら</u>とても英語が<u>下手な</u>のに、いつも人の前では<u>偉ように</u>して気に<u>入らない</u>。
　　　　(A)　　　　　　(B)　　　　　　　　　　　(C)　　　　　(D)

12 親<u>を</u>死なれてから親の<u>ありがたさ</u>がわかった<u>としても</u>、それはもう<u>手遅れ</u>です。
　　　(A)　　　　　　　(B)　　　　　　　(C)　　　　　　(D)

13 曲がり角で車と＿＿＿＿＿＿そうになった。
(A) ぶつかり
(B) ぶつかる
(C) ぶつかって
(D) ぶつかったり

14 本人が嫌なのに、ずっと続け＿＿＿＿＿＿ことはあまりよくないと思う。
(A) だす
(B) させる
(C) される
(D) おわる

15 公園に出てみると、もう春の気配が＿＿＿＿＿＿。
(A) 感じる
(B) 感じさせる
(C) 感じられる
(D) 感じせられる

16 ギターを弾いていたら、近所の人に「うるさい」と注意＿＿＿＿＿＿しまった。

(A) して

(B) させて

(C) されて

(D) させられて

17 昨日のことは皆さんからむりやりお酒を＿＿＿＿＿＿、よく覚えていません。

(A) 飲んで

(B) 飲んだり

(C) 飲ませて

(D) 飲まされて

18 天気予報によると、明日は雨が降る＿＿＿＿＿＿。

(A) まい

(B) ようだ

(C) らしい

(D) みたいだ

19 教室から話し声が聞こえてくる。どうやら教室の中に誰かいる＿＿＿＿＿＿。

(A) ようだ

(B) そうだ

(C) ことだ

(D) ものだ

20 あのベンチに座っている人、昨日会社に来た人＿＿＿＿＿＿気がするね。

(A) ような

(B) そうな

(C) らしく

(D) みたいな

많이 줄 때 제대로 받아라

수수 표현

 한눈에 들여다보기 📷

수수 표현 주고 받는 관계를 나타내는 수수(授受) 표현은 세 가지를 주의할 필요가 있다. 첫 번째가 의미인데, 나와 관계되는 사람이 다른 사람에게 주는 것인지 아니면 내가 받는 것인지에 따라 표현 자체가 달라지기 때문에 각 표현의 정확한 의미를 숙지하고 있어야만 한다. 두 번째가 관계인데 주는 사람과 받는 사람의 관계에 따라서도 표현이 달라지기 때문에 두 사람의 관계도 잘 파악해야 한다. 마지막으로 조사가 되는데 조사가 「が」가 오느냐 「に」가 오느냐에 따라 표현이 달라지므로 이 부분에 대한 이해도 필요하다. 기타 주고 받는 관계를 나타내는 동사 「借りる(빌리다)」 「貸す(빌려주다)」 「返す(되돌려주다)」를 사용한 표현들도 함께 출제되므로, 이 동사들의 의미를 정확하게 숙지해 두도록 하자.

각 파트별 출제 유형			
수수 표현	파트 5 (정답 찾기)	파트 6 (오문 정정)	파트 7 (공란 메우기)
~てやる	·「やる」의 용법 구분	·「やる」와 「くれる」의 오용	·「やる」 찾기
~てくれる	·「~てくれる」의 의미 파악 ·「~てくれる」와 대체할 수 있는 표현	·「~てくれる」와 「~てあげる」의 오용 ·「~てくれる」와 「~てもらう」의 오용	·「くれる」 찾기 ·「くださる」 찾기 ·「くれる」 앞에 오는 조사 「が」 찾기
~てあげる	·「~てあげる」의 의미 파악	·「~てあげる」와 「~てくれる」의 오용	·「あげる」 찾기 ·「さしあげる」 찾기
~てもらう	·「~てもらう」와 대체할 수 있는 표현	·「~てもらう」와 「~てあげる」의 오용	·「もらう」 찾기 ·「いただく」 찾기 ·「もらう」 앞에 오는 조사 「に」 찾기

1 昨日、私は父の車を借りました。

(A) 私は父に車を返しました。

(B) 父は私に車を貸してくれました。

(C) 私は父に車を貸してあげました。

(D) 父は私に車を貸してもらいました。

2 先生にとても面白い本をいただきました。

(A) 先生にとても面白い本をくれました。

(B) 先生がとても面白い本をもらいました。

(C) 先生にとても面白い本をさしあげました。

(D) 先生がとても面白い本をくださいました。

3 山田さんは私にお菓子をくれた。

(A) 山田さんは私にお菓子をもらった。

(B) 山田さんは私にお菓子をあげた。

(C) 私は山田さんにお菓子をあげた。

(D) 私は山田さんにお菓子をもらった。

4 友達に面白い本を買ってあげました。

(A) 式が始まる前に旗をあげてください。

(B) 昨日山田君の宿題を手伝ってあげた。

(C) 成績をあげるいい方法はありませんか。

(D) もう少し易しい例をあげてくださいませんか。

5 昨日、後輩の荷物を持ってやった。

(A) 弟に地元のお菓子を送ってやった。

(B) 時間があったら今晩一杯やりませんか。

(C) やるからには、最後まで責任を持ってやります。

(D) その話を聞いて、もうやる気さえ出ませんでした。

6 妹は一人<u>で</u>服が<u>着られる</u><u>のに</u>、いつも母に<u>着て</u>もらう。
           (A)   (B)   (C)   (D)

7 <u>これ</u>は帰国する<u>前</u>に山田先生<u>が</u>いただいたお<u>土産</u>です。
  (A)   (B)   (C)   (D)

8 <u>もし</u> <u>差し支え</u>なければ、<u>この</u>雑誌を<u>借りて</u>いただけませんか。
  (A)   (B)   (C)   (D)

9 駅前<u>で</u>おばあさんが<u>重たい</u>荷物を持っていた<u>ので</u>、手伝って<u>もらった</u>。
      (A)   (B)   (C)   (D)

10 昨日遊びに来た沖田君が<u>久しぶりに</u><u>腕を揮って</u>私に料理を作って<u>あげた</u>。
         (A)   (B)   (C)   (D)

11 先生はその生徒の<u>しつこい</u>質問に嫌な顔も<u>せずに</u>優しく説明して<u>もらいました</u>。
        (A)   (B)   (C)   (D)

12 <u>今回</u>のレポートは、友達に色々と<u>手伝って</u><u>くれて</u>すぐ<u>書き上げる</u>ことができた。
  (A)   (B)   (C)   (D)

13 電車の中で財布を<u>落として</u>しまいましたが、誰か<u>が</u>交番<u>まで</u>届けて<u>あげました</u>。
          (A)   (B)   (C)   (D)

14 鈴木さんのお母さんは私＿＿＿＿＿お菓子をくださった。

(A) に

(B) が

(C) を

(D) から

15 毎日花に水を＿＿＿＿＿のは本当に面倒くさいことです。

(A) やる

(B) もらう

(C) くれる

(D) いただく

16 私は子供に面白い絵本を買って_____。
(A) やった
(B) くれた
(C) さしあげた
(D) いただいた

17 この絵は友人が私のために描いて_____ものだ。
(A) くれた
(B) やった
(C) あげた
(D) もらった

18 「誕生日に何を_____。」「素敵な自転車をもらいました。」
(A) やりましたか
(B) あげましたか
(C) くれましたか
(D) もらいましたか

19 今度京都で撮った写真を先生に送って_____。
(A) やりました
(B) くれました
(C) さしあげました
(D) くださいました

20 先生、もし間違ったところがありましたら、直して_____。
(A) もらいますか
(B) いただきますか
(C) いただけますか
(D) さしあげますか

수수 표현

🔍 **집중! 이것만은 꼭!**

● **수수 표현**

① **やる・〜てやる** : 주다, 〜해 주다 ▶ 자기보다 아랫사람이나 동물 및 식물에게

私は犬に餌を<u>やった</u>。

나는 개에게 먹이를 주었다.

弟の宿題を手伝っ<u>てやった</u>。

남동생의 숙제를 도와 주었다.

② **くれる・〜てくれる・〜てくださる** : 주다, 〜해 주다, 〜해 주시다 ▶ 남이 나와 관계된 사람에게

この本、本当に私に<u>くれて</u>もいいの。

이 책, 정말로 나한테 줘도 돼?

彼は私を図書館まで案内し<u>てくれた</u>。

그는 나를 도서관까지 안내해 주었다.

わからないところがあって先生に聞いてみたら、優しく説明し<u>てくださった</u>。

모르는 곳이 있어 선생님께 여쭤보니 상냥하게 설명해 주셨다.

③ **あげる・〜てあげる・〜てさしあげる** : 주다, 〜해 주다, 〜해 드리다 ▶ 내가 남에게, 남이 남에게

彼は持っているから、<u>あげ</u>なくてもいいよ。

그는 가지고 있으니까 주지 않아도 돼.

友達の荷物を持っ<u>てあげた</u>。

친구의 짐을 들어 주었다.

先生の荷物が重そうだったので、持っ<u>てさしあげた</u>。

선생님 짐이 무거울 것 같았기 때문에 들어 드렸다.

④ **もらう・〜てもらう・〜ていただく** : 받다, 〜해 받다 ▶ 남에게 뭔가를 받거나 해 받을 때

(간접 표현)

誕生日のプレゼントに友達からマフラーを<u>もらった</u>。

생일 선물로 친구에게 머플러를 받았다.

鈴木君に面白い本を貸し<u>てもらった</u>。

스즈키 군에게 재미있는 책을 빌렸다.

招待し<u>ていただき</u>、誠にありがとうございます。

초대해 주셔서 정말 감사합니다.

※ ①~② 중 적절한 수수 표현은 몇 번일까요?

1 金魚に餌を（ ①やった / ②くれた ）。

金魚 금붕어 | 餌 먹이

2 彼は私の話を全部聞いて（ ①くれた / ②あげた ）。

全部 전부 | 聞く 듣다

3 とても忙しいのに、誰も手伝って（ ①あげない / ②くれない ）。

忙しい 바쁘다 | 手伝う 도와주다

4 友達の誕生日にマフラーを買って（ ①あげた / ②くれた ）。

誕生日 생일 | マフラー 머플러

5 友達に聞きたい音楽のCDを貸して（ ①くれた / ②もらった ）。

音学 음악 | 貸す 빌려주다

JPT 시험에서 수수 표현은 주로 파트 6과 파트 7에서 출제된다. 파트 6에서는 「～てくれる」와 「～てあげる」의 오용이 가장 많이 시험에 나왔는데, 문장에 나오는 두 사람 중 누가 누구에게 주는 것인가를 빨리 파악하면 쉽게 답을 찾을 수 있는 문제가 대부분이다. 파트 7에서는 직접적으로 찾는 문제로 출제되는데 조사에 주의하면서 답을 고르면 크게 어렵지 않게 풀 수 있는 문제들이다.

정답 1 ① 2 ① 3 ② 4 ① 5 ②

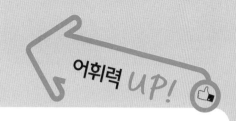

어휘력 UP!

관용 표현 ③

- ☐ 合点が行く 수긍이 가다
- ☐ 錆が付く 녹이 슬다
- ☐ 引金になる 도화선이 되다
- ☐ 高を括る 얕잡아 보다
- ☐ 雷が鳴る 천둥번개가 치다
- ☐ つやを出す 윤을 내다
- ☐ ぼろを出す 결점을 드러내다
- ☐ 湯気が立つ 김이 나다
- ☐ 駄目押しする 재차 다짐하다
- ☐ 実を結ぶ 결실을 맺다
- ☐ 水泡に帰する 수포로 돌아가다
- ☐ 重荷になる 부담이 되다
- ☐ 夕立が上がる 소나기가 그치다
- ☐ 作戦を練る 작전을 짜다
- ☐ 立つ瀬がない 입장이 난처하다

- ☐ 期日を引き上げる 기일을 앞당기다
- ☐ 時計が狂う 시계가 어긋나다
- ☐ 匙を投げる 가망이 없어 포기하다
- ☐ 世間を揺さぶる 세상을 뒤흔들다
- ☐ 辻褄が合わない 이치에 맞지 않다
- ☐ けたが違う 격이 다르다, 단수가 틀리다
- ☐ 提灯を持つ 남의 앞잡이 노릇을 하다
- ☐ 地団駄を踏む 분해서 발을 동동 구르다
- ☐ 笠に着る 남의 권력 등을 믿고 뻐기다
- ☐ 相好を崩す 엄한 표정을 풀고 싱글벙글하다
- ☐ 予測が付く 예측이 되다
- ☐ したづつみを打つ 입맛을 다시다
- ☐ 草が生える 풀이 자라다
- ☐ 示唆に富む 시사하는 바가 크다
- ☐ 木が茂る 나무가 우거지다

01 <u>私は友達に音楽のCDを貸してもらった。</u>
   (A) 友達は私に音楽のCDを借りた。
   (B) 私は友達に音楽のCDを返した。
   (C) 友達は私に音楽のCDを貸してくれた。
   (D) 友達は私に音楽のCDを貸してあげた。

02 <u>この本は子供に見せてあげてもかまいません。</u>
   (A) この本は子供が見ても問題はありません。
   (B) この本は子供に見られると本当に困ります。
   (C) この本は絶対に子供が見てはいけません。
   (D) この本は子供に見られないようにしてください。

03 彼は知っているくせに、私には何も教えて<u>くれない</u>。
   (A) 目の前の小さな利益に目が<u>くれて</u>はいけない。
   (B) 彼はどうしたら良いかわからずに途方に<u>くれた</u>。
   (C) 日が<u>くれた</u>後の町並みが本当に素晴らしかった。
   (D) この時計は母が私の誕生日に買って<u>くれた</u>ものだ。

04 私は家内のために料理を作って<u>あげました</u>。
   (A) 答えがわかった人は手を<u>あげて</u>ください。
   (B) 昨日ようやく犯人を<u>あげる</u>ことができました。
   (C) 今日はもう遅いから、家まで送って<u>あげます</u>。
   (D) この肉は生で食べるより<u>あげて</u>食べた方がいい。

05 これは僕が<u>やる</u>から、君は他の仕事をやりなさい。
   (A) 弟のために、本棚を作って<u>やった</u>。
   (B) 数学が苦手な妹の宿題を手伝って<u>やった</u>。
   (C) 毎日金魚にえさを<u>やる</u>のは本当に面倒くさい。
   (D) 経験を重ねるにつれて、<u>やり</u>たい仕事が変わる場合もある。

06 <u>この間</u>一緒に<u>行った</u>店は鈴木さんが<u>紹介して</u><u>いただきました</u>。
   (A)   (B)   (C)   (D)

07 私は生まれて<u>これまで</u>1度も風邪<u>で</u>注射を<u>打ってあげた</u> <u>こと</u>はありません。
                (A)   (B)   (C)   (D)

08 昼はとても忙しいので、本当に誰でもいいから助けてくれたいです。
 (A)   (B)   (C)   (D)

09 先生がこんな貴重な本までさしあげる とは、本当に感激の至りです。
        (A)   (B)   (C)   (D)

10 留守中に配達物が届けられた場合、隣の人に預かってくれるというケースがよく
   (A)   (B)   (C)   (D)

 ある。

11 母は仕事をしていたのに、料理上手でいつも美味しい手の込んだお弁当を
              (A)   (B)   (C)

 私たちに作ってあげた。
          (D)

12 本当に難しい内容だったのに、易しく教えてさしあげてすぐ理解できました。
        (A)   (B)   (C)   (D)

13 私＿＿＿＿＿＿会場まで案内してくれたのは彼女です。
 (A) が
 (B) に
 (C) を
 (D) は

14 可愛い猫にえさを＿＿＿＿＿＿。
 (A) やりました
 (B) くれました
 (C) もらいました
 (D) くださいました

15 山田さんが鈴木さんにプレゼントを＿＿＿＿＿＿。
 (A) やりました
 (B) あげました
 (C) くれました
 (D) さしあげました

16 近所の人が息子にお土産を＿＿＿＿＿＿＿。

(A) くれました

(B) あげました

(C) さしあげました

(D) いただきました

17 今日、課長が私に入場券を＿＿＿＿＿＿＿。

(A) あげた

(B) もらった

(C) くださった

(D) いただいた

18 熱があってお医者さんに＿＿＿＿＿＿＿もらいました。

(A) 診て

(B) 診られて

(C) 診させて

(D) 診させられて

19 山田さんに美味しい料理を作って＿＿＿＿＿＿＿、とても喜んでくださいました。

(A) くれたら

(B) もらったら

(C) いただいたら

(D) さしあげたら

20 すみませんが、狭いので少し横に詰めて＿＿＿＿＿＿＿。

(A) もらいませんか

(B) いただきませんか

(C) さしあげませんか

(D) くださいませんか

속도위반은 금물!

존경어 · 겸양어

한눈에 들여다보기

존경어 존경어와 겸양어는 무엇보다도 공식에 대한 이해가 중요하다. 존경어의 각 파트별 출제 유형을 보면 파트 5에서는 존경 표현의 의미와 대체할 수 있는 표현을 묻는 문제로 출제되고, 파트 6에서는 존경어 공식의 오용이 가장 많이 출제된다. 파트 7에서는 직접적으로 존경어를 찾는 문제가 출제되는데 자주 출제되는 것이 「行く・来る」, 「見る」, 「する」, 「飲む・食べる」의 존경어이다.

겸양어 존경어에 비해서는 다소 출제 비중이 낮기는 하지만 JPT 시험에서 빠뜨릴 수 없는 것이 겸양어이다. 존경어와 마찬가지로 공식에 대한 암기가 중요하며 파트 6에서는 대체로 존경어와의 오용을 묻는 문제가 많이 출제되므로, 동사에 따른 존경어와 겸양어를 확실히 구분해 둘 필요가 있다.

각 파트별 출제 유형			
존경어 · 겸양어	파트 5 (정답 찾기)	파트 6 (오문 정정)	파트 7 (공란 메우기)
존경어	·「ご存じ」의 한자 찾기 ·「お見えになる」와 같은 의미의 존경어 찾기 ·존경의 「れる」와 대체할 수 있는 표현 ·존경의 접두어 「お」의 용법 구분	·「お」와 「ご」의 오용 ·「なさる」와 「いたす」의 오용 ·존경어 공식의 오용 ·기타 존경어와 겸양어의 오용	·「なさる」 찾기 ·「おっしゃる」 찾기 ·「ご覧になる」 찾기 ·「召し上がる」 찾기 ·「おいでになる」 찾기
겸양어	·「拝見する」와 대체할 수 있는 표현 ·「~(さ)せていただく」의 의미 파악 ·「存じる」와 대체할 수 있는 표현	·「~(さ)せていただく」와 「~ていただく」의 오용 ·「会う」의 겸양어에 대한 이해 ·기타 존경어와 겸양어의 오용	·「おる」 찾기 ·「申す」 찾기 ·「まいる」 찾기 ·「うかがう」 찾기 ·「いただく」와 「頂戴する」 찾기

1　有酸素運動というのを<u>ごぞんじ</u>ですか。

(A) ご尊じ

(B) ご分じ

(C) ご存じ

(D) ご知じ

2　渡辺さん、社長は<u>お見えになりましたか</u>。

(A) 召し上がりましたか

(B) ご覧になりましたか

(C) お越しになりましたか

(D) お休みになりましたか

3　今朝の新聞、山田先生も<u>読まれましたか</u>。

(A) お読みになりましたか

(B) 読みたくなかったですか

(C) 読めるようになりましたか

(D) 読んだことがありますか

4　もし受かればそちらで<u>働かせていただきたい</u>と思っています。

(A) 働きたい

(B) 働かせたい

(C) 働いてほしい

(D) 働かされたい

5　先生はいつ<u>お</u>帰りになりますか。

(A) 山田さんは<u>お</u>酒に弱いです。

(B) 食べすぎたのか、<u>お</u>なかが痛い。

(C) 昨日とても役に立つ<u>お</u>話を伺った。

(D) これからもどうぞよろしく<u>お</u>願いします。

6　もうすぐ電車が<u>まいります</u>。<u>危ない</u>ですから、白い線の<u>内側</u>で<u>お待ちして</u>ください。
　　　　　　　　　　(A)　　　　　(B)　　　　　　　　　　(C)　　　　(D)

7 昨日、日本で色々とお世話になった鈴木先生よりご手紙が届きました。
　　(A)　　　　　　　　(B)　　　　　　　　　　(C)　　　　(D)

8 明日のご予定をご伺いしたいんですが、後程 ご連絡いたします。
　　　　(A)　　　(B)　　　　　　　　　(C)　(D)

9 明日 お都合がよろしければ、是非会場までお越しください。
　　(A)　　　(B)　　　　　(C)　　　　　　(D)

10 鈴木先生の奥様はあのいすに座っているお年齢を召した方です。
　　　　　　(A)　　　　　　(B)　　　　(C)　　(D)

11 お茶とお菓子、テーブルの方に置いておきますから、冷めないうちにいただいて
　　(A)　　　　　　　　　　　　(B)　　　　(C)　　　　(D)

　くださいね。

12 いつでも入浴できますので、出入り口の札を見て、空いている時にご自由に
　　　　　　(A)　　　　　　　　　　　　　　　　　(B)　　　　(C)

　お使ってください。
　　(D)

13 自分のサイトに載せたいのですが、こちらに掲載されている記事を
　　　　　　　(A)　　　　　　　　　　　　(B)

　お借りになってもよろしいでしょうか。
　　(C)　　　　　　　(D)

14 「お母様はいらっしゃいますか。」「はい、＿＿＿＿＿＿。」
(A) おります
(B) まいります
(C) ございます
(D) いらっしゃいます

15 「今回の合格にお父さんは何と＿＿＿＿＿＿。」「『おめでとう』と言ってくれました。」
(A) なさいましたか
(B) おっしゃいましたか
(C) ご覧になりましたか
(D) 召し上がりましたか

16 明日、仲間達と私の5人で先生のお宅へ＿＿＿＿＿＿＿。

(A) 申します

(B) いたします

(C) うかがいます

(D) いただきます

17 「山田先生は展示会へ＿＿＿＿＿＿＿になりましたか。」「いいえ、まだなんです。」

(A) 召し

(B) 拝見

(C) まいり

(D) おいで

18 いきなりで大変申し訳ありませんが、明日＿＿＿＿＿＿＿いただいてもよろしいでしょうか。

(A) 休み

(B) 休ませて

(C) 休まれて

(D) 休ませられて

19 あの和服を＿＿＿＿＿＿＿方が先生の奥様でございます。

(A) 着せた

(B) 着させた

(C) 拝借した

(D) お召しになった

20 前田さん、何か＿＿＿＿＿＿＿。顔色が真っ青ですよ。

(A) まいりましたか

(B) いたしましたか

(C) 拝見しましたか

(D) ございましたか

존경어

🔍 **집중! 이것만은 꼭!**

● **존경어의 대표적인 공식 5가지**

① 동사에 「(ら)れる」를 접속. ▶ ~れる, ~られる

この論文は山田先生が書かれた。

이 논문은 야마다 선생님께서 쓰셨다.

先生は先日新しい本を書き終えられた。

선생님께서는 어제 새로운 책을 다 쓰셨다.

② 「한자어+する」에 「~される」를 접속. ▶ ~される

鈴木先生は毎日このバスを利用されています。

선생님께서는 매일 이 버스를 이용하시고 계십니다.

この度のイベントに参加される方、または参加を希望される方はこちらをご覧ください。

이번 이벤트에 참가하시는 분, 또는 참가를 희망하시는 분은 여기를 보십시오.

③ 「동사」나 「한자어+する」에 「お~になる」나 「ご~になる」를 접속. ▶ お~になる, ご~になる

この随筆は中村先生がお書きになりました。

이 수필은 나카무라 선생님께서 쓰셨습니다.

こちらの会議室は明日からご利用になれます。

이 회의실은 내일부터 이용하실 수 있습니다.

④ 동사나 「한자어+する」에 「お~なさる」나 「ご~なさる」를 접속. ▶ お~なさる, ご~なさる

先生が留学からお戻りなさいました。

선생님께서 유학에서 돌아오셨습니다.

明日の学会に先生もご出席なさいますか。

내일 학회에 선생님께서도 출석하십니까?

⑤ 동사나 「한자어+する」에 「お~くださる」나 「ご~くださる」를 접속.

▶ お~くださる、ご~くださる

ご協力くださいますようお願いいたします。

협력해 주시도록 부탁드리겠습니다.

たいへん申し訳ありませんが、こちらで少々お待ちくださいますか。

대단히 죄송합니다만, 여기에서 잠시 기다려주시겠습니까?

※ 다음 동사나 표현을 존경어 공식에 따라 바꿔 봅시다.

동사나 표현	존경어 공식(①~⑤)	존경어
読む	① れる	
案内	② される	
利用	③ ご＋한자어＋になる	
参加	④ ご＋한자어＋なさる	
喜ぶ	⑤ お＋동사＋くださる	

존경어는 JPT 시험에서 상당히 비중이 높지만, 대부분의 학습자들이 어려워하는 부분 중에 하나이기도 하다. 이유는 우선적으로 공식에 대한 이해가 부족하기 때문인데, 기본적인 공식은 반드시 암기할 필요가 있다. 그리고 주요 동사의 존경어도 상당히 출제 빈도가 높은 부분이므로 이 부분에 대한 공부도 필요하다. 기타 공식이나 표현은 문제를 통해서 숙지하도록 하자.

정답

동사나 표현	존경어 공식(①~⑤)	존경어
読む(읽다)	① れる	読まれる
案内(안내)	② される	案内される
利用(이용)	③ ご＋한자어＋になる	ご利用になる
参加(참가)	④ ご＋한자어＋なさる	ご参加なさる
喜ぶ(기뻐하다)	⑤ お＋동사＋くださる	お喜びくださる

조금 더 파고들기

● 존경어의 경의(敬意)의 정도

小	• ~れる, ~られる
↑	• ~される
경의(敬意)	• お~になる, ご~になる
↓	• お~なさる, ご~なさる
大	• お~くださる, ご~くださる

겸양어

● 겸양어의 대표적인 공식

① 동사나 「한자어+する」에 「お~する」나 「ご~する」를 접속. ▶ お~する, ご~する

試合が終わり次第お知らせします。
시합이 끝나는 대로 알려 드리겠습니다.

② 동사나 「한자어+する」에 「お~いたす」나 「ご~いたす」를 접속. ▶ お~いたす, ご~いたす

どうぞよろしくお願いいたします。
부디 잘 부탁드리겠습니다.

③ 동사나 「한자어+する」에 「お~申し上げる」나 「ご~申し上げる」를 접속.
▶ お~申し上げる, ご~申し上げる

心よりお祝い申し上げます。
진심으로 축하드립니다.

④ 자신의 동작을 나타내는 말에 「~(さ)せていただく」를 접속. ▶ ~(さ)せていただく

それでは、私から発表させていただきます。
그럼 저부터 발표하겠습니다.

⑤ 상대의 동작을 나타내는 말에 「~ていただく」나 「~していただく」를 접속.
▶ ~ていただく, ~していただく

山田さんに教えていただきました。
야마다 씨가 가르쳐 주셨습니다.

⑥ 자신의 동작을 나타내는 말에 「お~願う」나 「ご~願う」를 접속. ▶ お~願う, ご~願う

そうなさった理由をお聞かせ願えませんか。
그렇게 하신 이유를 들려주시지 않으시겠습니까?

⑦ 상대의 동작을 나타내는 말에 「お~いただく」나 「ご~いただく」를 접속.
▶ お~いただく, ご~いただく

当時の状況をもう少し詳しくお教えいただけませんか。
당시의 상황을 좀 더 상세하게 가르쳐 주시지 않겠습니까?

TEST

※ 다음 동사나 표현을 겸양어 공식에 따라 바꿔 봅시다.

동사나 표현	겸양어 공식(① ~ ⑦)	겸양어
案内	① ご~する	
紹介	② ご~いたす	
挨拶	③ ご~申し上げる	
務める	④ ~(さ)せていただく	
応援	⑤ ~ていただく	
起立	⑥ ご~願う	
記入	⑦ ご~いただく	

겸양어는 존경어에 비해서는 출제 비중이 조금 낮은 편인데 공식 중에서는 ①번(「お~する」 나 「ご~する」) 과 ④번(「~(さ)せていただく」) 공식이 자주 출제된다. 특히 「~(さ)せていただく」는 상대방의 동작을 나타 내는 말에 붙이는 「~ていただく」와 상당히 혼동을 잘 하기 때문에, 이 두 표현의 대상 차이를 확실히 이해해 둘 필요가 있다.

정답

동사나 표현	겸양어 공식(① ~ ⑦)	겸양어
案内(안내)	① ご～する	ご案内する
紹介(소개)	② ご～いたす	ご紹介いたす
挨拶(인사)	③ ご～申し上げる	ご挨拶申し上げる
務める(소임을 맡다)	④ ～(さ)せていただく	務めさせていただく
応援(응원)	⑤ ～ていただく	応援していただく
起立(기립)	⑥ ご～願う	ご起立願う
記入(기입)	⑦ ご～いただく	ご記入いただく

조금 더 파고들기

● 겸양어의 경의(敬意)의 정도

小	・お～する, ご～する
↑	・お～いたす, ご～いたす
	・お～申し上げる, ご～申し上げる
경의(敬意)	・～(さ)せていただく
	・～ていただく, ～していただく
↓	・お～願う, ご～願う
大	・お～いただく, ご～いただく

210

일본어 경어에서 「オ」・「ゴ」를 붙이는 방법

집중! 이것만은 꼭!

1. 「オ」・「ゴ」의 사용법

① 「オ」・「ゴ」를 빼면 그 의미가 없어지거나 변함.

> かず(숫자) – おかず(반찬), にぎり(쥠) – おにぎり(주먹밥), かげ(그림자) – おかげ(덕분),
> しぼり(쥐어 짬) – おしぼり(물수건)

② 존경의 접두어로 사용됨.
> お疲れでしょうから、ごゆっくりお休みください。
> 피곤하실 테니까 푹 쉬십시오.

③ 겸양의 접두어로 사용됨.
> 今晩にでも、先生にお電話をしてご報告いたすつもりです。
> 오늘밤에라도 선생님에게 전화를 해서 보고드릴 생각입니다.

④ 사용할 필요는 없지만, 정중어 · 미화어로써 사용함. (여성에 의해 사용되는 경우가 많음)
> お花(꽃), お酒(술), お金(돈), お安い(싸다), お寒い(춥다)

2. 「オ」나 「ゴ」가 붙는 말

① 和語(일본 고유의 말)에는 보통 「オ」를 붙임.
> お心(마음), お考え(생각), お知らせ(알림), お皿(접시), お忙しい(바쁘다), お暑い(덥다)

② 和語에도 「ゴ」가 붙는 경우가 있음.

> ごひいき(편애), ごゆっくり(천천히)

③ 漢語(한자의 음으로 읽는 말)에는 보통 「ゴ」를 붙임.
> ご住所(주소), ご配慮(배려), ご意見(의견), ご招待(초대), ご時間(시간), ご希望(희망)

④ 漢語에서도 漢語적 의식이 약한 말에는 「オ」를 붙임.
> お宅(댁), お茶(차), お肉(고기)

⑤ 일상생활에서 자주 사용되는 말에는 漢語라도 「オ」를 붙이는 경우가 많음.
> お料理(요리), お弁当(도시락), お菓子(과자), お食事(식사), お電話(전화), お時間(시간), お手紙(편지)

⑥ 「ご返事(답장)」나 「お返事」처럼, 양쪽 다 사용이 가능한 경우도 있음.

⑦ 외래어에는 원칙적으로 붙이지 않지만, 붙이는 경우에는 「オ」를 붙임. (미화어로서만)

　　おソース(소스), おビール(맥주), おズボン(바지)

3. 「オ」나 「ゴ」가 붙지 않는 말

① 원칙적으로 외래어나 긴 말에는 붙지 않음.

　　(×) おスケジュール(스케줄), おじゃがいも(감자), おほうれんそう(시금치)

② 「オ」로 시작하는 말에는 붙지 않음.

　　(×) お多い(많다), お大きい(크다)

③ 자연현상, 공공물에는 붙지 않음.

　　(×) お雨(비), お雪(눈), お/ご学校(학교), お/ご会社(회사)

※ 주요 동사의 존경어 · 겸양어 일람

존경어	보통어	겸양어
おいでになる、いらっしゃる	いる(있다)	おる
くださる	やる・与(あた)える(주다)	差(さ)し上(あ)げる
召(め)す、お召(め)しになる	着(き)る(입다)	着(き)させていただく
お受(う)け取(と)りになる	もらう(받다)	頂戴(ちょうだい)する、いただく
なさる、される	する(하다)	いたす、させていただく
お考(かんが)えになる、お思(おも)いになる	思(おも)う(생각하다)	存(ぞん)じる、存(ぞん)じ上(あ)げる
お借(か)りになる	借(か)りる(빌리다)	拝借(はいしゃく)する、お借(か)りする
ご存(ぞん)じ	知(し)っている(알다)	存(ぞん)じ上(あ)げる、存(ぞん)じる
ご覧(らん)になる	見(み)る(보다)	拝見(はいけん)する、見(み)せていただく
お会(あ)いになる、会(あ)われる	会(あ)う(만나다)	お目(め)にかかる、お会(あ)いする
おっしゃる、言(い)われる	言(い)う(말하다)	申(もう)す、申(もう)し上(あ)げる、申(もう)し述(の)べる
お耳(みみ)に入(はい)る、お聞(き)きになる	聞(き)く(듣다)	拝聴(はいちょう)する、承(うけたまわ)る、伺(うかが)う
召(め)し上(あ)がる、お上(あ)がりになる	飲(の)む(마시다) 食(た)べる(먹다)	頂戴(ちょうだい)する、いただく
いらっしゃる、おいでになる、お越(こ)しになる、お見(み)えになる	行(い)く(가다) 来(く)る(오다)	参(まい)る、伺(うかが)う、参上(さんじょう)する
お示(しめ)しになる、お見(み)せになる	見(み)せる(보여주다)	ご覧(らん)に入(い)れる、お目(め)にかける
お尋(たず)ねになる、お聞(き)きになる	尋(たず)ねる(묻다)	伺(うかが)う、お尋(たず)ねする、お聞(き)きする

01 先生に<u>おたずね</u>したいことがあるのですが。
(A) 訪ね
(B) 尋ね
(C) 聞ね
(D) 問ね

02 今朝、先生からの手紙を<u>拝見しました</u>。
(A) 送りました
(B) 書きました
(C) 見せました
(D) 読みました

03 私は紅茶にしますが、先生は何を<u>お飲みになりますか</u>。
(A) 拝借しますか
(B) くださいますか
(C) ご覧になりますか
(D) 召し上がりますか

04 昨日の事故について何か<u>ご存じですか</u>。
(A) 見せましたか
(B) 知っていますか
(C) どう思いますか
(D) 行ってきましたか

05 これは鈴木先生が<u>お</u>描きになった絵です。
(A) 最近、<u>お</u>仕事の方はいかがですか。
(B) 部長に<u>お</u>聞きしたいことがあるのですが。
(C) 合格できたのは全部先生の<u>お</u>かげです。
(D) 彼は日本料理の中で<u>お</u>にぎりが一番好きだそうだ。

06 <u>ご宅の皆様はお変わりなくお過ごしでいらっしゃいますか</u>。
　(A)　　　　　(B)　　　　　(C)　　　　　(D)

07 <u>父</u>は現在東京に<u>ある</u>銀行に<u>勤めて</u>いらっしゃいます。
　　(A)　　　　　　(B)　　　　(C)　　　　　　(D)

08 <u>今回の</u>選挙で、<u>どなたが</u>新しい会長に<u>選ばれたか</u><u>存じて</u>いますか。
　　(A)　　　　　　　(B)　　　　　　　　(C)　　　　(D)

09 <u>ご卒業になった</u>ご学校名、<u>専攻</u>などに<u>ついて</u> <u>お答えください</u>。
　　(A)　　　　　　　　(B)　　　　　(C)　　　(D)

10 列車とホームの<u>間</u>が<u>空いて</u>いますから、<u>足下に</u>充分<u>ご注意して</u>ください。
　　　　　　　　(A)　　(B)　　　　　　　　(C)　　　　(D)

11 入<u>荷次第</u>、書店<u>より</u>ご連絡<u>いたし</u>ますので、店頭で<u>おもらって</u>ください。
　　　(A)　　　　(B)　　　(C)　　　　　　　　　(D)

12 申し訳ありませんが、<u>あいにく</u> <u>ご主人</u>は出かけて<u>おります</u>ので、御用はわたく
　　　　　　　　　　　(A)　　　(B)　　　　　　(C)

　しが<u>承ります</u>。
　　　(D)

13 日本<u>での</u>仕事も<u>ほぼ</u>終わって、中村先生に<u>お目にかけずに</u>帰国する<u>ことになり</u>
　　　(A)　　　(B)　　　　　　　　　　　(C)　　　　　　　(D)

　そうだった。

14 地震の後、たくさんの皆様からお見舞いのお電話やメールを_____。
　(A) まいりました
　(B) いたしました
　(C) 頂戴しました
　(D) さしあげました

15 今日はどなたでもご入場_____。
　(A) できます
　(B) ございます
　(C) になれます
　(D) 申し上げます

16 この間＿＿＿＿＿本をお返しに上がりました。

(A) 拝借した

(B) ご覧になった

(C) お越しになった

(D) お目にかかった

17 過分の賞をいただきまして、たいへん光栄に＿＿＿＿＿。

(A) 存じます

(B) まいります

(C) 拝見します

(D) うかがいます

18 日に日に寒くなっております。お元気で＿＿＿＿＿。

(A) なさいますか

(B) ございますか

(C) さしあげますか

(D) いらっしゃいますか

19 すみませんが、ここにご住所とお名前を＿＿＿＿＿のですが。

(A) 書かせてもらいたい

(B) 書いていただきたい

(C) 書いて差し上げたい

(D) 書いていらっしゃいたい

20 ただ今部長が＿＿＿＿＿ので、そちらにおかけになってお待ちください。

(A) まいります

(B) いらっしゃいます

(C) お越しになります

(D) おいでになります

무조건 외워라! 그러면 맞출 것이다

관용 표현 · 속담

 한눈에 들여다보기 📷

관용표현 관용 표현은 매 시험 꾸준히 출제되고 있는 부분인데, 파트 5에서는 의미를 묻는 문제나 대체할 수 있는 표현을 찾는 문제로 출제되고, 파트 6에서는 주로 동사 부분을 교묘하게 바꾼 오용 문제로 출제된다. 마지막으로 파트 7에서는 직접적으로 관용표현을 찾는 문제가 출제되는데, 역시 동사를 묻는 경우가 많으므로, 평소에 동사 위주로 공부를 해 두기 바란다.

속담 속담은 관용 표현에 비해서는 출제빈도가 낮다. 파트 5에서 대체할 수 있는 표현을 찾는 문제로 출제되고 파트 6에서는 문장의 흐름과 맞지 않는 속담을 사용한 오용 문제, 파트 7에서는 직접적으로 속담을 찾는 문제가 출제된다. 하지만 최근 청해 파트에서는 속담이 자주 등장하므로, 중요한 속담 정도는 암기해 두도록 하자.

각 파트별 출제 유형			
관용표현 · 속담	파트 5 (정답 찾기)	파트 6 (오문 정정)	파트 7 (공란 메우기)
관용표현	·「朝飯前」의 의미 파악 ·「一目置く」의 의미 파악 ·「根も葉もない」의 의미 파악 ·「口が堅い」의 의미 파악 ·「首を傾げる」의 의미 파악 ·기타 관용 표현의 의미 파악	·「ひんしゅくを買う」에서「もらう」로 오용 ·「口を出す」에서「手」로 오용 ·「背が高い」에서「長い」로 오용 ·「昼寝をする」에서「寝る」로 오용 ·기타 관용 표현의 오용	·「役に立つ」에서「立つ」찾기 ·「ピリオドを打つ」에서「打つ」찾기 ·「注目を浴びる」에서「浴びる」찾기 ·「口が過ぎる」에서「過ぎる」찾기 ·「ダイヤが乱れる」에서「乱れる」찾기 ·기타 관용 표현의 동사 찾기
속담	·「自業自得」와 대체할 수 있는 속담 ·「あぶ蜂取らず」와 대체할 수 있는 속담 ·기타 속담의 의미 및 대체할 수 있는 표현 찾기	·「のれんに腕押し」의 의미 파악 ·「後の祭り」의 의미 파악 ·「言わぬが花」의 의미 파악 ·기타 속담의 오용	·「石の上にも三年」에서「石」찾기 ·「仏の顔も三度」에서「三度」찾기 ·기타 적절한 속담 찾기

1　こんな問題は彼には<u>朝飯前</u>だ。
(A) 難しすぎる
(B) できそうもない
(C) できるわけがない
(D) とても簡単である

2　彼の日本語の実力には私も<u>一目置いた</u>。
(A) 力を認めた
(B) 捨て鉢になった
(C) あっけに取られた
(D) 手に乗らなかった

3　<u>杉原さんは口が堅い人です</u>。
(A) 杉原さんは口数が少ない人です。
(B) 杉原さんは秘密をよく守る人です。
(C) 杉原さんは話をするのが苦手な人です。
(D) 杉原さんは秘密を漏らしかねない人です。

4　そんな<u>根も葉もない</u>噂を信じてはいけない。
(A) 何の根拠もない
(B) 事実に違いない
(C) 聞いたばかりの
(D) うそに決まっている

5　彼がそんな病気にかかってしまったのは<u>自業自得</u>だと思う。
(A) 鬼に鉄棒
(B) 二階から目薬
(C) 身から出たさび
(D) 猿も木から落ちる

6 今度の温泉旅行は<u>家族水入らず</u>で行ってきました。
 (A) 家族だけで
 (B) 他人も一緒に
 (C) 家族を除いて
 (D) 家族とは関係なく

7 <u>一昨日</u>から雨が<u>降り続いて</u>いましたが、今朝<u>やっと</u> <u>止まりました</u>。
 　　(A) 　　　　　　　(B) 　　　　　　　　　　　　(C) 　　　(D)

8 彼は私の仕事<u>について</u>何も知らない<u>くせに</u>、何か<u>ある</u>といつも<u>手を出す</u>。
 　　　　　　(A) 　　　　　　　　　　(B) 　　　　(C) 　　　　(D)

9 1分<u>足らず</u>の間にそれを全部<u>覚えた</u>なんて、彼の記憶力<u>には</u><u>舌を出して</u>しまった。
 　　(A) 　　　　　　　　　　　　(B) 　　　　　　　　(C) 　　(D)

10 日曜日<u>には</u>どこにも<u>出かけず</u>、家で<u>のんびりと</u>テレビを見たり昼寝を<u>寝たり</u>して
 　　　(A) 　　　　　　(B) 　　　　　(C) 　　　　　　　　　　　　(D)

 過ごす。

11 靴を買う<u>つもりで</u>デパートへ行った<u>のに</u>、いろいろ買い物を<u>しすぎて</u> <u>手が出て</u>
 　　　　(A) 　　　　　　　　　　(B) 　　　　　　　　　　(C) 　　(D)

 しまった。

12 彼は背が<u>長く</u>スタイルも良かった<u>ので</u>、一時期ファッションモデル<u>風</u>の仕事も
 　　　(A) 　　　　　　　　　(B) 　　　　　　　　　　　　　　(C)

 <u>やっていた</u>。
 　(D)

13 彼女ときたら、<u>肝心な</u>話になると、<u>お茶を澄ます</u>ばかりで、結局何も
 　(A) 　　　(B) 　　　　　(C)

 <u>聞き出せなかった</u>。
 　(D)

14 彼女がこの話を聞いたら、きっとパニックに陥るよ。＿＿＿＿＿だよ。
 (A) 後の祭り
 (B) 知らぬが仏
 (C) あばたもえくぼ
 (D) 河童の川流れ

15 彼は日本語は上手だが、時々口が＿＿＿＿＿＿＿＿場合がある。
(A) 通る
(B) 抜く
(C) 渡る
(D) 過ぎる

16 先生のおかげで、役に＿＿＿＿＿＿＿＿お話をたくさんうかがうことができたと思います。
(A) 立つ
(B) 行く
(C) 来る
(D) なる

17 最近、健康志向が高まって有機野菜が注目を＿＿＿＿＿＿＿＿いる。
(A) 浴びて
(B) 持って
(C) 備えて
(D) 整えて

18 彼が選手生活にピリオドを＿＿＿＿＿＿＿＿のは、実は山田先生の一言だったという。
(A) かけた
(B) 抜いた
(C) 切った
(D) 打った

19 大雨で不通区間が出て、ダイヤが＿＿＿＿＿＿＿＿しまった。
(A) 遅れて
(B) 別れて
(C) 離れて
(D) 乱れて

20 もうすぐ誕生日である彼女をいかにして喜ばせられるか、皆で＿＿＿＿＿＿＿＿をひねった。
(A) 心
(B) 首
(C) 腹
(D) 頭

관용 표현

집중! 이것만은 꼭!

☐ 根に持つ 앙심먹다

☐ 役に立つ 도움이 되다

☐ 目が回る 매우 바쁘다

☐ 時間を割く 시간을 내다

☐ 耳を澄ます 귀를 기울이다

☐ 目処が立つ 전망이 서다

☐ お茶を入れる 차를 끓이다

☐ 注目を浴びる 주목을 받다

☐ 文句を言う 불평을 말하다

☐ 口が過ぎる 말이 지나치다

☐ 相槌を打つ 맞장구를 치다

☐ 顔をつぶす 체면을 손상하다

☐ ピリオドを打つ 종지부를 찍다

☐ 誤解が解ける 오해가 풀리다

☐ 身に染みる 뼈저리게 느끼다

☐ 天気が崩れる 날씨가 나빠지다

☐ 歯が立たない 당해내지 못하다

☐ 見るに見かねる 차마 볼 수 없다

☐ 目から鱗が落ちる 눈이 확 트이다

☐ 金遣いが荒い 돈 씀씀이가 헤프다

☐ どこ吹く風 어느 개가 짖느냐 하다

☐ 取り付く島がない 의지할 데가 없다

☐ 時計が進んでいる 시간이 빨리 가다

☐ ダイヤが乱れる 운행계획이 틀어지다

☐ しっぺ返し 같은 방법으로 상대에게 보복함

☐ 背が高い 키가 크다

☐ 朝飯前 식은 죽 먹기

☐ 虫がいい 뻔뻔스럽다

☐ 明らかになる 밝혀지다

☐ 間に合う 시간에 맞추다

☐ 的を射る 요점을 찌르다

☐ 二つ返事 흔쾌히 승낙함

☐ 口を出す 말참견을 하다

☐ 専らの噂 소문이 자자함

☐ 目がない 아주 좋아하다

☐ 風邪を引く 감기에 걸리다

☐ 身に付く 자신의 것이 되다

☐ 目鼻が付く 윤곽이 잡히다

☐ ひんしゅくを買う 빈축을 사다

☐ 首を傾げる 미심쩍게 여기다

☐ 土壇場になる 막판에 이르다

☐ 口が堅い 비밀을 잘 지키다

☐ 足並みを揃える 보조를 맞추다

☐ しのぎを削る 극심하게 싸우다

☐ 愚痴をこぼす 푸념을 늘어놓다

☐ 首が回らない 돈의 여유가 없다

☐ 胸がすっとする 가슴이 후련하다

☐ 耳にたこができる 귀에 못이 박히다

☐ 一目置く 상대의 역량을 인정하다

☐ 開いた口が塞がらない
벌어진 입이 다물어지지 않다

• 기타 관용 표현

- [ ] 面倒を見る 돌보다
- [ ] 御馳走する 대접하다
- [ ] 決まりが悪い 쑥스럽다
- [ ] 喉が渇く 목이 마르다
- [ ] 目を通す 대충 훑어보다

- [ ] においがする 냄새가 나다
- [ ] 溜め息を吐く 한숨을 쉬다
- [ ] 気が合う 마음이 맞다
- [ ] 脚光を浴びる 각광을 받다
- [ ] 腰を下ろす 걸터앉다, 앉다
- [ ] 相談に乗る 상담에 응하다
- [ ] 話の腰を折る 말허리를 꺾다
- [ ] 梅雨が明ける 장마가 끝나다
- [ ] お茶を濁す 어물어물 넘기다
- [ ] 拍車をかける 박차를 가하다
- [ ] 足が遠退く 발길이 뜸해지다
- [ ] 至難の業 지극히 어려운 일
- [ ] 気に食わない 마음에 안 들다
- [ ] 名残を惜しむ 작별을 아쉬워하다
- [ ] 酷い目に遭う 험한 꼴을 당하다
- [ ] 頭が切れる 두뇌 회전이 빠르다
- [ ] 親の脛をかじる 부모에게 의존하다
- [ ] 二の足を踏む 주저하다, 망설이다
- [ ] 嫌気がさす 싫어지다, 싫증이 나다
- [ ] 肩身が狭い 기가 죽다, 주눅이 들다

- [ ] よりによって 하필이면
- [ ] 汗をかく 땀을 흘리다
- [ ] お金を稼ぐ 돈을 벌다
- [ ] 髪を結う 머리를 땋다
- [ ] 髭を剃る 면도를 하다
- [ ] 昼寝をする 낮잠을 자다
- [ ] 注目の的 주목의 대상
- [ ] 物音がする 소리가 나다
- [ ] やむを得ず 어쩔 수 없이
- [ ] 電話をかける 전화를 걸다
- [ ] 長居をする 오랫동안 머물다
- [ ] お金に卑しい 돈에 쩨쩨하다
- [ ] 首を長くする 애타게 기다리다
- [ ] 気が気でない 안절부절못하다
- [ ] 泣き声がする 우는 소리가 나다
- [ ] 腹が黒い 속이 검다, 엉큼하다
- [ ] 埒が明かない 결말이 나지 않다
- [ ] 待ちに待った 기다리고 기다리던
- [ ] 顔から火が出る 낯이 화끈거리다
- [ ] 隅に置けない 얕잡아 볼 수 없다
- [ ] 見掛けに寄らない 겉보기와 다르다
- [ ] 異を唱える 다른 의견을 주장하다
- [ ] 火の車 경제적으로 몹시 어려운 상황
- [ ] うなぎ登り 물가나 사람의 지위가 올라감
- [ ] 目から火が出る 순간적으로 현기증이 나다

TEST

※ ①~② 중 몇 번일까요?

1 彼は時々口が（①通る / ②過ぎる）場合がある。

時々 때때로 | 口が過ぎる 말이 지나치다

2 鈴木君の英会話には歯が（①立つ / ②立たない）。

英会話 영어 회화 | 歯が立たない 당해내지 못하다

3 彼は私の意見に相槌を（①打って / ②切って）くれた。

意見 의견 | 相槌を打つ 맞장구를 치다

4 両親との今までの誤解が全部（①解けた / ②抜けた）。

両親 부모님 | 誤解が解ける 오해가 풀리다

5 慌ただしい都会の生活に嫌気が（①起きた / ②さした）。

慌ただしい 분주하다 | 都会 도시 |
嫌気がさす 싫어지다

6 週末にはテレビを見たり昼寝を（①寝たり / ②したり）する。

週末 주말 | 昼寝をする 낮잠을 자다

7 話している途中に話の（①腰 / ②頭）を折るのはよくない。

途中 도중 | 話の腰を折る 말허리를 꺾다

8 彼ほどお金に（①卑しい / ②乏しい）人は見たことがない。

お金に卑しい 돈에 쩨쩨하다

9 彼女は1年前の試合の結果を（①枝 / ②根）に持っている。

試合 시합 | 結果 결과 | 根に持つ 앙심먹다

10 正直に言ってその映画を見に行くのに二の足を（①踏んだ / ②取った）。

正直に言って 솔직하게 말해 |
二の足を踏む 주저하다

관용 표현은 파트 7에서 동사를 찾는 문제로 출제되는 경우가 가장 많은 만큼 이 부분에 대한 공부가 필요하다. 주로 보기에는 유사한 의미의 동사를 제시하는 경우가 많으므로, 평소에 정확하게 암기해 두지 않으면 답을 고르기가 상당히 까다로운 문제들이 대부분이다. 그리고 유사한 의미로 사용되는 관용표현은 파트 5에서 대체할 수 있는 표현을 찾는 문제로 출제되는 경우도 있으므로 함께 묶어서 암기하도록 하자.

① 01 ② 6 ② 8 ① 7 ② 9 ② 5 ① 4 ① 3 ② 2 ② 1

目が回る 눈이 핑핑 돌다, 매우 바쁘다	예 年末年始には目が回るほど忙しい。 연말연시에는 눈이 핑핑 돌 정도로 바쁘다.
文句を言う 불평을 말하다	예 彼はいつも仕事について文句を言う。 그는 항상 일에 대해서 불평을 말한다.
目処が立つ 전망이 서다	예 ようやく半年後完成の目処が立った。 겨우 반년 후 완성의 전망이 섰다.
役に立つ 도움이 되다	예 昨日、いろいろ役に立つお話をうかがった。 어제 여러 가지로 도움이 되는 이야기를 들었다.
時間を割く 시간을 내다	예 時間を割いていただいてありがとうございました。 시간을 내 주셔서 감사했습니다.
ダイヤが乱れる 운행계획이 틀어지다	예 台風の影響で電車のダイヤが乱れてしまった。 태풍의 영향으로 전철의 운행계획이 틀어져 버렸다.
耳を澄ます 귀를 기울이다	예 耳を澄ませば、微かに虫の鳴き声が聞こえてくる。 귀를 기울이면 희미하게 벌레 우는 소리가 들려온다.
天気が崩れる 날씨가 나빠지다	예 天気予報によると、今夜から天気が崩れるらしい。 일기예보에 의하면 오늘밤부터 날씨가 나빠진다고 한다.
取り付く島がない 의지할 데가 없다	예 彼が私を信じてくれないと、もう取り付く島がない。 그가 나를 믿어주지 않으면 이제 의지할 데가 없다.
注目を浴びる 주목을 받다	예 最近世界的にリサイクル運動が注目を浴びている。 최근 세계적으로 재활용운동이 주목을 받고 있다.
土壇場になる 막판에 이르다	예 土壇場になって計画書にミスがあることがわかった。 막판이 되어 계획서에 미스가 있는 것을 알았다.
明らかになる 밝혀지다	예 彼が今回の事件の張本人であることが明らかになった。 그가 이번 사건의 장본인인 것이 밝혀졌다.

속담

집중! 이것만은 꼭!

□ 泣き面に蜂　설상가상

□ 青雲の志　청운의 뜻

□ 高嶺の花　그림의 떡

□ 七転び八起き　칠전팔기

□ 身から出たさび　자업자득

□ 猫に小判　돼지 목에 진주

□ 知らぬが仏　모르는 게 약

□ あばたもえくぼ　제 눈에 안경

□ 花より団子　금강산도 식후경

□ 月とすっぽん　하늘과 땅 차이

□ 焼け石に水　언발에 오줌누기

□ 井の中の蛙　우물 안 개구리

□ 灯台下暗し　등잔 밑이 어둡다

□ 釈迦に説法　아무 소용이 없음

□ どんぐりの背比べ　도토리 키 재기

□ 後の祭り　소 잃고 외양간 고친다

□ 棚からぼたもち　굴러 들어온 호박

□ 二階から目薬　전혀 효과가 없음

□ 医者の不養生　언행이 일치하지 않다

□ 言わぬが花　말하지 않는 것이 약이다

□ 噂をすれば影がさす
　　호랑이도 제 말하면 온다

□ あぶ蜂取らず　욕심을 내다가 모두 놓치게 되다

□ 無くて七癖　누구라도 버릇이 없는 사람은 없다

□ 悪事千里を走る
　　나쁜 일은 금세 세상에 알려진다

□ 雨垂れ石を穿つ
　　작은 힘이라도 계속하면 성공한다

□ 二束三文　헐값

□ 雀の涙　새발의 피

□ 三日坊主　작심삼일

□ 蛙の子は蛙　부전자전

□ 鬼に鉄棒　범에게 날개

□ 住めば都　정들면 고향

□ 馬耳東風　소 귀에 경읽기

□ 備えあれば憂い無し　유비무환

□ 急がば回れ　급하면 돌아가라

□ 寝耳に水　아닌 밤중에 홍두깨

□ 掃き溜めに鶴　개천에서 용 나다

□ 鶴の一声　권위자의 말 한 마디

□ 安物買いの銭失い　싼 게 비지떡

□ 光陰矢の如し　세월은 화살과 같다

□ 藪をつついて蛇を出す　긁어 부스럼

□ のれんに腕押し　아무런 효과가 없음

□ 塵も積もれば山となる　티끌 모아 태산

□ 仏の顔も三度　참는 데도 한계가 있다

□ 濡れ手で粟　고생하지 않고 이익을 얻다

□ 人の噂も七十五日　소문은 오래가지 않는다

□ 猿も木から落ちる
さる き お
원숭이도 나무에서 떨어진다

□ 飼い犬に手を噛まれる
か いぬ て か
믿는 도끼에 발등 찍히다

□ 石の上にも三年
いし うえ さんねん
참고 해 나가면 보상을 받는다

□ 一寸の虫にも五分の魂
いっすん むし ごぶ たましい
지렁이도 밟으면 꿈틀한다

□ 千里の道も一歩より始まる
せんり みち いっぽ はじ
천 리 길도 한 걸음부터

TEST

※ ①~② 중 몇 번일까요?

1 高嶺の（①花 / ②木）。
たかね
高嶺の花 그림의 떡
たかね はな

2 焼け石に（①油 / ②水）。
や いし
焼け石に水 언 발에 오줌누기
な つら はち

3 泣き面に（①蜂 / ②蚊）。
な つら
泣き面に蜂 설상가상
な つら はち

4 知らぬが（①仏 / ②神）。
し
知らぬが仏 모르는 게 약
し ほとけ

5 （①神 / ②仏）の顔も三度。
かお さんど
仏の顔も三度 참는 데도 한계가 있다
ほとけ かお さんど

6 （①石 / ②岩）の上にも三年。
うえ さんねん
石の上にも三年 참고 해 나가면 보상을 받는다
いし うえ さんねん

7 （①猿 / ②犬）も木から落ちる。
き お
猿も木から落ちる 원숭이도 나무에서 떨어진다
さる き お

8 悪事千里を（①走る / ②逃げる）。
あくじ せんり
悪事千里を走る 나쁜 일은 금세 세상에 알려진다
あくじ せんり はし

9 一寸の虫にも五分の（①霊 / ②魂）。
いっすん むし ごぶ
一寸の虫にも五分の魂 지렁이도 밟으면 꿈틀한다
いっすん むし ごぶ たましい

10 人の噂も（①五十五日 / ②七十五日）。
ひと うわさ
人の噂も七十五日 소문은 오래가지 않는다
ひと うわさ しちじゅう ごにち

속담은 관용 표현에 비해서는 독해 파트에 출제되는 비중이 낮다. 하지만 같은 의미의 속담을 찾는 문제나 속담을 완성하는 문제가 출제된 적이 있으므로, 공부해 둘 필요가 있다. 또 최근에는 청해 파트에서도 문제에 자주 등장하고 있으므로 잘 정리해 두도록 하자.

정답 1① 2② 3① 4① 5② 6① 7① 8① 9② 10②

관용 표현 ④

- ☐ 碁を打つ 바둑을 두다
- ☐ 足を挫く 발을 삐다
- ☐ 免許を取る 면허를 따다
- ☐ 当てがない 가망이 없다
- ☐ 赤字が出る 적자가 나다
- ☐ 夏ばてをする 더위를 먹다
- ☐ ばくちを打つ 도박을 하다
- ☐ 値打ちがある 값어치가 있다
- ☐ 保険をかける 보험에 들다
- ☐ 吐き気がする 구역질이 나다
- ☐ 太鼓判を捺す 보증을 하다
- ☐ 水の泡になる 물거품이 되다
- ☐ 戸締りをする 문단속을 하다
- ☐ 機会に恵まれる 기회를 얻다
- ☐ 試合を控える 시합을 앞두다

- ☐ 気炎を上げる 기염을 토하다
- ☐ 食あたりになる 식중독을 일으키다
- ☐ 胴上げをする 헹가래를 치다
- ☐ 人手が足りない 일손이 부족하다
- ☐ 手が空く 일이 없어 짬이 나다
- ☐ 骨身を惜しまず 노고를 아끼지 않고
- ☐ 押しも押されもせぬ 요지부동하다
- ☐ 暗証番号を押す 비밀번호를 누르다
- ☐ 手が離せない 일손을 놓을 수 없다
- ☐ 心当たりがある 짐작 가는 데가 있다
- ☐ 念を入れる 주의를 기울이다
- ☐ 役割を果たす 역할을 다하다
- ☐ 踏ん切りが付く 결단을 내리다
- ☐ ベストを尽くす 최선을 다하다
- ☐ チャンスを逃す 기회를 놓치다

01 彼の主張に私はいつも<u>首を傾げてしまう</u>。
　　(A) 信じたくない
　　(B) 全部信じてしまう
　　(C) 不審に思ってしまう
　　(D) いろいろ勉強になる

02 私は彼の仕事ぶりを<u>見るに見かねて</u>手伝ってあげた。
　　(A) 見たことがなくて
　　(B) 役に立ってほしくて
　　(C) 見て放っておけなくて
　　(D) ちゃんと見ていたので

03 あちこち手を出すと、<u>あぶ蜂取らず</u>になってしまう恐れがある。
　　(A) 七転び八起き
　　(B) 医者の不養生
　　(C) 塵も積もれば山となる
　　(D) 二兎を追う者は一兎をも得ず

04 鈴木さんは<u>寿司に目がない人</u>である。
　　(A) 寿司がとても好きな人
　　(B) 寿司がとても嫌いな人
　　(C) 寿司を全く興味がない人
　　(D) 寿司を食べたことがない人

05 簡単に海外旅行できる現在と違い、<u>当時の海外旅行は高嶺の花だった</u>。
　　(A) 海外旅行できる人が多かった
　　(B) 簡単にできることではなかった
　　(C) 誰でも自由にできる時代だった
　　(D) 海外に行きたがる人が少なかった

06 <u>いくらいいシステムを導入しても</u>、それを使い<u>こなせなければ</u> <u>絵のもち</u>となる
　　　 (A)　　　　　　　　　　(B)　　　　　　　　　　(C)　　　　　(D)
だろう。

07 いろいろな病気にかかって初めて、健康の大切さが頭に染みた。
  　　　(A)　　　　　　　　　　(B)　　　　　(C)　　　(D)

08 山田君ときたら、ろくに仕事もせず、いつも文句をこぼしてばかりいる。
  　　　(A)　　　(B)　　　　　　　　　　　　(C)　　　　　(D)

09 すべての誤解が抜けた二人はお互いの気持ちを確かめることができた。
  　　　(A)　　　　(B)　　　　(C)　　　　　　　(D)

10 その提案は私としてもお断りする理由など全くないので、一つ返事で承諾した。
  　　　　　　(A)　　　　　(B)　　　(C)　　　　　(D)

11 少子化時代が続いている中で、大学は国立、私立を問わず生き残りにしのぎを
  　　　(A)　　　　　　　(B)　　　　　　　　　　　　　　(C)

  切っている。
  　(D)

12 その選手の死の知らせは本当に＿＿＿＿＿＿で、私もすぐには信じられなかった。
  (A) 寝耳に水
  (B) 雲泥の差
  (C) 泣き面に蜂
  (D) 釈迦に説法

13 私が持っているお金は彼に比べたら、＿＿＿＿＿＿だ。
  (A) 雀の涙
  (B) 言語道断
  (C) 花より団子
  (D) 二階から目薬

14 田中さんはいつも私の話に相槌を＿＿＿＿＿＿くれた。
  (A) 打って
  (B) 切って
  (C) 鳴って
  (D) 叩いて

15 天気予報によると、明日は天気が＿＿＿＿＿＿そうだ。
(A) 切れる
(B) 壊れる
(C) 崩れる
(D) 破れる

16 時計が＿＿＿＿＿＿いたので、学校に10分以上も早く着いてしまった。
(A) 進んで
(B) 速めて
(C) 高めて
(D) 遅れて

17 温暖化のことが警告されているものの、この時代の人々には＿＿＿＿＿＿だった。
(A) 雀の涙
(B) 馬耳東風
(C) 後の祭り
(D) 住めば都

18 そのようなことは、単なる＿＿＿＿＿＿がいい話に過ぎません。
(A) 虫
(B) 猫
(C) 犬
(D) 馬

19 両親の話を聞かなかったばかりに、ひどい目に＿＿＿＿＿＿。
(A) 遭った
(B) できた
(C) 買った
(D) 取った

20 二十歳が過ぎたのに、まだ親の＿＿＿＿＿＿をかじっているなんて、ちょっと情けないね。
(A) 脛
(B) 肘
(C) 膝
(D) 足

가정법의 추억

ば・と・たら・なら

ば 가정법 중에서 JPT 시험에 가장 많이 출제된 가정법이 「ば」 가정법이다. 주로 문법 표현을 찾는 문제로 출제되는데 「ば」 가정법을 사용한 대표적인 문법표현인 「～さえ～ば(~만 ~하면)」「～ば～ほど(~하면 ~할수록)」「～も～ば～も(~도 ~이고 ~도)」「～ばこそ(~이기 때문에)」를 완벽하게 숙지하도록 하자.

と 파트 6에 자주 출제되는 가정법이 「と」 가정법이다. 주로 앞에 과거형을 올 수 없거나 뒷부분에 의지나 명령 표현이 왔을 때는 사용할 수 없다는 제약을 묻는 문제가 출제된다.

たら 가정법 중에서 가장 제약이 없는 가정법이 「たら」 가정법이다. 나머지 가정법과 바꿔 쓸 수 있는 용법이 상당히 많지만, 뒷부분에 명령이나 의뢰, 허가를 나타내는 표현이 왔을 때는 「たら」 가정법을 사용한다는 것을 기억해 두도록 하자.

なら 실현가능성이 희박한 것을 가정하거나 상대방의 예정이나 상황을 듣고 나름대로의 판단을 내리거나 조언 등을 할 때 사용하는 가정법이 「なら」 가정법이다. 실제 JPT 시험에서는 판단이나 조언을 나타내는 용법 위주로 출제되고 있기 때문에, 이 용법을 확실히 이해해 두어야 한다.

각 파트별 출제 유형			
가정법	파트 5 (정답 찾기)	파트 6 (오문 정정)	파트 7 (공란 메우기)
ば	·「～さえ～ば」 구문의 의미 ·「ば」 가정법의 숨은 의미	·「ば」 가정법과 「なら」 가정법의 오용 ·「ば」 가정법과 「たら」 가정법의 오용	·「～さえ～ば」에서 「さえ」 찾기 ·「～も～ば～も」에서 「～ば」 찾기 ·「～ば～ほど」에서 「～ば」 찾기 ·「～ばこそ」에서 「こそ」 찾기
と	·「と」 가정법의 용법 구분	·「と」 가정법의 제약	·「と」 가정법 찾기
たら	·「たら」 가정법의 용법 구분	·「たら」 가정법과 「と」 가정법의 오용 ·「たら」 가정법과 「ば」 가정법의 오용	·「たら」 가정법 찾기
なら	·「なら」 가정법의 용법 구분	·「なら」 가정법과 「ば」 가정법의 오용 ·「なら」 가정법과 「たら」 가정법의 오용	·「なら」 가정법 찾기

1 掃除をしてくれれば、お小遣いをあげる。
   (A) 掃除しなくてもお小遣いをあげる。
   (B) 掃除をしない場合はお小遣いをあげない。
   (C) 熱心に掃除しないと、お小遣いはもらえない。
   (D) 掃除すればするほどお小遣いの金額は上がる。

2 そこに行くといつも楽しかった子供の時が思い出される。
   (A) 行く一方
   (B) 行くにせよ
   (C) 行くたびに
   (D) 行ったついでに

3 箱を開けると、かわいい人形が入っていた。
   (A) 彼とお茶を飲むのはいつも楽しい。
   (B) 机の上に鉛筆とノートが置いてある。
   (C) 私が行こうと行くまいと、あなたとは関係がない。
   (D) 道を歩いていると、向こうから弟が歩いてきた。

4 明日雨が降るなら、試合は中止になるでしょう。
   (A) 彼ならもうとっくに家に帰ってしまったよ。
   (B) 韓国を旅行するなら、済州道はどうかな。
   (C) この本、君も読みたいなら貸してあげるよ。
   (D) 彼なら今度の仕事は難なくこなせると思うよ。

5 1時の新幹線に乗れば会議に遅れてしまうよ。
     (A)   (B) (C)   (D)

6 夜中でもかまいませんから、駅に着くと私に電話してください。
        (A)   (B)   (C)   (D)

7 この道をずっと歩いて行けば右手に大きな建物が建っています。
          (A)   (B)   (C)   (D)

8 友達と電話 で話しているなら、母がドアを開けて私の部屋に入ってきた。
          (A)   (B)   (C)   (D)

9 人生には楽しい時もあったらつらい時もあるから、諦めずに頑張ってください。
          (A)   (B)   (C)   (D)

10 彼の話が本当になら、私としても手をこまねいているわけにはいきません。
            (A)   (B)   (C)   (D)

11 京都に行けば ぜひ立ち寄ってほしい場所が清水寺というところでございます。
          (A)   (B)   (C)   (D)

12 日曜日＿＿＿＿＿なら、海に泳ぎに行きませんか。
(A) 暇
(B) 暇で
(C) 暇だ
(D) 暇な

13 明日、早く起きなければなりません。私が＿＿＿＿＿、起こしてください。
(A) 寝ていたら
(B) 寝ていると
(C) 寝ていれば
(D) 寝ているなら

14 夏休みに＿＿＿＿＿、大学の図書館で勉強するつもりです。
(A) なると
(B) なれば
(C) なったら
(D) なるなら

15 虫歯の治療は早ければ＿＿＿＿＿ほどいい。
(A) 早
(B) 早く
(C) 早い
(D) 早かった

16 明日天気_____よければ、運動会は何の問題もない。

(A) さえ

(B) こそ

(C) くらい

(D) ばかり

17 私が家を_____、空気のきれいなところにするよ。

(A) 建てると

(B) 建てれば

(C) 建てるから

(D) 建てるなら

18 父はお酒も_____たばこも吸うので、健康がとても心配です。

(A) 飲むと

(B) 飲めば

(C) 飲むほど

(D) 飲んだら

19 明日、仕事が_____、一緒に映画でも見に行きませんか。

(A) 終わると

(B) 終われば

(C) 終わったら

(D) 終わるなら

20 いくらお金を貯めても、使う前に死んでしまえば_____。

(A) 始末だ

(B) 最後だ

(C) 始終だ

(D) それまでだ

ば

집중! 이것만은 꼭!

● 「ば」가정법의 대표적인 용법

① 속담은 대부분 「ば」 가정법으로 나타냄.

急<small>いそ</small>がば回<small>まわ</small>れ。

급하면 돌아가라.

② 논리적, 항상적, 법칙적인 관계나 인과관계를 나타냄.

春<small>はる</small>になれば花<small>はな</small>が咲<small>さ</small>く。

봄이 되면 꽃이 핀다.

③ 「～さえ～ば(～만 ～하면)」의 형태로 사용되어 최소조건을 나타냄.

宿題<small>しゅくだい</small>さえ多<small>おお</small>くなければ夏休<small>なつやす</small>みは天国<small>てんごく</small>だ。

숙제만 많지 않다면 여름방학은 천국이다.

④ 「～ば～ほど(～하면 ～할수록)」「～ばこそ(～이기 때문에)」「～も～ば～も(～도 ～이고 ～도)」「～ばそれまでだ(～하면 그뿐이다, ～하면 그것으로 끝이다)」 등 정해진 문법 표현으로 사용.

日本語<small>にほんご</small>の勉強<small>べんきょう</small>はすればするほど難<small>むずか</small>しくなる。(～하면 ～할수록)

일본어 공부는 하면 할수록 어려워진다.

健康<small>けんこう</small>であればこそ、思<small>おも</small>い切<small>き</small>り仕事<small>しごと</small>ができるのだ。(～ 이기 때문에)

건강하기 때문에 마음껏 일을 할 수 있는 것이다.

彼<small>かれ</small>は否定<small>ひてい</small>もしなければ肯定<small>こうてい</small>もしなかった。(～도～이고～도)

그는 부정도 하지 않고 긍정도 하지 않았다.

いくら勉強<small>べんきょう</small>を強<small>し</small>いても本人<small>ほんにん</small>がやらなければそれまでだ。

아무리 공부를 강요해도 본인이 하지 않으면 그것으로 끝이다.

※ ①~④ 중 몇 번일까요?

1 ちりも積もれば山となる。 （ ① / ② / ③ / ④ ）　　　ちり 티끌 | 積もる 쌓이다

2 水は100度になれば沸騰する。 （ ① / ② / ③ / ④ ）　　　水 물 | 沸騰 비등

3 暇さえあれば漫画ばかり読んでいる。 （ ① / ② / ③ / ④ ）

暇 여유 | 漫画 만화

4 彼は英語も話せばドイツ語も話せる。 （ ① / ② / ③ / ④ ）

英語 영어 | ドイツ語 독일어

5 この映画は見れば見るほど面白くなる。 （ ① / ② / ③ / ④ ）

映画 영화 | 面白い 재미있다

「ば」 가정법은 주로 파트 7에서 출제되는데 기본적인 문법 표현으로 사용되는 표현들의 암기가 무엇보다도 중요하다. 전부 시험에 등장한 적이 있는 만큼 정확한 의미를 기억해 두도록 하자.

정답 1 ① 2 ② 3 ③ 4 ③ 5 ④

조금 더 파고들기

● 「ば」 가정법의 제약

「동작성 동사 + ば」는 의지·명령·의뢰·권유·희망·허가 등의 표현과 함께 사용할 수 없다. 다만, 상태동사·
가능동사·형용사는 사용할 수 있다.

（×）　明日来れば先生の部屋に寄りたい。 (희망)

내일 오면 선생님 방에 들르고 싶다.

（○）　時間があれば仕事を手伝ってくれ。 (의뢰)

시간이 있으면 일을 도와 줘.

と

집중! 이것만은 꼭!

● 「と」가정법의 대표적인 용법

① 필연적 결과, 자연현상, 예측 가능한 어떤 일을 나타냄.

水は100度になると沸騰する。 물은 100도가 되면 끓는다.

② 습관적인 일을 나타냄. 이 때 「たら」가정법으로 교체 가능.

私は起きるとすぐ顔を洗う。 나는 일어나면 바로 세수를 한다.

③ 길을 안내할 때 사용.

あの街角を右に曲がると郵便局が見えます。 저 길모퉁이를 오른쪽으로 돌면 우체국이 보입니다.

④ 이미 일어난 어떤 사실의 발견을 나타냄. 이 때 「たら」가정법으로 교체 가능.

朝起きて庭に出ると雨が降っていた。 아침에 일어나서 정원에 나오니 비가 내려 있었다.

TEST

※ ①～④ 중 몇 번일까요?

1 2に3を足すと5になる。 (① / ② / ③ / ④)　　　　　足す 더하다

2 お金を入れると切符が出てくる。 (① / ② / ③ / ④)　　　入れる 넣다 | 切符 표

3 彼は起きるとすぐシャワーを浴びる。 (① / ② / ③ / ④)

シャワーを浴びる 샤워를 하다

4 その角を曲がると右手に銀行がある。 (① / ② / ③ / ④)

角 모퉁이 | 曲がる 돌다 | 右手 오른쪽

5 机の上を見ると、手紙が置いてあった。 (① / ② / ③ / ④)

手紙 편지 | 置く 두다

JPT 시험에서 「と」 가정법은 주로 파트 6에 출제되는데, 대부분이 「と」 가정법의 제약을 묻는 문제이다. 따라서 대표적인 용법과 함께 「と」 가정법에 제약에 대해서도 확실히 숙지해 두도록 하자.

정답 ① 1 ② 2 ③ 3 ② 4 ③ 5 ④

조금 더 파고들기

● 「と」 가정법의 제약

「と」 가정법 앞에는 과거형이 올 수 없으며 뒷문장에는 의지·명령·충고·금지 등의 표현을 사용할 수 없다.

（×）　本の内容を読んで<u>みた</u>とわかります。（みた → みる）

　　　　책 내용을 읽어보면 알 수 있습니다.

（×）　台風が<u>来ると</u>帰りなさい。（来ると → 来たら）

　　　　태풍이 오면 돌아가시오.

たら

집중! 이것만은 꼭!

● 「たら」 가정법의 대표적인 용법

① 어떤 행동을 한 뒤의 새로운 사실이나 발견을 나타냄.

駅に着いたら、友達が迎えに来ていた。 역에 도착하니 친구가 마중 나와 있었다.

② 어떤 일의 결과를 나타냄.

この薬を飲んだら風邪が治った。 이 약을 먹었더니, 감기가 나았다.

③ 가정적인 상황이나 시간의 경과를 나타냄.

仕事が終わったらすぐ伺います。 일이 끝나면 바로 찾아뵙겠습니다.

④ 행위가 성립하는 상황의 설정을 나타냄.

뒷부분에는 명령 · 의뢰 · 금지 · 의무 · 허가 · 권유 등의 표현이 옴.

1時間経って、誰からも電話がなかったら帰っていいです。 (허가)
1시간 지나서 아무에게도 전화가 없으면 돌아가도 됩니다.

駅に着いたら、私に電話してください。 (의뢰)
역에 도착하면 저에게 전화해 주십시오

TEST

※ ①～④ 중 몇 번일까요?

1 毎日運動したら痩せた。 (① / ② / ③ / ④)　　運動 운동 | 痩せる 살이 빠지다

2 食べてみたら美味しかった。 (① / ② / ③ / ④)　　食べる 먹다 | 美味しい 맛있다

3 本を読んだら貸してください。 (① / ② / ③ / ④)　　読む 읽다 | 貸す 빌려주다

4 理解できなかったら質問しなさい。 (① / ② / ③ / ④)　　理解 이해 | 質問 질문

5 この仕事が終わったらすぐ行きます。 (① / ② / ③ / ④)　　終わる 끝나다

「たら」 가정법은 다른 가정법에 비해 출제빈도는 낮은 편이지만, 행위가 성립하는 상황의 설정을 나타내는 용법은 꾸준히 출제되고 있다. 가장 많이 출제된 것이 뒷부분에 의뢰를 나타내는 「～てください」가 왔을 때 앞의 가정법을 찾는 문제인데, 아예 '~하면~해 주십시오'를 「～たら～てください」로 암기해 두는 것이 좋다.

정답 1② 2① 3④ 4④ 5③

なら

① 실현가능성이 희박한 사실의 가정을 나타냄.

できるもの<u>なら</u>、最初から人生をやり直したい。

가능하다면 처음부터 인생을 다시 시작하고 싶다.

② 가상적인 사항이나 사태를 나타냄.

結婚する<u>なら</u>、優しい人がいい。

결혼한다면 다정한 사람이 좋다.

③ 상대의 말에 근거한 자신의 의지나 판단, 조언, 정보제공을 나타냄.

明日のパーティー<u>なら</u>行くことにしたよ。(자신의 의지 · 판단)

내일 파티라면 가기로 했어.

あなたが行く<u>なら</u>私も行くわ。(상대의 예정 · 의지 · 상황)

당신이 간다면 나도 갈게.

④ 몰랐던 사실에 대한 후회나 유감의 기분을 나타냄.

バーゲンになる<u>なら</u>、買わずに我慢すべきだったのに。

세일을 한다면 사고 않고 참았어야만 했는데…….

TEST

※ ①～④ 중 몇 번일까요?

1 私が鳥なら空を飛んでみたい。（ ① / ② / ③ / ④ ）　　　鳥 새｜空 하늘｜飛ぶ 날다

2 こんな時、あなたならどうしますか。（ ① / ② / ③ / ④ ）

　　　　　　　　　　　　　　　　　　　　　　　　どうしますか 어떻게 합니까?

3 コーヒーを飲むならあの店がいい。（ ① / ② / ③ / ④ ）

　　　　　　　　　　　　　　　　　　　飲む 마시다｜店 가게

4 もしも願いが叶うなら、何をしたいですか。（ ① / ② / ③ / ④ ）

　　　　　　　　　　　　　　　　　　もしも 만약｜願い 소원｜叶う 이루어지다

5 彼が行くなら、私は行かなくてもよかったのに。（ ① / ② / ③ / ④ ）

　　　　　　　　　　　　　　　　　　行く 가다

「なら」 가정법은 말하는 사람이 외부로부터 정보를 얻어 그것을 근거로 이야기할 때 자주 사용하는 가정법이다. 따라서, 「なら」 가정법의 뒤에는 주로 판단이나 조언을 나타내는 문장이 오는 경우가 많다는 것을 기억해 두도록 하고 「～ならいざ知らず(~라면 어떨지 모르겠지만)」이라는 문법 표현도 함께 암기해 두자.

정답 ① 2 ② 2 ③ 3 ④ 2 5 ④

01 家賃さえ安ければ住みたい人はたくさんいるだろう。
(A) 家賃が安いのに、住みたい人は少ない。
(B) 家賃が高いから、住みたい人が少ない。
(C) 家賃に関係なく住みたい人がたくさんいる。
(D) 家賃は高いのに、住みたい人はたくさんいる。

02 あなたの健康を考えればこそ、お酒を飲ませないのですよ。
(A) あなたの健康を考えるから
(B) あなたの健康はさておいて
(C) あなたの健康とは関係なしに
(D) あなたの健康は大事ではないから

03 日本語は勉強すればするほど難しくなるような気がする。
(A) いくら勉強しても
(B) 勉強すると、ますます
(C) 勉強してみたところで
(D) 勉強するにかかわらず

04 まずそうでしたが、食べてみると美味しかったです。
(A) 春になると、花が咲きます。
(B) この角を曲がると、郵便局があります。
(C) 友達の家に遊びに行くと、留守でした。
(D) 私は朝起きると、いつもコーヒーを飲みます。

05 来週 引っ越したら、今日か明日あいさつしに来るだろう。
　 (A)　　　(B)　　　　　(C)　　　　　　　(D)

06 テレビの画面ばかり見ていれば、目が悪くなりますよ。
　　　　　　　(A)　　　 (B)　　 (C)　　 (D)

07 二、三分経てば、ふたを開けて水を足した方がいい。
　　　　　　(A)　　　　　　(B)　　　　(C)　　　 (D)

08 <u>もう一度</u>彼が<u>来れば</u>、私も彼の成功の<u>秘訣</u>を<u>聞き</u>たい。
     (A)   (B)   (C)   (D)

09 県内<u>で</u>魚が<u>どれ</u>ぐらい<u>とれる</u>のか、グラフを<u>見た</u>とわかるよ。
     (A)   (B)   (C)   (D)

10 この道を<u>まっすぐ</u>行って右に <u>曲がるなら</u>、<u>その</u>建物が<u>見えます</u>。
           (A)   (B)   (C)   (D)

11 年を<u>取るなら</u>取るほど<u>物覚え</u>が悪くなって、今<u>聞いた</u>こともすぐ<u>忘れて</u>しまう。
       (A)   (B)   (C)   (D)

12 もう<u>大分</u>暗くなった<u>から</u>、次のバスが<u>来ると</u> <u>さっさと</u>帰りなさい。
        (A)   (B)   (C)   (D)

13 お酒を＿＿＿＿＿＿車を運転してはいけません。
(A) 飲めば
(B) 飲むと
(C) 飲んでも
(D) 飲んだら

14 インターネットが発達＿＿＿＿＿＿するほど、世界の情報はもっと早く手に入る。
(A) したら
(B) すると
(C) すれば
(D) するなら

15 あなたの将来を考えれば＿＿＿＿＿＿、こんなに厳しく言うのです。
(A) さえ
(B) こそ
(C) すら
(D) だけ

16 試験に受かっても、病気になってしまえば＿＿＿＿＿＿＿だ。

(A) それこそ

(B) それほど

(C) それから

(D) それまで

17 外国なら＿＿＿＿＿＿＿、それは日本では禁止されています。

(A) もとに

(B) 抜きで

(C) ばかりに

(D) いざ知らず

18 奈良を＿＿＿＿＿＿＿、奈良公園や東大寺をお薦めします。

(A) 旅行して

(B) 旅行すると

(C) 旅行するなら

(D) 旅行すれば

19 ドアを＿＿＿＿＿＿＿、部屋の中は大騒ぎになっていた。

(A) 開けると

(B) 開けたのに

(C) 開けるなら

(D) 開ければ

20 日本に＿＿＿＿＿＿＿、お土産に和菓子を買ってきてください。

(A) 行くと

(B) 行けば

(C) 行ったら

(D) 行くなら

의미를 못 외우면? 틀린다

다의어 및 용법 구분

다의어 일본어는 다른 언어와는 달리 무수히 많은 다의어가 존재하기 때문에, 시험에도 상당히 비중 있게 출제되고 있다. 보통 파트 5에서 2문제 정도가 나오는데, 주로 출제되는 것이 명사나 い형용사이다. 특히 명사 중에서는 신체 부위를 나타내는 명사는 관용표현으로 출제되는 경우가 많기 때문에, 평소에 많은 표현을 알고 있어야만 정확한 의미 구분이 가능하다.

용법구분 JPT 시험에서 용법 구분 문제는 대부분의 경우 동사나 조사가 출제된다. 특히 조사의 경우에는 각각의 용법을 정확하게 숙지하고 있지 않으면 상당히 혼동이 되므로, 쉽다고 소홀히 하지말고 기본적인 용법은 반드시 숙지해 두도록 하자. 또 동사의 경우에는 발음은 동일하지만 의미가 다른 동음이의어 위주로 출제되기 때문에 평소에 동음이의어가 나오면 주의 깊게 볼 필요가 있다.

각 파트별 출제 유형			
다의어 및 용법구분	파트 5 (정답 찾기)	파트 6 (오문 정정)	파트 7 (공란 메우기)
다의어	·「目」의 의미 구분 ·「手」의 의미 구분 ·「足」의 의미 구분 ·「先」의 의미 구분 ·「できる」의 의미 구분 ·「まずい」의 의미 구분 ·기타 명사·동사 등의 의미 구분		
용법구분	·「で」의 용법 구분 ·「から」의 용법 구분 ·「もの」의 용법 구분 ·「とは」의 용법 구분 ·「うち」의 용법 구분 ·「ばかり」의 용법 구분 ·「ふける」의 용법 구분 ·「ひく」의 용법 구분 ·기타 조사·명사·동사 등의 용법 구분		

1　彼はベッドで本を読んでいる<u>うち</u>に眠ってしまった。

(A) <u>うち</u>では妹が一番の早起きだ。

(B) 彼は激しい情熱を<u>うち</u>に潜めている。

(C) 休日には出かけず、ずっと<u>うち</u>にいる。

(D) 朝の涼しい<u>うち</u>にジョギングに行った。

2　私の子供が小学校に入学するのはまだ<u>先</u>の話である。

(A) 運賃は<u>先</u>に払うことになっている。

(B) 彼は<u>先</u>を見通す能力を備えている。

(C) 案内の男は私の<u>先</u>に立って進んでいった。

(D) 寺の脇は森になっていて、その<u>先</u>に海が広がっていた。

3　彼は好き嫌いが激しくて、<u>まずい</u>ものは全然食べない。

(A) 彼は<u>まずい</u>顔の女性には興味を持たないらしい。

(B) 彼の書き込みのせいで本当に<u>まずい</u>ことになった。

(C) 山田君が書いた作文は<u>まずい</u>文章だらけだった。

(D) 彼女が作った料理は<u>まずくて</u>食べられないくらいだった。

4　彼が<u>あらわした</u>本は相次いでベストセラーになった。

(A) 今回の調査結果をグラフに<u>あらわした</u>。

(B) 巨大な白い物体がついに姿を<u>あらわした</u>。

(C) 彼女は感謝の気持ちを手紙で<u>あらわした</u>。

(D) 彼は研究の結果を一冊の本に<u>あらわした</u>。

5　穏やかに新しい年が<u>あけた</u>。

(A) 部屋が暑いので、窓を<u>あけた</u>。

(B) 友達とお酒を飲んでいる間に、夜が<u>あけた</u>。

(C) 私が家を<u>あけた</u>間に空き巣に入られたようだ。

(D) 満員電車で立っている妊婦に席を<u>あけて</u>あげた。

6 山田さんは昨日交通事故にあったそうだ。

(A) あの二人は気があう仲間だ。

(B) 駅の前で彼にあう予定である。

(C) 旧友にあって、昔話で盛り上がった。

(D) 今日会社の帰りににわか雨にあった。

7 彼ほど信仰があつい人は見たことがない。

(A) 彼はあつい本をかばんから取り出して読んでいた。

(B) 山頂で飲むあついコーヒーは本当に最高なのだ。

(C) 今年の夏は例年に比べて本当にあつい日が続いた。

(D) 彼は細かいところまで気を使ってくれる友情にあつい男だ。

8 料理があまりに美味しかったので、食べ過ぎてしまった。

(A) 私はうどんは好きだが、ラーメンはあまり好きではない。

(B) 合格の知らせに感動したあまり、彼女は泣いてしまった。

(C) この映画はあまりにも面白くて人に薦めずにはいられない。

(D) お土産が多くて、両手で持ってもあまりが出るくらいだった。

9 彼は何も知らないくせに、いつも口を出す。

(A) そのコーヒーは私の口には合わなかった。

(B) 口がうまい男には気を付けた方がいい。

(C) その話を聞いて、開いた口が塞がらなかった。

(D) 私は一番口が肥えているのは小学生だと思う。

10 治療に手を尽くしてみたが、何一つ効果がなかった。

(A) もう二度とそんな手には乗らない。

(B) その花を触ったら、すぐ手を洗った方がいい。

(C) 今のスタッフだけではとても手が足りない状況だ。

(D) そんな怪しい人とは早く手を切った方がよさそうだ。

다의어

• 주요 다의어 및 용법 구분

☐ 口 (くち) ① 입, ② 말, ③ 미각 · 입맛, ④ 입구

☐ 足 (あし) ① 발, ② 발길, ③ 교통수단, ④ 출입

☐ 目 (め) ① 눈, ② 안목, ③ 외모 · 겉모양, ④ 눈금

☐ 先 (さき) ① 앞 · 선두, ② 장래 · 앞날, ③ 먼저 · 우선

☐ はく ① 쓸다(掃く), ② 토하다(吐く), ③ 신다(履く)

☐ 手 (て) ① 손, ② 일손 · 노동력, ③ 방법 · 수단, ④ 관계

☐ まずい ① 맛이 없다, ② 못생기다, ③ 서툴다, ④ 거북하다

☐ 顔 (かお) ① 얼굴, ② 체면 · 면목, ③ 안면, ④ 얼굴 표정, ⑤표면

☐ 道 (みち) ① 길 · 도로, ② 방법 · 방도, ③ 일의 분야 · 방면, ④ 도리

☐ あらわす ① 나타내다(現す), ② 표현하다(表す), ③ 저술하다(著す)

☐ あまり ① 그다지, ② 너무 · 지나치게, ③ 여분, ④ ~남짓, ⑤ ~한 나머지

☐ すむ ① 살다(住む), ② 맑다 · 맑아지다(澄む), ③ 끝나다 · 해결되다(済む)

☐ うち ① 집(家), ② 안(内), ③ 내가 소속한 집단(内), ④ ~동안에(~うちに)

☐ とは ① ~라고 하는 것은(정의), ② ~하다니(놀람), ③ ~라는 것은(인용)

☐ あつい ① 뜨겁다(熱い), ② 두껍다(厚い), ③ 덥다(暑い), ④ 두텁다 · 위독하다(篤い)

☐ あける ① 열다(開ける), ② 비우다(空ける), ③ 새로운 날이나 해가 시작되다(明ける)

☐ おかす ① 범하다 · 어기다(犯す), ② 무릅쓰다(冒す), ③ 침해하다 · 침범하다(侵す)

☐ きく ① 기능을 발휘하다(利く), ② 효과가 있다(効く), ③ 듣다(聞く), ④ 묻다(訊く)

☐ のる ① 타다, ② 기회를 타다, ③ 우쭐해지다, ④ 마음이 내키다, ⑤실리다(載る)

☐ かける ① 걸다(掛ける), ② 내걸다(懸ける), ③ 걸쳐놓다(架ける), ④ 흠지다 · 빠지다(欠ける)

☐ とる ① 잡다 · 취하다(取る), ② 사진을 찍다(撮る), ③ 채용하다(採る), ④ 훔치다(盗る)

☐ あげる ① 올리다(上げる), ② 높이 올리다(揚げる), ③ 기름에 튀기다(揚げる), ④ 거두다(挙げる)

☐ おさめる ① 거두어들이다(収める), ② 납부하다(納める), ③ 다스리다(治める), ④ 수양하다(修める)

☐ あう ① 맞다(合う), ② 만나다(会う), ③ 피해를 입거나 사고를 당하다(遭う), ④ 우연히 만나다(遇う)

☐ らしい　① ~인 것 같다, ② ~답다

☐ いくら　① 얼마, 어느 정도, ② 그리, ③ 아무리

☐ もう　① 이미, 벌써, ② 곧, 머지않아, ③ 좀 더, 또

☐ ~ように　① ~도록(목적), ② ~처럼(비유), ③ ~처럼(예시)

☐ ひく　① 당기다(引く), ② 빼다(引く), ③ 찾다(引く), ④ 연주하다(弾く)

☐ 持つ　① 가지다, ② 들다, ③ 구성하다, ④ 부담하다, ⑤지속하다, 견디다

☐ ~なり　① ~하자마자, ② ~한 채로, ③ ~나름대로, ④ ~하거나 ~하거나

☐ ~まい　① ~하지 않을 것이다(부정의 추량), ② ~하지 않겠다(부정의 의지)

☐ きつい　① (기질이) 강하다, ② 심하다, 고되다, ③ 엄하다, ④ 꽉 끼다, 빽빽하다

☐ ~のに　① ~인데도(역접), ② ~하는 데, ~하는 것에(형식명사 「の」 + 조사 「に」)

☐ 明るい　① (밝기가) 밝다, ② (분위기가) 밝다, ③ 유망하다, ④ (어떤 분야에) 정통하다

☐ ない　① 조동사(동사 + ない), ② 보조형용사(형용사 + ない), ③ 형용사('없다'라는 의미)

☐ やすい　① 싸다(安い), ② ~하기 쉽다(ます형 + やすい), ③ ~하기 편하다(ます형 + やすい)

☐ ください　① 주십시오, ② ~해 주십시오(~てください), ③ 존경 표현(お・ご + ます형 + ください)

☐ できる　① 할 수 있다, ② 다되다, 완성되다, ③ 생기다, 발생하다, ④ 만들어지다, 생산되다

☐ 控える　① 대기하다, ② 삼가다, 줄이다, ③ (하려던 일을) 그만두다, ④ 적어 놓다, ⑤ 앞두다

☐ ~てしまう　① 후회나 유감, ② 감탄, ③ 완료, ④ 의지와 상관없이 일어나는 동작이나 감정의 변화

☐ ふける　① 열중하다(耽る), ② 늙다(老ける), ③ 깊어지다(更ける), ④ 푹 쪄지다, 뜸이 들다(蒸ける)

☐ ある　① 존재하다, 있다, ② (지위・상태) 위치하다, ③ 가지고 있다, ④ (수량이) 얼마큼 되다

☐ うまい　① 맛있다(旨い), ② (자기에게) 이롭다, 유리하다, ③ 솜씨・재주가 좋다, 잘하다(上手い)

☐ 次第　① ~하자마자, ② ~라는 결과이다, ③ ~에 달려있다, ~에 의해 좌우된다, ④ ~에 따라서

☐ お　① 존경의 접두어, ② 겸양의 접두어, ③ 미화어, ④「お」의 유무에 따라 의미가 변하는 단어

☐ たつ　① 서다(立つ), ② 끊다, 자르다(絶つ, 断つ), ③ (시간이) 지나다, 흐르다(経つ), ④ 재단하다(裁つ)

☐ ~によって　① ~에 의해(수단이나 방법), ② ~에 의해(대상), ③ ~에 의해(원인), ④ ~에 따라(다른 내용・성질)

01 テレビの宣伝がきいて、商品が飛ぶように売れている。

(A) 鈴木君は両親の言うことを全然きかない。

(B) この薬は風邪を引いたあなたにきくだろう。

(C) 私は暇な時、音楽をきいたり本を読んだりする。

(D) 今日で片付けてしまうつもりだったのに、体がきかない。

02 鈴木さんは法律をおかして、警察に捕まった。

(A) 人は誰でも罪をおかす可能性を持っている。

(B) 相手国の軍隊が国境をおかした時、戦争は始まる。

(C) 彼女は命の危険をおかして息子を救出しに行った。

(D) 拉致事件は基本的人権をおかした重大な事件である。

03 あんな大失敗をしてしまって、上司に合わせる顔がない。

(A) 彼女の名前は知っているが、顔は知らない。

(B) お客様の満足した顔を見ると、私もすごく嬉しい。

(C) 私がその大学に入ったのは両親の顔を立てるためではない。

(D) 彼は顔では笑っていても、本心は何を考えているか分からない。

04 好きなことを見つけること、これしかあなたが成功する道はない。

(A) この問題を解決する道はどこにあるのだろうか。

(B) 私は人の道に背くようなことは何一つしていない。

(C) 自己責任時代にはその道の専門家が不可欠だ。

(D) 初めて行ったところだったので、道に迷ってしまった。

05 階段で転んで足を痛めてしまった。

(A) 大雪のために帰宅の足を奪われた。

(B) 彼は完全に競馬から足を洗ったそうだ。

(C) 魚は足が早いから、今食べた方がいい。

(D) この靴は足に慣れた靴なので、はきやすい。

06 今度の彼の行動は本当に常識にかけていると思う。

(A) ついに中国と四国の間に橋がかけられた。

(B) コップがかけていたので、取り替えてもらった。

(C) 山田さんは最後のゲームに全財産をかけた。

(D) 道を歩いていると、一人の少女が私の方にかけてきた。

07 彼は抜群の成績で優勝をおさめた。

(A) 最小におさめる政府が最良の政府である。

(B) 彼女の来日ツアーは各地で大成功をおさめた。

(C) 源泉徴収票は、税金をおさめたことを証明する書類だ。

(D) 彼は独学で英語をおさめたばかりか、今は本まで書いている。

08 夜、食べすぎたせいかはき気がした。

(A) 父がほうきで庭の落ち葉をはいていた。

(B) くつをはいたまま畳の部屋に入ってしまった。

(C) 船酔いで食べたものを全部はいてしまった。

(D) 早速はいてみたところ、太さも長さもぴったりだった。

09 韓流ブームにのって、大勢の日本人が韓国を訪れた。

(A) 彼は一度も自転車にのったことがないそうだ。

(B) どうにも仕事に気がのらないのでさっさと帰った。

(C) 時流にのって事業を始める人たちはほとんど失敗する。

(D) 東京の地価が下落したという記事が新聞にのっていた。

10 さすが彼女の絵を見る目には誤りがなかった。

(A) こんなところでお目にかかれるとは驚きだった。

(B) 見た目はいいが、味はあまり美味しくなかった。

(C) 最近、テレビばかり見て目が悪くなってしまった。

(D) 絵描きは絵をたくさん見る機会が多いから目が肥える。

11 商品の値段を<u>あげた</u>時、売れるようになるケースも多い。

(A) 台所で妻がてんぷらを<u>あげ</u>ている姿が見える。

(B) 三年が経って、ようやく犯人を<u>あげる</u>ことができた。

(C) この本に授業の腕を<u>あげる</u>方法が全部書いてある。

(D) 二人は彼の両親が結婚した教会で式を<u>あげる</u>ことにした。

12 その川は水が<u>すん</u>でいて、小さい魚が泳いでいるのがよく見えた。

(A) この家は人が<u>すん</u>でいないような気がする。

(B) 今朝は、渋滞がなかったので遅刻せずに<u>すん</u>だ。

(C) これは金で<u>すむ</u>問題ではなく、プライドの問題である。

(D) ゆったりと流れる<u>すん</u>だ空気が気持ちまで穏やかにしてくれる。

13 運転免許は<u>とった</u>が、まだ車は持っていない。

(A) 私は猫の写真を<u>とる</u>のが大好きだ。

(B) 最近、新卒を<u>とる</u>会社はほとんどないと思う。

(C) 資格を<u>とって</u>おくと、いろいろなメリットがある。

(D) 背広の内ポケットに入れた財布を<u>とられて</u>しまった。

14 人生<u>とは</u>航海のようなものだ。

(A) あんなに猛勉強したのに、試験に落ちる<u>とは</u>。

(B) 私にとって家族<u>とは</u>一番大切な存在である。

(C) 中学生がまだ掛け算もできない<u>とは</u>情けない。

(D) 彼が私たちを裏切る<u>とは</u>どうしても信じられなかった。

당신이 일본어를 못하는 진짜 이유 1

문법 표현 1

한눈에 들여다보기

문법표현 문법 표현은 독해 전 파트에 걸쳐서 출제되고 있기 때문에 반드시 정리를 해야하는 부분이다. 매 시험마다 최소 5개 이상의 표현이 등장하므로, 시험 직전에는 반드시 확인해 두도록 하자. 문법 표현의 각 파트별 출제유형은 다음과 같다.

우선 파트 5 정답 찾기에서는 문법 표현의 의미를 묻는 문제가 가장 많이 출제되었고, 같은 의미의 문법 표현을 찾는 문제도 자주 출제된다. 이 파트를 공략하기 위해서는 평소에 같은 의미의 표현은 묶어서 암기하는 습관이 반드시 필요하다.

파트 6 오문 정정에서는 접속형태의 오용이나 문장의 흐름과는 맞지 않는 문법 표현 찾기, 그리고 문법 표현의 정확한 형태에 대한 이해를 묻는 문제가 출제된다. 따라서 평소에 문법 표현을 암기할 때는 의미와 함께 접속형태까지도 꼼꼼히 봐 둘 필요가 있다.

마지막으로 파트 7 공란 메우기에서는 주로 접속 형태를 찾는 문제나 문법 표현을 직접적으로 찾는 문제가 출제된다. 이 두 유형은 지금까지 단 한 번도 빠짐없이 매 시험 출제되고 있으므로, 잘 정리해 두도록 하자.

각 파트별 출제 유형			
문법표현	파트 5 (정답 찾기)	파트 6 (오문 정정)	파트 7 (공란 메우기)
문법표현	·「〜にはあたらない」의 의미 ·「〜が早いか」의 의미 ·「〜に難くない」의 의미 ·「〜をおいて」와 대체할 수 있는 표현 ·「〜が早いか」의 대체할 수 있는 표현 ·기타 문법 표현의 의미 및 대체할 수 있는 표현	·「〜きわまりない」의 형태 오용 ·「〜てからというもの」의 형태 오용 ·「〜てやまない」의 형태 오용 ·「〜もさることながら」의 형태 오용 ·「〜がてら」의 접속 형태 오용 ·기타 문법 표현의 접속 및 형태 오용	·「〜まい」 앞의 접속 형태 ·「〜てやまない」에서 「て」형 찾기 ·「〜そばから」에서 기본형 찾기 ·「〜ところで」에서 「た」형 찾기 ·「〜にもまして」 찾기 ·「〜に即して」 찾기 ·「〜を余儀なくされる」 찾기 ·「〜にひきかえ」 찾기 ·「〜ときたら」 찾기 ·기타 적절한 문법 표현 찾기

1 彼女は<u>外見はもちろんのこと</u>、性格もとてもいい。
(A) 外見に限って
(B) 外見にひきかえ
(C) 外見にかかわらず
(D) 外見もさることながら

2 彼が歌手デビューしたからといって<u>驚くにはあたらない</u>。
(A) 驚くしかない
(B) 驚いてもいい
(C) 驚かざるをえない
(D) 驚くほどのことではない

3 彼はよく考えないで<u>行動するきらいがある</u>。
(A) 行動したことがある
(B) 行動した方がいい
(C) 行動する傾向がある
(D) 行動しなければならない

4 状況から判断して、彼が犯人でないことは<u>信じるに難くない</u>。
(A) 信じかねる
(B) 信じようがない
(C) 信じるのは難しい
(D) 簡単に信じることができる

5 この役を演じられるのは、彼<u>をおいて</u>他にいない。
(A) をもって
(B) にひきかえ
(C) と相まって
(D) をのぞいて

6　彼女は教師の仕事をする<u>かたわら</u>、家事もきちんとしている。
(A) がてら
(B) において
(C) 一方で
(D) によって

7　ベルが<u>鳴るが早いか</u>、彼は教室を飛び出していった。
(A) 鳴る前に
(B) 鳴るや否や
(C) 鳴るに連れて
(D) 鳴ったといえども

8　審査結果は書面<u>をもって</u>お知らせします。
(A) 今日<u>をもって</u>この店は閉店いたします。
(B) 彼は老齢<u>をもって</u>引退することにしました。
(C) 最近、財布の中に現金<u>をもって</u>いない人が意外と多いという。
(D) その手術は現代の技術<u>をもって</u>すればできないことでもありません。

9　高速道路で<u>タイヤ交換</u>をする<u>とは</u>危険<u>極めない</u> <u>行為</u>だ。
　　　　　　　(A)　　　　　(B)　　　(C)　　(D)

10　この映画は、話の内容<u>もさることで</u>、映像の<u>美しさ</u>も評判が<u>いい</u>。
　　　　　　　　(A)　　　(B)　　　　　　　(C)　　　　(D)

11　今日は4年<u>に</u>1度の祭り<u>にして</u>、<u>町中</u>が観光客<u>で</u>賑わっていった。
　　　　　　　(A)　　　　(B)　　(C)　　　　(D)

12　うちの息子<u>とは</u>、いつもゲームに<u>夢中</u>で<u>ちっとも</u>勉強しようと<u>しない</u>。
　　　　　　　(A)　　　　　　　　(B)　　(C)　　　　　　(D)

13　彼は漫画の<u>面白さ</u>を知っ<u>てからというのに</u>、時間<u>さえあれば</u>漫画ばかり<u>読</u>んでいる。
　　　　　　　(A)　　　　(B)　　　　　　(C)　　　　(D)

14　<u>軽そうに</u>見えたが、<u>思ったより</u>重くて持とう<u>にも</u> <u>持たなかった</u>。
　　(A)　　　　　(B)　　　　　　　(C)　　(D)

15 友達と遊んで帰ってきた息子は、体全体が泥_____になっていた。

(A) まみれ

(B) いたり

(C) きわみ

(D) がてら

16 彼が行こうが_____まいが、私とは関係のないことだ。

(A) 行き

(B) 行く

(C) 行った

(D) 行こう

17 この本が皆さんの日本語の勉強に役に立つことを_____やまない。

(A) 願う

(B) 願い

(C) 願って

(D) 願おう

18 今年の夏は例年_____、暑さがひどかった。

(A) にとって

(B) によって

(C) にもまして

(D) にともなって

19 年を取ると、人の話を聞く_____忘れてしまうことが多くなった。

(A) からある

(B) ところで

(C) そばから

(D) こととて

20 一学生の発言_____、次々と学校を批判する意見が続出した。

(A) をもって

(B) をおいて

(C) をよそに

(D) を皮切りに

문법 표현

집중! 이것만은 꼭!

• 일본어능력시험 N1 문법 표현

☐ ～いかん ～여하

☐ ～にあって ～에서

☐ ～(よ)うが ～하든

☐ ～まみれ ～투성이

☐ ～(で)すら ～조차

☐ ～ところを ～한 것을

☐ ～がてら ～을 겸하여, ～하는 김에

☐ ～ものを ～했을 것을

☐ ～であれ ～라고 해도

☐ ～や否や ～하자마자

☐ ～限りだ ～할 따름이다

☐ ～故に ～이기 때문에

☐ ～が早いか ～하자마자

☐ ～を限りに ～을 끝으로

☐ た형＋ところで ～해 봤자

☐ ～かたがた ～을 겸하여

☐ ～とあれば ～라고 하면

☐ ～かたわら ～하는 한편

☐ ～ときたら ～로 말하자면

☐ ～に至って ～에 이르러

☐ ます형＋っぱなし ～한 채로

☐ 명사＋なり(に) ～나름대로

☐ ただ～のみ 단지 ～일 뿐

☐ ～にたえる ～할 만하다

☐ ～といい～といい ～도 ～도

☐ ～とはいえ ～라고 해도

☐ ～といえども ～라고 하더라도

☐ 기본형＋なり ～하자마자

☐ ～そばから ～하자마자 금새

☐ ～とばかりに ～라는 듯이

☐ ～とあって ～라고 해서, ～라서

☐ ～はおろか ～은 고사하고

☐ ～ではあるまいし ～도 아닐 텐데

☐ ～ごとく ～와 같이, ～처럼

☐ ～きらいがある ～인 경향이 있다

☐ ～にしたところで ～라고 해도

☐ ただ～のみならず 단지 ～뿐만 아니라

☐ ～ことなしに ～하는 일 없이

☐ ～(よ)うが～まいが ～하든 ～하지 않든

☐ た형＋が最後 일단 ～했다 하면

☐ ～いかんによらず ～여하에 따르지 않고

☐ ～にたえない 차마 ～할 수 없다

☐ ～てからというもの ～한 후

☐ ～きわまりない ～하기 짝이 없다

- □ 〜と思(おも)いきや　〜라 생각했는데 뜻밖에도
- □ 〜までもない　〜할 것까지도 없다
- □ 〜(よ)うにも〜ない
  　　〜하려 해도 〜할 수 없다
- □ 〜ながらも　〜이지만, 〜이면서도
- □ 〜ずにはすまない
  　　〜하지 않고는 끝나지 않는다
- □ ない형＋んばかりだ　곧 〜할 것 같다
- □ 〜とは　〜라니
- □ 〜だに　〜조차
- □ 〜ずくめ　〜일색
- □ 〜をもって　〜로써
- □ 〜ならでは　〜만의
- □ 〜めく　〜다워지다
- □ 〜べく　〜하기 위해
- □ 〜にして　〜이기에
- □ 〜なくしては　〜없이는
- □ 〜の至(いた)り　극히 〜함
- □ 〜ながらに　〜한 채로
- □ 〜の極(きわ)み　〜의 극치
- □ 〜にもまして　〜보다 더
- □ 〜と相(あい)まって　〜와 함께
- □ 〜に足(た)る　〜할 만하다
- □ 〜からある　〜나 되는
- □ 숫자＋たりとも　단 〜라도

- □ 직업명＋たる　〜된, 〜인
- □ 〜ばこそ　〜이기 때문에
- □ 〜をおいて　〜을 제외하고
- □ 〜ともなると　〜정도 되면
- □ 〜というところだ　〜정도이다
- □ 〜なしに　〜하지 않고는
- □ 〜あっての　〜가 있고 나서
- □ 〜ないまでも　〜없다 해도
- □ 〜始末(しまつ)だ　〜라는 모양이다
- □ 〜に即(そく)して　〜에 입각해서
- □ 〜てやまない　〜해 마지않다
- □ 〜まじき　〜해서는 안 되는
- □ 〜を皮切(かわき)りに　〜을 시작으로
- □ 〜なり〜なり　〜든지 〜든지
- □ 〜までのことだ　〜하면 그만이다
- □ 〜にひきかえ　〜와는 반대로
- □ ない형＋んがため(に)　〜하기 위해
- □ 〜べからず　〜해서는 안 된다
- □ 〜こととて　〜라서, 〜이기 때문에
- □ 〜べからざる　〜해서는 안 되는
- □ 〜をよそに　〜을 아랑곳하지 않고
- □ 〜ばそれまでだ　〜하면 그뿐이다
- □ 〜を禁(きん)じ得(え)ない　〜을 금할 수 없다
- □ 〜といったらない　〜하기 짝이 없다

□ 〜に難くない 〜하기에 어렵지 않다

□ 〜ないものでもない 〜못할 것도 없다

□ 〜もさることながら 〜도 물론이거니와

□ 〜に(は)あたらない 〜할 필요는 없다

□ 〜をものともせず 〜을 아랑곳하지 않고

□ 〜にかかわる 〜이 걸린, 〜에 관계된

□ 〜つ〜つ 〜하기도 하고 〜하기도 하고

□ 〜ずにはおかない 〜하지 않을 수 없다

□ 〜を余儀なくされる
어쩔 수 없이 〜하게 되다

~てやまない ~해 마지않다	예 君の活躍を期待<u>してやまない</u>。 당신의 활약을 기대해 마지않는다.
~ときたら ~로 말하지면	예 うちの子供<u>ときたら</u>、勉強が嫌いなんです。 우리 아이는 공부를 싫어합니다.
た형+ところで ~해 봤자	예 いくら後悔<u>したところで</u>、もうどうにもならない。 아무리 후회해 봤자 이제 어떻게 할 수도 없다.
~そばから ~하지마자 바로	예 その店のお菓子は作る<u>そばから</u>売れてしまう。 그 가게의 과자는 만들자마자 바로 팔려 버린다.
~きわまりない ~하기 짝이 없다	예 彼の失礼<u>きわまりない</u>態度に我慢できなかった。 그의 무례하기 짝이 없는 태도에 참을 수 없었다.
~に(は)あたらない ~할 것까지는 없다	예 彼が結婚したからといって驚く<u>にはあたらない</u>。 그가 결혼했다고 해서 놀랄 것까지는 없다.
~とはいえ ~라고는 해도	예 駅から近い<u>とはいえ</u>、歩けば30分はかかります。 역에 가깝다고는 해도 걸으면 30분은 걸립니다.
た형+が最後 일단 ~했다 하면	예 彼はゲームを始めた<u>が最後</u>、朝までやり続ける。 그는 일단 게임을 시작했다 하면 아침까지 계속한다.
~をおいて ~을 제외하고	예 彼<u>をおいて</u>この仕事ができる人はいないだろう。 그를 제외하고 이 일을 할 수 있는 사람은 없을 것이다.
~を余儀なくされる 어쩔 수 없이 ~하게 되다	예 突然の雨のため、試合の中止<u>を余儀なくされた</u>。 갑작스러운 비 때문에 어쩔 수 없이 시합을 중지하게 되었다.

～ともなると ～정도 되면	예 大学の教授<u>ともなると</u>、本をたくさん持っているだろう。 대학의 교수 정도 되면 책을 많이 가지고 있을 것이다.
～かたわら ～하는 한편	예 妻は子育ての<u>かたわら</u>、夜はスーパーで働いている。 아내는 아이를 키우는 한편 밤에는 슈퍼마켓에서 일하고 있다.
～限りだ ～할 따름이다	예 こんな賞までいただいて誠にうれしい<u>限り</u>です。 이런 상까지 받아 정말 기쁠 따름입니다.
～ものを ～했을 것을	예 そんな話はもっと早くしてくれればよかった<u>ものを</u>。 그런 이야기는 좀 더 일찍 해 주었으면 좋았을 것을.
～いかん ～여하	예 今度の試験の結果<u>いかん</u>では進学できなくなるかもしれない。 이번 시험 결과 여하에 따라서는 진학하지 못할지도 모른다.
～を禁じ得ない ～을 금할 수 없다	예 彼女の経験談を聞いて涙<u>を禁じ得</u>なかった。 그녀의 경험담을 듣고 눈물을 금할 수 없었다.
～に(は)あたらない ～할 필요는 없다	예 真面目な彼のことだから、合格したと聞いても驚く<u>にはあたらない</u>。 성실한 그이니까 합격했다고 들어도 놀랄 필요는 없다.
～にかかわる ～이 걸린, ～에 관계된	예 命<u>にかかわる</u>問題だから、放っておくわけにはいかない。 목숨이 걸린 문제니까, 내버려 둘 수는 없다.
～だに ～조차	예 こんな結末になるとは、想像<u>だに</u>しなかった。 이런 결말이 되다니, 상상조차 하지 않았다.

01 戦争で家族を失った彼の話を聞いて、<u>涙を禁じ得なかった</u>。
(A) 涙すら出なかった
(B) 涙が出ることもある
(C) 涙が出るにはあたらない
(D) どうしても涙が出てしまった

02 彼はベルが<u>鳴るが早いか</u>、教室を飛び出して行った。
(A) ベルが鳴る前に
(B) ベルが鳴るとすぐに
(C) ベルが鳴っているうちに
(D) ベルが鳴ることとは関係なく

03 <u>試験の結果いかんでは</u>、留学できないかもしれない。
(A) 結果はともかく
(B) 結果次第では
(C) 結果をもとにして
(D) 結果はさておいて

04 鈴木選手は<u>今日の試合を限りに</u>、引退するという。
(A) 今日の試合だけ
(B) 今日の試合をおいて
(C) 今日の試合を最後に
(D) 今日の試合にかかわらず

05 このような賞をいただき、<u>光栄の至りです</u>。
(A) とても光栄です
(B) 光栄とは限りません
(C) 光栄にかかわります
(D) 光栄にはあたりません

06 子供でありながら、<u>見るにたえる</u>絵を描くね。
(A) 見られない
(B) 見ようがない
(C) 見応えのある
(D) 見てもかまわない

07 卒業論文は一生残るものだから、<u>一字たりとも</u>間違えてはいけない。

(A) 一字をもって

(B) 一字とはいえ

(C) 一字はおろか

(D) 一字はさておいて

08 彼の<u>演出</u>は、技法<u>のみ</u>が取り上げられ<u>やすい</u> <u>きらいである</u>。
　　　(A)　　　　　(B)　　　　　　　　　(C)　　　　(D)

09 今年は子供が<u>できたり</u>、宝くじに<u>当たる</u> <u>など</u>いいこと<u>だらけ</u>だ。
　　　　　　　(A)　　　　　　　(B)　(C)　　　　(D)

10 天気がよかったので、<u>遠くの</u>お店まで散歩<u>するがてら</u>買い物<u>に</u>行った。
　　　　　　(A)　　　　　(B)　　　　　　　(C)　　　　(D)

11 <u>日ごとに</u>春<u>めぐって</u>きたようで心が<u>はずみます</u>が、皆様いかが<u>お過ごし</u>でしょうか。
　　(A)　　　(B)　　　　　　　　　　(C)　　　　　　　　(D)

12 重傷を<u>負われた</u>2人の方には、<u>お見舞い申しあげる</u><u>と共に</u>一日も早い回復を願って
　　　　　(A)　　　　　　　　　　　(B)　　　　　(C)

<u>やめません</u>。
　(D)

13 <u>頑固な彼は一旦決める</u>が最後、<u>決して</u>自分の意見を<u>変えよう</u>としない。
　　(A)　　　　　(B)　　　　　(C)　　　　　　(D)

14 山田さんは仕事を_____かたわら絵も描いている。

(A) し

(B) する

(C) した

(D) しよう

15 徹夜をして_____ところで、私の作品が選ばれるはずはない。

(A) 作り

(B) 作る

(C) 作った

(D) 作ろう

16 大雪のせいで、いつもより帰宅が2時間も遅れる_____。

(A) 至りだ

(B) 限りだ

(C) 一方だ

(D) 始末だ

17 運動会は雨のため中止_____。

(A) に難くない

(B) に堪えない

(C) を禁じ得ない

(D) を余儀なくされた

18 地震の避難訓練は実際の場合_____行われた。

(A) をおいて

(B) に至って

(C) に即して

(D) にもまして

19 もっと早く言ってくれたら、手伝ってあげた_____。

(A) ものの

(B) ものを

(C) もので

(D) ものか

20 この条件は会社側にとっては欠かす_____条件だと言える。

(A) まじき

(B) ごとき

(C) べからざる

(D) きわまりない

Unit 08

당신이 일본어를 못하는 진짜 이유 2

문법 표현 2

한눈에 들여다보기

문법 표현 이 장에서 나오는 문법 표현은 일본어능력시험 N2 수준의 문법 표현들로 앞장의 문법 표현 1에 비해서는 다소 쉬운 표현들이다. 하지만 출제 빈도 면에서는 문법 표현 1과 비슷한 수준으로 출제되므로, 잘 정리해 두도록 하자. 문법 표현 2의 각 파트별 출제유형은 문법 표현 1과 동일하지만 확인하는 의미에서 다시 한 번 읽어보기 바란다.

우선 파트 5 정답 찾기에서는 문법 표현의 의미를 묻는 문제가 가장 많이 출제되었고, 같은 의미의 문법 표현을 찾는 문제도 자주 출제된다. 이 파트를 공략하기 위해서는 평소에 같은 의미의 표현은 묶어서 암기하는 습관이 반드시 필요하다.

파트 6 오문 정정에서는 접속형태의 오용이나 문장의 흐름과는 맞지 않는 문법 표현 찾기, 그리고 문법 표현의 정확한 형태에 대한 이해를 묻는 문제가 출제된다. 따라서 평소에 문법 표현을 암기할 때는 의미와 함께 접속형태까지도 꼼꼼히 봐 둘 필요가 있다.

마지막으로 파트 7 공란 메우기에서는 주로 접속 형태를 찾는 문제나 문법 표현을 직접적으로 찾는 문제가 출제된다. 이 두 유형은 지금까지 단 한 번도 빠짐없이 매 시험 출제되고 있으므로, 잘 정리해 두도록 하자.

각 파트별 출제 유형			
문법표현	**파트 5 (정답 찾기)**	**파트 6 (오문 정정)**	**파트 7 (공란 메우기)**
문법표현	・「〜きれない」의 의미 ・「〜に決まっている」의 의미 ・「〜どころではない」의 의미 ・「〜かねる」와 대체할 수 있는 표현 ・「次第」의 용법 구분 ・「どころ」의 용법 구분 ・기타 문법 표현의 의미 및 대체할 수 있는 표현	・「〜にちがいない」의 형태 오용 ・「〜にもかかわらず」의 형태 오용 ・「〜てやまない」의 형태 오용 ・「〜だけに」와 「〜わりに」의 오용 ・「〜気味」와 「〜がち」의 오용 ・기타 문법 표현의 접속 및 형태 오용	・「〜あげく」앞의 접속 형태 ・「〜とたん」앞의 접속 형태 ・「〜に応じて」찾기 ・「〜だらけ」찾기 ・「〜以上」찾기 ・「〜ついでに」찾기 ・「〜くせに」찾기 ・「〜に沿って」찾기 ・기타 적절한 문법 표현 찾기

1 この料理は量が多すぎて、一人では<u>食べきれない</u>。
(A) 食べたくない
(B) 食べたことがない
(C) 全部食べられない
(D) 頑張れば食べられる

2 いくら宝くじを買っても、<u>当たらないに決まっている</u>。
(A) 当たってもおかしくない
(B) 当たらないとは限らない
(C) きっと当たらないに違いない
(D) 当たる可能性がないわけではない

3 今のような不景気に<u>社員旅行どころではない</u>。
(A) 社員旅行するほかない
(B) 社員旅行には行きたくない
(C) 社員旅行する余裕がない
(D) 社員旅行に参加せざるをえない

4 その問題に関しては私としても<u>答えかねます</u>。
(A) 答えることができます
(B) 答えるのは難しいです
(C) 答えた方がいいでしょう
(D) 答えられるかもしれません

5 今までの証拠から見ると、彼が今回の事件の<u>犯人に相違ありません</u>。
(A) 犯人に違いません
(B) 犯人とは限りません
(C) 犯人に違いありません
(D) 犯人であるわけがありません

6 彼女は息子がいい大学に無事に受かってうれしくてならないそうだ。
(A) うれしくてしょうがない
(B) うれしいとは言えない
(C) うれしいことにすぎない
(D) うれしいに決まっている

7 これは最後まで読んでからでないと、何も言えないと思う。
(A) 読んだ後
(B) 読みながら
(C) 読んだとはいえ
(D) 読まないことには

8 駅に着き次第、連絡いたします。
(A) 合格できるかどうかはあなた次第です。
(B) 面接の結果次第で、合格が決まります。
(C) 資料が手に入り次第、みんなに配ります。
(D) 昨日は事情があって欠席した次第です。

9 お口に合いますか。冷めない前に早く召し上がってください。
(A)   (B)   (C)   (D)

10 面接の結果を気にする くせに、夜 になっても 眠れなくなってしまった。
              (A)   (B)   (C)   (D)

11 商品到着後7日を越えた場合のご連絡には一切 応じかねません。
              (A)   (B)   (C)   (D)

12 ぎっくり腰になった以来、階段を上っただけでも腰が痛むようになってしまった。
              (A)   (B)   (C)   (D)

13 彼と 電話していると、どうしても話が長くなり気味で、電話代も心配になってくる。
  (A)   (B)   (C)   (D)

14 もう10年 も 前のことだけど、そこに 行き 度に留学した時のことが 思い出される。
              (A)   (B)   (C)   (D)

15 さんざん_____挙げ句、会社を辞めることにした。
  (A) 迷う
  (B) 迷い
  (C) 迷った
  (D) 迷おう

16 その監督は試合の状況_____、作戦を変えた。
  (A) に関して
  (B) に応じて
  (C) に当たって
  (D) に先立って

17 中村さんは料理のプロ_____、さすが手際がいい。
  (A) ほどに
  (B) だけに
  (C) ぐらいに
  (D) ばかりに

18 家の配水管が詰まって、ベランダが泥_____になっていた。
  (A) がち
  (B) 気味
  (C) だらけ
  (D) かたがた

19 引き受けた_____、最後まで責任を持ってやります。
  (A) 以上
  (B) とたん
  (C) ところ
  (D) 反面

20 原子力発電所の建設_____、住民の意見が分かれている。
  (A) に沿って
  (B) を限りに
  (C) に伴って
  (D) を巡って

문법 표현

🔍 **집중! 이것만은 꼭!**

• 일본어능력시험 N2 문법 표현

☐ ～として ～로서

☐ ～通(とお)り(に) ～대로

☐ ～と共(とも)に ～와 함께

☐ ～だらけ ～투성이

☐ ～せいで ～한 탓에

☐ ～て以来(いらい) ～한 이래

☐ ～代(か)わりに ～대신에

☐ ～ばかりに ～한 탓에

☐ ～おかげで ～덕분에

☐ た형 + とたん ～하자마자

☐ ～によると ～에 의하면

☐ ～さえ～ば ～만 ～하면

☐ ～にとって ～에 있어서

☐ たとえ～ても 설사 ～라도

☐ ～上(うえ)(に) ～인 데다가

☐ ～ということだ ～라고 한다

☐ ～最中(さいちゅう)に 한창 ～할 때

☐ 기본형 + 度(たび)に ～할 때마다

☐ ～うちに ～하는 동안에

☐ ～っぽい ～의 경향이 있다

☐ ～をはじめ ～을 비롯해

☐ ～ものだから ～이기 때문에

☐ ～において ～에 있어서

☐ ～ことはない ～할 것은 없다

☐ ～に応(おう)じて ～에 따라서

☐ ～しかない ～할 수밖에 없다

☐ ～に対(たい)して ～에 대해서

☐ ます형 + がたい ～하기 어렵다

☐ ～について ～에 대해서

☐ ～わけがない ～일 리가 없다

☐ ます형 + 次第(しだい) ～하자마자

☐ ～に基(もと)づいて ～에 근거해서

☐ ～に比(くら)べて ～에 비해서

☐ ～気味(ぎみ) ～한 기운, ～한 기색

☐ ～に代(か)わって ～을 대신해

☐ 기본형 + 一方(いっぽう)だ ～하기만 하다

☐ ～に従(したが)って ～함에 따라서

☐ ～も～ば～も ～도 ～이고 ～도

☐ ～に連(つ)れて ～함에 따라서

☐ ～おそれがある ～할 우려가 있다

☐ ～に伴(ともな)って ～함에 따라서

☐ ～わけにはいかない ～할 수는 없다

☐ ～を中心(ちゅうしん) ～을 중심으로

☐ ～もかまわず ～도 아랑곳하지 않고

□ ～を問わず ～을 불문하고

□ ない형＋んばかりだ 곧 ～할 것 같다

□ ～をもとにして ～을 근거로 해서

□ ～ことになっている ～하기로 되어 있다

□ ～によって ～에 의해, ～에 따라

□ ～から～にかけて ～부터 ～에 걸쳐서

□ ～ことに ～하게도

□ ～向け ～용

□ ～限り ～하는 한

□ ～とか ～라고 한다

□ ～上で ～한 후에

□ ～向き ～에 적합함

□ た형＋末 ～한 끝에

□ た형＋ところ ～했더니

□ ～あまり ～한 나머지

□ ～ものか ～할까 보냐

□ ～をこめて ～을 담아

□ ～ものだ ～인 법이다

□ ～一方（で） ～하는 한편

□ ～くせに ～인 주제에

□ ～を通じて ～을 통해서

□ ～というより ～라기보다

□ ます형＋かけ ～하다 만

□ ～ことから ～한 것에서

□ ～に関して ～에 관해서

□ ～というと ～라고 하면

□ ～に加えて ～에 덧붙여

□ ～べきだ ～해야만 한다

□ ～に沿って ～에 따라서

□ ～に際して ～에 즈음해서

□ ～に反して ～에 반해서

□ ～に先立って ～에 앞서서

□ ～を巡って ～을 둘러싸고

□ ～ついでに ～하는 김에

□ ～にわたって ～에 걸쳐서

□ ～といったら ～라고 하면

□ ～ばかりか ～뿐만 아니라

□ ～からいうと ～로 말하면

□ ～はもとより ～은 물론이고

□ ～てならない 너무 ～하다

□ ～に応えて ～에 부응해서

□ ～からといって ～라고 해서

□ ます형＋きる 완전히 ～하다

□ ～かのようだ ～인 것 같다

□ ます형＋ぬく 끝까지 ～하다

□ ～てたまらない 너무 ～하다

□ ます형＋がちだ ～하기 쉽다

□ ～ば～ほど ～하면 ～할수록

□ い형용사 어간＋げ ～한 듯

□ ～に決まっている 반드시 ～하다

□ ～に相違ない　～임에 틀림없다

□ ～にすぎない　～에 지나지 않다

□ ～に違いない　～임에 틀림없다

□ ～か～ないかのうちに　～하자마자

□ ます형＋つつある　～하는 중이다

□ ～(か)と思うと　～했는가 생각했더니

□ ～際　～할 때

□ ～ぬきで　～없이

□ ～ものなら　～라면

□ ～わりに　～에 비해서

□ ～反面　～인 반면

□ た형＋挙げ句　～한 끝에

□ ～ものの　～이지만

□ ～(よ)うではないか　～하자

□ ～どころか　～은커녕

□ ～を契機に　～을 계기로

□ ～からして　～부터가

□ ～以上(は)　～한 이상(은)

□ ～にしたら　～에게는

□ ～に限る　～이 최고이다

□ ～のもとで　～하에서

□ ～に限らず　～뿐만 아니라

□ ～にしては　～치고는

□ ～のみならず　～뿐만 아니라

□ ～だけに　～인 만큼

□ ～を～として　～을 ～로 해서

□ ～上は　～한 이상은

□ ～にほかならない　바로 ～이다

□ ます형＋つつ　～하면서

□ ます형＋かねる　～하기 어렵다

□ ～にしろ　～라고 해도

□ ～にかかわらず　～에 관계없이

□ ～につけ　～할 때마다

□ 명사＋次第だ　～에 달려 있다

□ ～ことだ　～해야 한다도

□ ～ないことには　～하지 않고서는

□ ～からすると　～에서 보면

□ ます형＋っこない　결코 ～하지 않다

□ ～からには　～한 이상은

□ ます형＋かねない　～일지도 모른다

□ ～っけ　～였던가, ～였지

□ ～てからでないと　～한 후가 아니면

□ ～わけだ　～할 만도 하다

□ ます형＋ようがない　～할 수가 없다

□ ～をきっかけに　～을 계기로

□ ～はともかく　～은 어찌되었든 간에

□ ～ことだから　～이기 때문에

□ ～にもかかわらず　～임에도 불구하고

□ ～に当たって　～에 즈음해서

□ ～どころではない　～할 상태가 아니다

□ ～にかけては ～에 관해서는   □ ～わけではない ～인 것은 아니다

□ ～(より)ほか(は)ない ～할 수밖에 없다   □ ～ないではいられない

□ ～につき ～당, ～이기 때문에   ～하지 않고는 있을 수 없다

□ ない형＋ざるを得ない ～하지 않을 수 없다

주요 N2 문법 표현 예문

ます형+かねる ~하기 어렵다	예 私はどうも納得しかねます。 저는 도저히 납득할 수 없습니다.
~気味 ~기미	예 今日は朝からちょっと風邪気味だ。 오늘은 아침부터 조금 감기기운이 있다.
~に対して ~에 대해서	예 彼は親に対して反抗ばかりしてきた。 그는 부모에 대해서 반항만 해 왔다.
~くせに ~인 주제에	예 彼は知っているくせに、教えてくれない。 그는 알고 있는 주제에 가르쳐주지 않는다.
~て以来 ~한 이래로	예 鈴木君とは卒業して以来、会っていない。 스즈키 군과는 졸업한 이래로 만나지 못했다.
~に沿って ~에 따라	예 書いてある手順に沿って、実行してください。 쓰여져 있는 순서에 따라 실행해 주십시오.
ます형+次第 ~하자마자	예 出張から戻り次第、ご連絡を差し上げます。 출장에서 돌아오자마자 연락을 드리겠습니다.
~だらけ ~투성이	예 入ってみると、その部屋はほこりだらけだった。 들어가 보니 그 방은 먼지 투성이였다.
~どころか ~은커녕	예 忙しくて、旅行どころか寝る時間さえありません。 바빠서 여행은커녕 잘 시간조차 없습니다.
~てからでないと ~한 후가 아니면	예 二十歳になってからでないと、お酒は飲めない。 20살이 된 후가 아니면 술은 마실 수 없다.
た형+とたん ~하자마자	예 山田さんは家を出たとたん、事故にあったそうだ。 야마다 씨는 집을 나오자마자 사고를 당했다고 한다.
~において ~에 있어서	예 私は人生において一番大切なものは健康だと思う。 나는 인생에 있어서 가장 소중한 것은 건강이라고 생각한다.

01 人間は<u>年を取ると共に</u>、体が弱まる。

(A) 年を取るにしろ

(B) 年を取ったあげく

(C) 年を取るにおいて

(D) 年を取ると同時に

02 彼は肉の料理<u>にかけては</u>素敵な腕を持っている。

(A) によっては

(B) に関しては

(C) に応じては

(D) に先立っては

03 <u>ドアを叩く音がしたとたん</u>、「山田さん、李です」という声がした。

(A) ドアを叩く音がする前に

(B) ドアを叩く音がするとすぐに

(C) ドアを叩く音は聞こえないが

(D) ドアを叩く音がするにつれて

04 山は高く登る<u>にしたがって</u>空気が薄くなる。

(A) にとって

(B) につれて

(C) において

(D) にもとづいて

05 忙しくて休みを取る<u>どころ</u>か寝る時間もない。

(A) 仕事に追われてのんびり旅行に行く<u>どころ</u>ではない。

(B) 最近生活が厳しくて、新しい服を買う<u>どころ</u>ではない。

(C) 昨日は体の調子が悪くて勉強する<u>どころ</u>ではなかった。

(D) 彼は日本語の新聞を読める<u>どころ</u>かまだひらがなも知らない。

06 二人の<u>話し合い</u>は殴り合いに<u>なりかねる</u> <u>険悪</u>な<u>雰囲気</u>だった。
      (A)   (B)   (C)   (D)

07 <u>美容師</u>は仕事がたいへん<u>なだけに</u>給料が<u>少ない</u>と<u>言われて</u>いる。
   (A)　　　　　　　　　　　　(B)　　　　　　(C)　　　(D)

08 <u>にこにこと</u>笑っている<u>ところ</u>をみると、すべて<u>うまくいった</u>に<u>ちがわない</u>。
   (A)　　　　　　　　　　(B)　　　　　　　　　(C)　　　　(D)

09 日本では<u>ここ</u>数ヵ月、北朝鮮<u>への</u>食糧支援を<u>おいて</u>さまざまな意見が<u>交わされた</u>。
   　　　　　(A)　　　　　　(B)　　　　　(C)　　　　　　　　　　(D)

10 鈴木先生は現在、<u>海外出張中</u><u>な</u><u>ので</u>、明日<u>の</u>授業はない<u>というものです</u>。
   　　　　　　　　　　(A)　　　　(B)　　(C)　　　　　(D)

11 夏休み中<u>にもかかわって</u>、就職試験の準備<u>や</u>語学の勉強<u>のために</u>各閲覧室はほぼ
   　　　　　(A)　　　　　　　　　　　(B)　　　　　　　(C)

   <u>満席</u>だった。
   (D)

12 彼はできる＿＿＿＿＿＿やろうとしない。
   (A) くせに
   (B) ところ
   (C) たびに
   (D) ばかりに

13 道＿＿＿＿＿＿、きれいな花が咲いている。
   (A) に沿って
   (B) に対して
   (C) に応えて
   (D) に先立って

14 彼女に＿＿＿＿＿＿以来、私は彼女のとりこになってしまった。
   (A) 会う
   (B) 会った
   (C) 会って
   (D) 会ったり

15 悪いことでもあったのか、彼女は＿＿＿＿＿げな顔をしていた。

(A) 悲し

(B) 悲しい

(C) 悲しかった

(D) 悲しくない

16 コンピューターを＿＿＿＿＿最中に停電になってしまった。

(A) 使う

(B) 使い

(C) 使った

(D) 使っている

17 不景気でボーナス＿＿＿＿＿、首になるかもしれない。

(A) 次第

(B) あまり

(C) 気味で

(D) どころか

18 顧客の要望＿＿＿＿＿新しい割引制度を導入いたしました。

(A) を問わず

(B) をはじめ

(C) に応えて

(D) もかまわず

19 久しぶりに東京に行った＿＿＿＿＿、高校時代の友達に会ってきた。

(A) がてら

(B) うちに

(C) 代わりに

(D) ついでに

20 試験開始＿＿＿＿＿、注意事項についてご説明いたします。

(A) にしては

(B) に伴って

(C) に先立って

(D) に基づいて

바늘과 실 관계에 있는 표현들

쌍으로 외워야 하는 표현들

한눈에 들여다보기

쌍으로 외워야 하는 표현들 이 장에서 다루는 표현들은 형태나 의미가 유사하거나 혼동해서 사용하기 쉬운 표현들인데, 각 표현들의 출제 유형과 구분법은 다음과 같다. 「～なくて」와 「～ないで」는 바꿔 쓸수 있는 경우도 있지만, 원인이나 이유를 나타내거나 대립적인 어떤 사실에 대해서 말할 때는 「なくて」밖에 사용할 수 없다는 것을 기억해 두자. 「～おかげで」와 「～せいで」는 오문 정정 파트에서 항상 바꿔서 나오므로, 문장 전체의 의미만 잘 파악해 두면 된다. 「嬉しい」와 「楽しい」는 순간적인 기쁨을 나타낼 때는 「嬉しい」를 사용하고, 지속적인 기쁨을 나타낼 때는 「楽しい」를 사용한다는 것만 기억해 두자. 「はじめ」는 일의 첫 부분이나 시작을, 「はじめて」는 경험한 적이 있냐 없냐 라는 의미에서 '처음으로, 최초로'라는 의미가 된다. 「～ていく」는 현재로부터 미래로 변화가 진행되어 감을 나타내고, 「～てくる」는 과거로부터 현재까지 변화가 진행되어 옴을 나타낸다. 「～について」는 앞에 어떤 주제나 내용이 오고, 「～に対して」 앞에는 어떤 대상이 온다는 것을 기억해 두자. 「間」는 계속을 나타내고, 「間に」는 어느 한 지점에 중점을 두는 표현이다. 따라서 「間」 뒤에는 계속을 나타내는 「～つづける」나 「～ている」 등의 표현이 온다는 것도 기억해 두자. 「～うち」는 끝나는 지점이 막연한 경우에 사용하고 「～間」는 시작되는 지점과 끝나는 지점이 명확할 때 사용하는 표현이라는 것을 기억해 두자. 「～ほど」는 높은 정도나 비례를 나타낼 때 사용하지만, 「～くらい」에는 그러한 용법이 없다는 것을 기억해 두자. 「～頃」는 시각을 나타내는 말에 접속해 '～경'이라는 의미를, 「～くらい」는 시간을 나타내는 말에 접속해 '～정도'라는 의미가 된다는 것을 기억해 두자.

각 파트별 출제 유형			
	파트 5 (정답 찾기)	파트 6 (오문 정정)	파트 7 (공란 메우기)
쌍으로 외워야 하는 표현들	·「ないで」가 들어간 문장의 의미 파악 ·「はじめて」가 들어간 문장의 의미 파악 ·「間」가 들어간 문장의 의미 파악	·「なくて」와 「ないで」의 오용 ·「おかげで」와 「せいで」의 오용 ·「嬉しい」와 「楽しい」의 오용 ·「ほど」와 「くらい」의 오용 ·「うち」와 「間」의 오용	·「間に」 찾기 ·「について」 찾기 ·「～てくる」 찾기 ·「おかげで」 찾기 ·「嬉しい」를 사용한 관용 표현 ·기타 적절한 표현 찾기

1 その本は僕の<u>小遣い</u><u>で</u> <u>買えない</u> <u>だけ</u>高く<u>は</u>なかった。
                      (A)   (B)   (C)   (D)

2 2時間<u>も</u>環境問題<u>に対して</u>話し合ったが、<u>結論</u>は<u>出</u>なかった。
     (A)   (B)   (C)   (D)

3 何回<u>も</u>家で発表の練習をした<u>のに</u>、<u>うまく</u>説明<u>できないで</u>困った。
    (A)   (B)   (C)   (D)

4 会社に入って<u>1年目</u>は<u>大変でした</u>が、この頃<u>ようやく</u>仕事にも慣れて<u>いきました</u>。
          (A)   (B)   (C)   (D)

5 兄が<u>勉強している</u> <u>間に</u>、弟は自分の部屋で一人<u>で</u>遊<u>んでいた</u>。
         (A)   (B)   (C)   (D)

6 <u>多くの</u>人が手伝ってくれた<u>せいで</u>、予定通り作業を早く<u>終える</u>ことができた。
   (A)   (B)   (C)   (D)

7 家から<u>わりと</u>近い<u>のに</u>、行った<u>こと</u>がなかった六本木ヒルズに<u>はじめ</u>行ってみた。
       (A)   (B)   (C)   (D)

8 最初の<u>間</u>は母親と離れる<u>の</u>を嫌がった娘も今は<u>大分</u>保育園生活に慣れた<u>ようだ</u>。
      (A)   (B)   (C)   (D)

9 <u>自分</u>が卒業論文を書くことが<u>信じられません</u>でしたが、<u>書き上げた</u>時とても
 (A)   (B)   (C)

<u>楽しかった</u>です。
    (D)

10 約束の場所で2時間 頃 ずっと待っていたが、結局彼女は現れなかった。
　　　　　　　　(A)　(B)　　　　　　　　　　　(C)　　　　　(D)

11 買いたかったが、金を持って＿＿＿＿＿買えなかった。
(A) いても
(B) いなくて
(C) いないで
(D) いるかどうか

12 彼は授業の＿＿＿＿＿教科書の内容とは関係のないくだらない質問をして先生に叱られてしまった。
(A) 間
(B) 間に
(C) うちに
(D) までに

13 行きたかった大学に合格できて本当に＿＿＿＿＿です。
(A) かなしい
(B) たのしい
(C) うれしい
(D) やさしい

14 君が手伝ってくれた＿＿＿＿＿、仕事が早く片付いた。
(A) せいで
(B) ところで
(C) ばかりで
(D) おかげで

15 最近日本での生活にようやく慣れて＿＿＿＿＿。
(A) きた
(B) した
(C) なった
(D) いった

16 外国語の発音は練習すればする_____上手になります。

(A) ほど

(B) のに

(C) くらい

(D) ばかり

17 私は肉が好きなのに_____、妻は魚が好きだ。

(A) ついて

(B) 関して

(C) おいて

(D) 対して

18 _____の時は本当に緊張しましたが、今は大丈夫です。

(A) はじめ

(B) はじめて

(C) そこまで

(D) これから

19 拉致された子供の両親は「生きている_____会いたい」と話している。

(A) 間に

(B) うちに

(C) ほどに

(D) くらいに

20 それでは次の会議は明日の2時_____にすることにしましょう。

(A) 頃

(B) ほど

(C) くらい

(D) ばかり

쌍으로 외워야 하는 표현들

🔍 집중! 이것만은 꼭!

• 쌍으로 외워야 하는 표현들

① **～なくて** ▶ ～하지 않고(원인이나 이유를 나타내거나 대립적인 사항을 연결할 때)

　～ないで ▶ ～하지 않고(완곡한 부탁이나 뒤의 말을 수식할 때)

　今日は雨が降ら<u>なくて</u>雪が降った。 오늘은 비가 내리지 않고 눈이 내렸다.

　鈴木君は朝ご飯も食べ<u>ないで</u>学校へ行った。 스즈키 군은 아침도 먹지 않고 학교에 갔다.

② **～おかげで** ▶ ～덕분에(뒤에는 주로 좋은 결과가 옴)

　～せいで ▶ ～탓에(뒤에는 주로 나쁜 결과가 옴)

　近くの大きなスーパーができた<u>おかげで</u>、とても便利になった。
　근처에 큰 슈퍼가 생긴 덕분에 매우 편리해졌다.

　風邪を引いた<u>せいで</u>体の調子が悪いです。 감기에 걸린 탓에 몸 상태가 좋지 않습니다.

③ **嬉しい** ▶ 순간적인 기쁨(기쁨을 주는 원인이 있을 때)
　楽しい ▶ 지속적인 기쁨(기쁨을 주는 직접적인 대상이 없을 때)

　難しい試験に合格して<u>嬉しかった</u>。 어려운 시험에 합격해서 기뻤다.

　夏休みを<u>楽しく</u>過ごした。 여름방학을 즐겁게 보냈다.

④ **はじめ** ▶ 처음(어떤 일의 시작·첫 부분)

　はじめて ▶ 최초로, 처음으로(경험의 유무)

　<u>はじめ</u>はたいへんだったが、今は楽しい。 처음에는 힘들었지만, 지금은 즐겁다.

　今日、美容室に<u>はじめて</u>行ってみた。 오늘 미용실에 처음으로 가 보았다.

⑤ **～ていく** ▶ ～해 가다(현재로부터 미래로 변화가 진행됨)

　～てくる ▶ ～해 오다, 점차 ～하게 되다(과거로부터 현재까지 변화가 진행됨)

　世界のエネルギー消費の増加によって、地球環境問題は深刻になって<u>いく</u>。
　세계의 에너지 소비의 증가에 의해 지구환경문제는 심각해져 간다.

　最近、生活習慣病を意識して脂っこいものを避ける人が増え<u>てきた</u>。
　최근 성인병을 의식해 기름진 음식을 피하는 사람이 증가했다.

⑥ ～について ▶ ～에 대해서(주제나 내용을 나타냄)

　～に対して ▶ ～에 대해서(대상이나 대립관계에 있음을 나타냄)

　彼は日本の文学について勉強している。그는 일본의 문학에 대해서 공부하고 있다. (내용)

　私は幼い時から親に対して反抗ばかりしてきた。

　나는 어릴 때부터 부모님에게 반항만 해 왔다. (대상)

⑦ ～間 ▶ ～동안에(어떤 상태나 동작이 계속되고 있는 기간 전체를 나타냄)

　～間に ▶ ～동안에(어느 특정한 시간에 행해진 동작이나 사태를 나타냄)

　食事の間は静かにしなさい。식사하는 동안은 조용히 하시오. (계속)

　日本にいる間に、茶道を習いました。일본에 있는 동안에 다도를 배웠습니다. (어느 특정한 시간)

⑧ ～うち ▶ ～동안에(끝나는 지점이 막연할 때)

　～間 ▶ ～동안에(시작되는 점과 끝나는 지점을 확실히 알 수 있을 때)

　子供が小さいうちは家事で忙しくて夫婦での外出もろくにできなかった。

　아이가 어릴 동안에는 가사로 바빠서 부부끼리의 외출도 제대로 할 수 없었다.

　試験の間は隣の人と話をしてはいけません。시험 동안에는 옆사람과 이야기를 해서는 안 됩니다.

⑨ ～ほど ▶ ～정도(높은 정도의 예나 비교나 비례를 나타낼 때)

　～くらい ▶ ～정도(최저의 정도를 나타낼 때)

　彼ほど熱心に勉強する人は見たことがない。

　그 정도로 열심히 공부하는 사람은 본 적이 없다. (높은 정도)

　せめてコーヒーくらいはゆっくり飲ませてください。

　하다 못해 커피 정도는 천천히 마시게 해 주십시오. (최저의 정도)

⑩ 시각+頃 ▶ ～경

　시간+くらい ▶ ～정도

　研究室には1時頃に来てください。연구실에는 1시경에 와 주십시오.

　私はいくら忙しくても1時間くらいは運動することにしている。

　나는 아무리 바빠도 1시간 정도는 운동하기로 하고 있다.

TEST

※ ①〜② 중 몇 번일까요?

1 彼は授業の（①間 / ②間に）ずっと寝ていた。
授業 수업 | ずっと 쭉·계속 | 寝る 자다

2 あの人（①について / ②に対して）変な噂を聞いた。
変だ 이상하다 | 噂 소문

3 日本語の勉強はすればする（①ほど / ②くらい）難しくなる。
勉強 공부 | 難しい 어렵다

4 朝寝坊をして朝ご飯を（①食べなくて / ②食べないで）出勤した。
朝寝坊 늦잠 | 出勤 출근

5 一生懸命に勉強した（①おかげで / ②せいで）大学に合格した。
一生懸命に 열심히 | 合格 합격

6 最近、結婚しない女性が増えて（①いった / ②きた）ような気がする。
結婚 결혼 | 気がする 느낌이 들다

7 この料理、（①はじめ / ②はじめて）食べてみたが、とても美味しいね。
料理 요리 | 美味しい 맛있다

8 彼は日本に留学して（①嬉しい / ②楽しい）毎日を送っているそうだ。
留学 유학 | 送る 보내다

9 大学生でも一日にせめて1時間（①頃 / ②くらい）は勉強するべきだ。
大学生 대학생 | せめて 하다 못해, 적어도

10 人間は誰であれ、自分に有益な（①うちは / ②間は）しっぽを振るものだ。
人間 인간 | 有益 유익 |
しっぽを振る 아양을 떨다

쌍으로 암기해야 되는 표현들은 파트 6 오문 정정에서 상당히 출제 빈도가 높으므로, 반드시 정리해 두어야 한다. 대부분의 경우 바꿔서 출제되므로, 각 표현들의 차이점을 확실히 구분해 두도록 하자.

01 この荷物はあまり重くないで、運びやすいです。
　　(A)　　　　　　　(B)　　　　(C)　　　(D)

02 家の近くに新しい駅ができた せいで便利になって嬉しい。
　　　　(A)　　　　　　　　(B)　　(C)　　　(D)

03 彼は多くの人の反対をものともせず、計画通り作業を進めてきた。
　　　　(A)　　　　　　(B)　　　　　　(C)　　　　　(D)

04 彼は授業の間に先生の話を聞かずに ずっとおしゃべりばかりしていた。
　　　　　　(A)　　　　　　(B)　　(C)　　　　　　(D)

05 今のところ、彼くらい仕事ができて、人生も楽しんでいる人は見たことがない。
　　(A)　　　　(B)　　　　　　　　　(C)　　　　(D)

06 彼はお客様について無礼なことを言ってはいけないといつも注意されている。
　　　　　　(A)　　　　(B)　　　　(C)　　　　(D)

07 登山計画が発表されると、希望者が殺到して楽しい悲鳴を上げるほどの盛況で
　　　　　(A)　　　　　　　(B)　　(C)　　　　　　　(D)

あった。

08 はじめ日本に行った時には、日本語が下手なせいで困ったことが多かったです。
　　(A)　　(B)　　　　　　　　　(C)　　　　　(D)

09 両親が元気な間、新しい家でも建ててあげようと思っております。
　　(A)　　　　(B)　　　(C)　　(D)

10 毎日続いた10時間頃の訓練で、選手たちはみんなへとへとになっていた。
　　(A)　　　(B)　　　　(C)　　　　　　(D)

11 今までのことは全部序論に＿＿＿＿＿＿＿、これからが本論だ。

(A) すぎなくて

(B) すぎないで

(C) すぎなくても

(D) すぎないでも

12 私は大学に入り、友達も増え＿＿＿＿＿＿毎日を過ごしている。

(A) たのしい

(B) うれしい

(C) むなしい

(D) うらやましい

13 ＿＿＿＿＿＿のうちは、この学校にとてもいい印象を持っていました。

(A) 一番

(B) 最後

(C) はじめ

(D) はじめて

14 韓国でもここ数年いじめの問題が深刻になって＿＿＿＿＿＿。

(A) した

(B) きた

(C) いった

(D) なった

15 彼は授業の＿＿＿＿＿＿ずっとメールを送っている。

(A) 間

(B) 間に

(C) うちに

(D) までに

16 私はヨットが買える＿＿＿＿＿金持ちではないよ。

(A) ほど

(B) だけ

(C) くらい

(D) ばかり

17 父は妹＿＿＿＿＿とても優しいです。

(A) によって

(B) に関して

(C) について

(D) に対して

18 多くの観客が応援してくれた＿＿＿＿＿、試合に勝つことができた。

(A) ためで

(B) だけで

(C) せいで

(D) おかげで

19 この公式はちょっと難しいから、忘れない＿＿＿＿＿メモして置きましょう。

(A) 間

(B) 前に

(C) うちに

(D) 後で

20 司法試験に合格するには、一日に少なくとも10時間＿＿＿＿＿は勉強すべきだと思う。

(A) 頃

(B) わけ

(C) くらい

(D) ところ

그래도 고어(古語)는 살아 있다

고어 표현

한눈에 들여다보기

고어 표현 고어에서 나온 표현들은 대부분이 조동사이다. 이 조동사들은 따로 공부해 두지 않으면 해석 자체가 불가능하기 때문에, 상당히 까다로운 부분이기도 하다. 이 장에서 다룰 조동사는 크게 나누면 3가지인데, 각 조동사의 파트별 출제 유형은 다음과 같다.

우선 부정을 나타내는 조동사 「ず」는 출제빈도가 가장 높은 고어 표현이다. 일본어능력시험 1, 2급에 나오는 표현들이 대부분인데, 「~ざるを得ない(~하지 않을 수 없다)」처럼 「ず」의 변화된 형태인 「ざる」라든지 「~ねばならぬ(~하지 않으면 안 된다)」처럼 「ね」나 「ぬ」에 대한 이해도 필요하다. 파트 5에서는 「ず」를 사용한 문법 표현의 의미를 묻는 문제로 출제되고, 파트 6에서는 형태의 오용이나 접속의 오용으로, 파트 7에서는 직접으로 표현을 찾는 문제로 출제되고 있다.

부정의 추량이나 의지를 나타내는 「まい」는 용법 구분 문제로 출제된 적이 있는 만큼 정확한 용법의 구분이 상당히 중요한 조동사이다. 그 이외에 「まい」를 사용한 문법 표현도 출제된 적이 있으므로, 이 부분에 대한 공부도 필요하다.

당위성을 나타내는 「べし」는 출제 빈도 면에서는 낮은 편이므로, 기본형에 접속한다는 것과 형태에 따른 의미 정도만 기억해 두면 된다.

기타 고어에서 나온 조동사들도 시험에서 출제 빈도가 높으므로, 함께 정리해 두도록 하자.

각 파트별 출제 유형		
고어 표현	**파트 5 (정답 찾기)**	**파트 6 (오문 정정)**	**파트 7 (공란 메우기)**
고어 표현	·「だに」와 대체할 수 있는 표현 ·「のみならず」와 대체할 수 있는 표현 ·「を問わず」와 대체할 수 있는 표현 ·「やむを得ず」와 대체할 수 있는 표현 ·「まい」의 용법 구분	·「ず」의 접속 형태 오용 ·「まい」의 접속 형태 오용 ·「んばかり」의 접속 형태 오용 ·「にもかかわらず」의 형태의 오용 ·「べきだ」의 부정형 오용	·「まじき」 찾기 ·「たりとも」 찾기 ·「ならでは」 찾기 ·「まい」의 올바른 접속 형태 ·「ざるを得ない」의 올바른 접속 형태

1 こんな事故が起きるとは、<u>想像だに</u>しなかった。
   (A) 想像だけ
   (B) 想像ほど
   (C) 想像さえ
   (D) 想像ばかり

2 <u>この仕事はやるよりほかない。</u>
   (A) この仕事はやらなくてもいい。
   (B) この仕事はやるべきではない。
   (C) この仕事はやらざるをえない。
   (D) この仕事はやるわけにはいかない。

3 みんなが出席するのなら、<u>私も行かずにはすまないだろう。</u>
   (A) 私が行くことはないだろう
   (B) 私も行きようがないだろう
   (C) 私が行かなくてもいいだろう
   (D) 私も行かないわけにはいかないだろう

4 今回のツアーは<u>年を問わず</u>、誰でもお申し込みになれます。
   (A) 年に限って
   (B) 年において
   (C) 年はさておいて
   (D) 年にかかわらず

5 このテレビ番組は、若い人<u>のみならず</u>老人や子供にも人気がある。
   (A) にとって
   (B) によって
   (C) をおいて
   (D) だけでなく

6 こんな過ちは二度と繰り返すまい。

(A) この問題は簡単に解決できまい。

(B) この楽しさは他人にはわかるまい。

(C) 健康のためにたばこはもう吸うまい。

(D) 今度の試験はそれほど難しくあるまい。

7 もうケーキは買わまいと思いつつも、つい買ってしまう。
   (A)   (B)   (C)   (D)

8 この小説を読むと、誰でも感動せずにはいられるだろう。
         (A)   (B)   (C)   (D)

9 警察官なる者が暴力団に賄賂をもらうとは、許しがたいことだ。
       (A)   (B)   (C)   (D)

10 必死で努力したにもかかわって、すべて失敗に終わってしまった。
   (A)   (B)   (C)   (D)

11 電車に乗った時、年寄りや体の不自由な人には席を譲りべきだ。
     (A)   (B)   (C)   (D)

12 今回の事件は許すべからずテロ行為であると言わざるを得ない。
         (A)   (B)   (C)   (D)

13 その人は川に溺れていた子供を救うんがため、自分の命を落とした。
             (A)   (B)   (C)   (D)

14 私が行こうが_____まいが、もうあなたとは関係がないことだ。

(A) 行き

(B) 行く

(C) 行か

(D) 行こう

15 行きたくないが、こうなった以上＿＿＿＿＿＿ざるを得ない。
(A) 行き
(B) 行く
(C) 行か
(D) 行こう

16 油断したが＿＿＿＿＿＿、事故を起こしてしまった。
(A) のに
(B) から
(C) ので
(D) ゆえに

17 決定権は僕にはない。ただ従う＿＿＿＿＿＿。
(A) のみだ
(B) ほどだ
(C) ごろだ
(D) くらいだ

18 あのレストランの食べ物は高い＿＿＿＿＿＿まずいので、もう行かないつもりだ。
(A) を問わず
(B) にかかわらず
(C) にもかかわらず
(D) のをものともせず

19 気温が体温より高いなんて、想像＿＿＿＿＿＿恐ろしいですね。
(A) だに
(B) こそ
(C) のみ
(D) わけ

20 彼女の生意気な態度に、私は一言言わずには＿＿＿＿＿＿。
(A) おけたかった
(C) すめなかった
(B) たまらなかった
(D) いられなかった

고어 표현

🔍 **집중! 이것만은 꼭!**

① **ない형＋ず** ▶ 부정을 나타냄.

- ・〜を問わず 〜을 불문하고
- ・〜のみならず 〜뿐만 아니라
- ・〜にかかわらず 〜에 관계없이
- ・〜ずにはおかない 반드시 〜하다
- ・〜にもかかわらず 〜임에도 불구하고
- ・〜ざるを得ない 〜하지 않을 수 없다

- ・やむを得ず 어쩔 수 없이
- ・〜もかまわず 〜도 개의치 않고
- ・〜ねばならぬ 〜하지 않으면 안 된다
- ・〜ずにはすまない 반드시 〜해야 한다
- ・〜をものともせず 〜을 아랑곳하지 않고
- ・〜ずにはいられない 〜하지 않고는 못 배기다

あなたがしないなら、私がやらざるを得ないだろう。
당신이 하지 않는다면 내가 해야만 할 것이다.

この会社では性別にかかわらず、有能な人材を募集している。
이 회사에서는 성별에 관계없이 유능한 인재를 모집하고 있다.

明日試験があるので、彼は眠たいにもかかわらず、夜遅くまで勉強した。
내일 시험이 있기 때문에 그는 졸림에도 불구하고 밤늦게까지 공부했다.

② **まい** ▶ 부정의 추량과 부정의 의지를 나타냄.

- ・〜(よ)うが〜まいが 〜하든 안 하든
- ・〜では(じゃ)あるまいし 〜도 아니고

来るまいと思っていた彼女がパーティーに来た。
오지 않을 거라고 생각하고 있던 그녀가 파티에 왔다. (부정의 추량)

こんなまずい店には二度と来るまい。
이런 맛없는 가게에는 두 번 다시 오지 않겠다. (부정의 의지)

子供ではあるまいし、掃除くらい一人でやりなさい。
아이도 아니고, 청소 정도는 혼자서 하시오.

③ **기본형＋べし** ▶ 당위성을 나타냄.

- ・〜べく 〜하기 위해
- ・〜べからず 〜해서는 안 된다
- ・〜べからざる 〜해서는 안 되는

- ・〜べきだ 〜해야만 한다
- ・〜べきだった 〜했어야 했다
- ・〜べきではない 〜해서는 안 된다

働かざる者、食うべからず。
일하지 않는 자 먹지도 말라.

かなり遠いから、今日は車で行くべきだ。

상당히 머니까, 오늘은 자동차로 가는 게 당연하다.

私が先に彼女に謝るべきだった。

내가 먼저 그녀에게 사과했어야 했다.

④ 기타 고어 표현

- ～だに ～조차
- ～ごとき ～와 같은
- ～ならでは ～만의
- ～や否や ～하자마자
- 직업명＋ともあろう 명색이～인
- ない형＋んばかり(に) 마치～할 듯이
- 직업명＋たる ～의 입장에 있는, ～된

- ～たりとも 단～라도
- ～ごとく ～처럼
- ～ (が)故に ～이기 때문에
- ～まじき ～해서는 안될
- ～こととて ～라서, ～이기 때문에
- ない형＋んがため(に) ～하기 위해서
- ただ～のみだ 단지～일 뿐이다

教師たる者は生徒の模範とならなければならない。

교사된 사람은 학생의 모범이 되지 않으면 안 된다.

これからは一瞬たりとも無駄にはできない。

이제부터는 단 한 순간이라도 헛되이 할 수 없다.

今回のごとき事故は二度とあってはならない。

이번과 같은 사고는 두 번 다시 있어서는 안 된다.

酒を飲んで運転するとは、警察官にあるまじき行為だ。

술을 마시고 운전하다니 경찰관에게 있어서는 안 되는 행위이다.

TEST

※ ①～② 중 몇 번일까요?

1 少なくとも5時間以上は睡眠を（ ①取る / ②取り ）べきだ。

少なくとも 적어도 | 睡眠を取る 수면을 취하다

2 私が行こうが（ ①行く / ②行か ）まいが、君とは関係ない。

君 당신 | 関係 관계

3 彼の態度を見て一言（ ①言う / ②言わ ）ざるを得なかった。

態度 태도 | 一言 한 마디

4 責任者（ ①たる / ②なる ）者が責任を取らなければならない。

責任者 책임자 | 責任を取る 책임을 지다

5 金品を受け取るとは、公務員にある（ ①ごとき / ②まじき ）ことだ。

金品 금품 | 受け取る 받다 | 公務員 공무원

고어 표현은 의미와 함께 중요한 것이 접속 형태이다. 각 표현들의 접속 형태를 묻는 문제가 자주 출제되고 있으므로, 이번 기회에 완벽하게 암기해 두도록 하자.

② ⑤ ① ⑦ ② ③ ① ② ① ⑤ **정답**

01 当日、<u>やむを得ず</u>変更があるかもしれません。
(A) かなり
(B) ずいぶん
(C) 前もって
(D) 仕方なく

02 激しい雨が<u>降っているにもかかわらず</u>、サッカーの試合は続いた。
(A) 降っているので
(B) 降っていることなく
(C) 降っているせいで
(D) 降っているに関係なく

03 資格・性別・年齢を<u>問わず</u>、意欲ある方のご応募をお待ちしています。
(A) を区別して
(B) にもとづいて
(C) を参考にして
(D) を問題にしないで

04 今度の問題は二人で<u>話し合うべきだった</u>。
(A) 話し合ったことがある
(B) 話し合うかもしれない
(C) 話し合わなくてもいい
(D) 実際には話し合わなかった

05 こんなことは二度とする<u>まい</u>と心に誓った。
(A) こんな話は誰も信じてくれ<u>まい</u>。
(B) この意見に反対する人はある<u>まい</u>。
(C) これからは酒を飲む<u>まい</u>と約束した。
(D) 明日は絶対に雨が降る<u>まい</u>と信じている。

06 <u>今朝</u>、先生に<u>言われた</u>ことだ<u>から</u>、<u>し</u>ざるを得ない。
　(A)　　　　　(B)　　　　　(C)　 (D)

07 雨が<u>降ろう</u>が<u>降らまい</u>が、<u>必ず</u>予定通りに<u>行います</u>。
        (A)   (B)   (C)   (D)

08 私たちは<u>決して</u> <u>見た目</u>や肩書き<u>だけ</u>で人を<u>判断しない</u>べきだ。
        (A)   (B)   (C)   (D)

09 うちの犬は私が外出の<u>支度</u>を始めると「<u>行かないで</u>」と<u>言う</u>んばかりに私を
                                (A)   (B)   (C)

<u>じっと</u>見ている。
 (D)

10 労働者に<u>とって</u>勤務場所の<u>変更</u>は、<u>労働条件</u>に重大な影響を与えずには
            (A)   (B)   (C)

<u>しかたない</u>だろう。
   (D)

11 今回の講演<u>には</u>、主婦<u>のみ</u>にならず、役員や会社の経営者など<u>多彩</u>な<u>顔触れ</u>が
          (A)   (B)   (C)   (D)

参加した。

12 議員<u>にもあろう</u>者が業者<u>から</u>賄賂を<u>受け取る</u>なんて、<u>許すまじき</u>ことだ。
        (A)   (B)   (C)   (D)

13 水は一滴_____無駄にしてはいけません。
(A) たりとも
(B) なくして
(C) とあって
(D) と思いきや

14 子供_____、そんな振る舞いをしてはいけない。
(A) ときたら
(B) かたがた
(C) に即して
(D) ではあるまいし

15 賄賂をもらうなんて、教師としてある＿＿＿＿＿＿行為である。

(A) たる

(B) べき

(C) まじき

(D) ごとき

16 彼は私の顔を見る＿＿＿＿＿＿、逃げ出した。

(A) だに

(B) ゆえに

(C) や否や

(D) といえども

17 今日は当店＿＿＿＿＿＿の素晴らしい料理をお楽しみください。

(A) まじき

(B) ならでは

(C) のみならず

(D) んばかりに

18 ひどく叱られた彼女は、今にも＿＿＿＿＿＿んばかりの顔をしていました。

(A) 泣き出し

(B) 泣き出す

(C) 泣き出さ

(D) 泣き出そう

19 案を出した人たちは、今回の理事会の決定に反対せずには＿＿＿＿＿＿だろう。

(A) おかない

(B) いけない

(C) すめない

(D) ならない

20 どんな理由があったとしても、そのような行動は絶対に許す＿＿＿＿＿＿。

(A) べきだ

(B) べからざる

(C) べきだった

(D) べきではない

JPT 유형 따라잡기
모의 테스트 2회

V. 下の＿＿＿線の言葉の正しい表現、または同じ意味のはたらきをしている言葉を
(A)から(D)の中で一つ選びなさい。

1 いつもうそばかりついていると、罰が
当たるぞ。
(A) ばつ
(B) ばち
(C) もと
(D) きり

2 ごみの分別にご協力くださるよう
よろしくお願いいたします。
(A) ふんべつ
(B) ぶんべつ
(C) ふんばつ
(D) ぶんばつ

3 彼女は見た通りのことを言っただけ
で、悪気はなかったのだろう。
(A) おき
(B) あくき
(C) わるぎ
(D) わるげ

4 今度のツアーでは韓国の伝統衣装を着て
韓国の礼儀作法を習うことができます。
(A) いそう
(B) いしょう
(C) いぞう
(D) いじょう

5 私はこれまで仕事一途に生きてきました。
(A) いっと
(B) いちず
(C) いつど
(D) いつず

6 日本の伝統食は自然治癒力を養うとい
う点では優れていると思う。
(A) やとう
(B) からかう
(C) やしなう
(D) つくろう

7 外国から再入国する時にはパスポート
を搭乗券と共に審査官に提出する。
(A) とじょけん
(B) とうじょけん
(C) とうじょうけん
(D) どうじょうけん

8 韓国の国旗は東洋哲学の陰と陽の原理
をしょうちょうしているそうだ。
(A) 象徴
(B) 像徴
(C) 象微
(D) 像微

9 風邪というのは疲労して体力がおとろえ
た時にウイルス感染によって発病する。
(A) 弱えた
(B) 衰えた
(C) 疲えた
(D) 労えた

10 警視庁の警察官の横領事件が、物議を
かもすことになった。
(A) 交す
(B) 記す
(C) 催す
(D) 醸す

11 社長は朝からご機嫌斜めです。

(A) 社長は朝から機嫌がいいです。

(B) 社長は朝から機嫌が悪いです。

(C) 社長は朝から楽しそうに見えます。

(D) 社長は朝から悲しそうに見えます。

12 日本では子供ばかりか、大人さえ漫画を読んでいる。

(A) 日本では子供ばかりが漫画を読んでいる。

(B) 日本では子供以外の人が漫画を読んでいる。

(C) 日本では子供より大人の方が漫画をよく読んでいる。

(D) 日本では子供ばかりではなく大人も漫画を読んでいる。

13 私はいつも運動だけはちゃんとしています。

(A) 私は運動をすることになっています。

(B) 私はたまに運動をすることもあります。

(C) 私は毎日運動を欠かすことがありません。

(D) 私は運動をちゃんとしなければなりません。

14 会議は1時から6時まで行われたが、結論は出なかった。

(A) 5時間にわたって

(B) 5時間をかわきりに

(C) たかが5時間だけ

(D) 5時間にもかかわらず

15 彼は不治の病で後半年の命と医者に宣告され、すてばちになった。

(A) みぞができた

(B) けじめをつけた

(C) やけくそになった

(D) ピリオドをうった

16 花子は顔立ちがかわいいのをいつも自慢しているので嫌われている。

(A) 手を抜いたので

(B) 目鼻が付いたので

(C) 歯が立たないので

(D) 鼻にかけているので

17 資料が手に入り次第、お渡しいたします。

(A) これからどうなるかはあなた次第だ。

(B) 明日試合ができるかどうかは天気次第だ。

(C) 書類が見つかり次第、私に電話してください。

(D) みんなの意見も取り入れて、このように決めた次第だ。

18 頭が痛いが、何かいい薬を持っているか。

(A) あなたが行くなら、私も行きたい。

(B) 日は沈んだが、外はまだ明るかった。

(C) 勝算はないが、最後までがんばって戦うつもりだ。

(D) すまないが、この荷物を二階まで運んでもらえるかな。

19 中国経済は高成長を維持しつつも成長率は低下している。

(A) 悪いとは知りつつも、またやってしまった。

(B) 女性や夫婦の働き方は変わりつつある。

(C) 最近日本の経済状況は悪化しつつある。

(D) お酒を飲みつつ月を眺めるのは趣がある。

20 景品は1階のフロントでお受け取りになってください。

(A) 2に3をかけると6になる。

(B) いろいろ苦労した末、検事になった。

(C) この論文は山田先生がお書きになりました。

(D) 彼は5年間も勉強してようやく弁護士になった。

VI. 下の＿＿＿線のA, B, C, Dの中で正しくない言葉を一つ選びなさい。

21 秋になって涼しくなると、食欲が進む。
　　　　　(A)　　(B)　　(C)　　　　(D)

22 誰が何と言おうが言わないが、私とは全く関係のないことだ。
　　　　　(A)　　　　(B)　　　　(C)　　　　(D)

23 自分のことは棚に乗せて、人の批判ばかりしていてはいけない。
　　　(A)　　　(B)　　　　　　(C)　　　　(D)

24 商店街の人々は大手スーパーの進出を抗議して、集会を開いた。
　　　　(A)　(B)　　　　　　(C)　　　　(D)

25 台風の被害から一ヶ月がたったのに、まだ道路復旧の目処がない。
　　　　　　(A)　　　　　　　(B)　　　　(C)　　(D)

26 無識な人だからといって、いつも考える能力が劣っているとは限らない。
　(A)　　　(B)　　　　　　　　　(C)　　　(D)

27 皆さんに一番最初に考えてほしいのは、「人はなぜ本を読むのか?」ということです。
　　　(A)　　　(B)　　　　(C)　　　　(D)

28 今までの日本人は、誰にでも 果てる可能性があることをみんな忘れてしまって
　　(A)　　　　　(B)　　(C)

いたのです。
　(D)

29 立ったまま見下ろして話すのではなく、相手の目線まで身をかがめる彼の身だしなみに
　(A)　　　　　　　　　(B)　　　　　　(C)　　　　(D)

感激した。

30 国土交通省によると、高速道路の事故は出発から一時間以内が過半数を越えている
　　　　　　(A)　　　　　　　　　　(B)　　　　　　　　(C)

そうだ。
　(D)

31 本に書いていることを忠実にこなせば、基本的にどの自己啓発本でも、いい結果が
　　　(A)　　　　　(B)　　　(C)

得られる。
　(D)

32 彼の短所ときたら、質問されるといつも煮え切る返事ばかりしていて、相手を
　　(A)　　　　　　　　　　(B)　　　(C)

いらいらさせるところである。
　(D)

33 個人種目の多い午前はA組がリードしたが、午後になるとB組が底力を発揮し
　　　　　　　　(A)　　　　　　　　　　　　　　　　　　　　　　　　(B)

　　抜きつ抜かせつの接戦と なった。
　　　　(C)　　　　　　(D)

34 山田君の結婚祝いのプレゼントを買うために、友人と会ってデパートで行ったが、
　　　　　　　　　　(A)　　　　　　　　　　　　　(B)　　　　　　(C)

　　気に入るものが全然なかった。
　　　(D)

35 今日は暇だろうから午後は本でも読んで勉強しようと思っていたら、次から次まで
　　　　　　(A)　　　　　　　　　　　　　　　　　　　　(B)　　　(C)

　　仕事が来て、休む暇もないくらいだった。
　　　　　　　　　　　　(D)

36 日本は色々なジャンルの音楽があって、それぞれが受け入れられている。
　　　　　　　　　　　　　　　　　　　　(A)　　　(B)

　　韓国に比べたら、とても音楽環境に恵んでいると思う。
　　　(C)　　　　　　　　　　　(D)

37 顧客の気持ちを損ねた時はとにかくひたすら謝ること。顧客から説明を求められる
　　　　(A)　　　　　　　(B)　　　　　(C)

　　までは余計な言い訳はしない方が良い。
　　　　(D)

38 円相場の変動は韓国企業の対日ビジネスに大きな影響を及ぼしかねないため、
　　　　　(A)　　　　　　　　　　　　　　　　　　　(B)

　　我々はその行方を注意深く見定める必要があると思われる。
　　　　　(C)　　　　　　(D)

39 わが社は「お客様を第一に考える」というスタンスで、心をはこんで作っており
　　(A)　　　　　　　　　　　　　　　　　　　　　　　(B)

　　ます。お菓子を通じて、夢のある豊かな生活をお届けいたします。
　　　　　(C)　　　　　　　　　　　　　(D)

40 韓国でイタリア料理と言えば、西洋料理の一種類として高級な食事だと思われて
　　　　　　　　(A)　　　　　　　　　　(B)

　　いるが、最近では手順の値段で質の良いイタリア料理が食べられる店も登場
　　　　　　　(C)

　　してきた。
　　　(D)

VII. 下の_____線に入る適当な言葉を(A)から(D)の中で一つ選びなさい。

41 地下街は買い物をする人_____混雑している。

    (A) で

    (B) が

    (C) に

    (D) も

42 彼女は多くの人の支えで裁判_____勝った。

    (A) に

    (B) を

    (C) も

    (D) から

43 あそこで子供が遊んでいる_____が見えますか。

    (A) の

    (B) こと

    (C) もの

    (D) ところ

44 明日、ご都合がよろしければ、3時頃_____。

    (A) うかがいます

    (B) いただきます

    (C) 拝借いたします

    (D) ご覧になります

45 HDDの利用により、_____な高速再生などの特殊再生が可能になった。

    (A) かすか

    (B) なめらか

    (C) さわやか

    (D) うららか

46 彼は口が_____から、みんなに信用されている。

    (A) かるい

    (B) かたい

    (C) おもい

    (D) からい

47 私のホームページは来年の6月_____接続会員10万人を目指している。

(A) まで

(B) までに

(C) までと

(D) までを

48 私は大学を卒業した_____、英語にはほとんど触れていません。

(A) まで

(B) きり

(C) うえ

(D) くらい

49 愛が冷めたから別れるのではなく、愛するから_____別れるという場合もあるのだ。

(A) こそ

(B) だけ

(C) ほど

(D) ばかり

50 お酒を飲んで運転するなんて、危険_____行為である。

(A) いたる

(B) きわまる

(C) かたよる

(D) こだわる

51 今朝の大地震の影響で大幅にダイヤが_____しまった。

(A) 遅れて

(B) 崩れて

(C) 震えて

(D) 乱れて

52 彼は悪戦苦闘の末、遂に契約を_____。

(A) 取り付けた

(B) 取り消した

(C) 取り組んだ

(D) 取り入れた

53 彼は司法試験に合格するため、毎日朝早く図書館に行って読書に＿＿＿＿＿＿いた。

(A) 見直して

(B) 踏み切って

(C) 明け暮れて

(D) 打ち合わせて

54 今月に入って大分気候も春＿＿＿＿＿＿きた。

(A) っぽく

(B) めいて

(C) らしく

(D) がちに

55 チケットがご滞在先ホテルへ届いてからのアクシデント等について、弊社は＿＿＿＿＿＿責任を負いません。

(A) やがて

(B) いっさい

(C) いきなり

(D) まもなく

56 ＿＿＿＿＿＿担当者がおりませんので、後ほどこちらから電話させていただきます。

(A) もっぱら

(B) あいにく

(C) わざわざ

(D) まさか

57 いくらがんばっても一日の収入は＿＿＿＿＿＿5千円である。

(A) まったく

(B) なるべく

(C) なかなか

(D) せいぜい

58 彼は相当疲れているのか壁際のいすに腰掛け、＿＿＿＿＿＿居眠りをしていた。

(A) はらはら

(B) へとへと

(C) うとうと

(D) ねばねば

59 彼が別れ話をもちかけると彼女は今にも＿＿＿＿＿＿んばかりに、目を潤ませていた。

(A) 泣き出さ

(B) 泣き出し

(C) 泣き出す

(D) 泣き出そう

60 手術の経過が順調だったら、来週は散歩に出ても＿＿＿＿＿＿。

(A) むりがある

(B) むりもない

(C) さしつかえる

(D) さしつかえない

61 この写真を見る＿＿＿＿＿＿、日本での思い出が思い出される。

(A) ように

(B) おきに

(C) たびに

(D) うえに

62 彼にはこの間色々とお世話になり、感謝＿＿＿＿＿＿と思っている。

(A) にたえない

(B) にあたらない

(C) にかかわる

(D) にかたくない

63 物流コストが上がる当然の結果として、日用品の価格も＿＿＿＿＿＿上がっている。

(A) じりじり

(B) どしどし

(C) でこぼこ

(D) そわそわ

64 高層階だからといって窓を＿＿＿＿＿＿っぱなしにするのは非常に危険です。

(A) あき

(B) あけ

(C) あいた

(D) あけた

65 毎日の＿＿＿＿＿を考えるのは、確かに大変で難しく、面倒なことです。

(A) 家柄

(B) 献立

(C) 心地

(D) 支度

66 一生懸命に練習したおかげで、テニスの＿＿＿＿＿が上がった。

(A) 足

(B) 腕

(C) 頭

(D) 顔

67 アメリカの一国主義に＿＿＿＿＿をかける流れは世界的に広がっています。

(A) 山

(B) 手間

(C) 迷惑

(D) 歯止め

68 決勝ラウンドでは、5名の選手が＿＿＿＿＿な演技を披露してくれた。

(A) 見事

(B) 見当

(C) 見込み

(D) 見応え

69 今回の大地震で都内の大体の建物に＿＿＿＿＿が入ってしまった。

(A) まね

(B) かび

(C) まと

(D) ひび

70 お客様からいただいたお問い合わせには＿＿＿＿＿調べた上で回答をしています。

(A) とことん

(B) ことのほか

(C) おもいきって

(D) あんのじょう

Ⅷ. 下の文を読んで、後の問いにもっとも適当な答えを(A)から(D)の中で一つ
   選びなさい。

(71〜74)

先日、①自治会が管理していた空き地が塀で囲われ、重機が入って工事が始まりました。何事かと驚いて告知板を見ると、保育所が建設されるとのことでした。そこは近隣で唯一残っていた昔ながらの空き地でした。とうとう地域にとって最後のゆとりの空間が無くなるのだと知り、②＿＿＿＿＿。私が子供の頃には近所に空き地がたくさんありました。勿論、所有者はちゃんといたでしょうが、いちいち許可など取らなくても、子供が自由に遊べる空間でした。それが、時の流れと共に、次々と住宅地に造成され、失われていきました。勿論、新たにできる保育所も地域には必要な施設ですし、適当な土地も他に無いのでしょうから、自分なりにもある程度は納得できます。ですが、これからの子供たちは空き地で遊ぶ経験を持てないのだと思うと、かわいそうで残念で、③＿＿＿＿＿。

71 ①自治会が管理していた空き地についての説明の中で、正しくないものはどれですか。
   (A) 地域にとっての最後のゆとりの空間であった。
   (B) 保育園が建設されることになった。
   (C) もともと子供が自由に遊べる空間ではなかった。
   (D) この人の家の近くに唯一残っていた昔のままの空き地であった。

72 本文の内容からみて、②＿＿＿＿＿に入るもっとも適当な表現はどれですか。
   (A) 嬉しい限りです　　　　　　　(B) 悲しいとは限りません
   (C) 寂しさを禁じ得ません　　　　(D) 嬉しい悲鳴を上げました

73 この人は自治会が管理していた空き地に保育所が建設されることについてどう思っていますか。
   (A) 仕方がないと思っている。
   (B) 今の段階では何とも言えないと思っている。
   (C) 絶対にあってはならないことだと思っている。
   (D) 要らない施設が建設されるので困ると思っている。

74 本文の内容からみて、③＿＿＿＿＿に入るもっとも適当な表現はどれですか。
   (A) 胸が詰まります　　　　　　　(B) 胸がすっとします
   (C) 首を長くしています　　　　　(D) 首を傾げてしまいます

(75～77)

　　最近、子供虐待のニュースをよく見る。親がなぜ自分の子供を痛めつけるのか、私は母にその理由について尋ねた。すると、「子供を生むには①＿＿＿＿が要る」と言われた。虐待されたことがない私はその時、それがどんなものなのか分からなかった。料理店を営む両親は朝早くから夜遅くまで調理、接客、洗い物、仕入れなど、一日中座る間もないくらい働く。お客さんが少なくて厳しい時もある。それでも私たち兄弟のために朝晩のご飯を作り、休みの日は一緒に過ごしてくれる。親は虐待しようと思って子供をもうけるわけではないと思う。虐待する親は子育てや仕事がうまくいかずストレスがたまって八つ当たりしてしまった、などという。嫌なことが重なるのはつらいが、虐待しても問題は解決しない。親なら、子育ての過程で嫌なことや大変なことがあっても、すべてをそのまま受け入れる必要があるのではないだろうか。私にも子供ができたら、自分の両親のようにたくさんの愛情を与えたいと思っている。

75 本文の内容からみて、①＿＿＿＿に入るもっとも適当な言葉はどれですか。

　(A) 努力

　(B) 覚悟

　(C) 信頼

　(D) 愛情

76 この人の両親についての説明の中で、正しいものはどれですか。

　(A) 休みの日も店に行くことが多かった。

　(B) 年中無休で営業する料理店を営んでいる。

　(C) 営んでいた店はいつも常連客で賑わっていた。

　(D) 仕事と子育ての両方をきちんとこなしていたと言える。

77 本文の内容と合っているものはどれですか。

　(A) 最近、子供虐待の発生件数は横ばいの状態である。

　(B) 子供を生む親にはすべて受け入れる覚悟が必要だ。

　(C) いくら子供に対する愛情があっても虐待はなくならない。

　(D) 子供への虐待は仕事のストレスが最も大きな要因である。

(78〜81)

これまで郵送されてきた携帯電話の料金明細を、来年2月請求分からインターネットでの確認に移行すると通信会社からの通知がありました。それ以降は携帯電話、スマートフォン、パソコンなどで確認するように、ということですが、説明書を読んでも、どうすればいいのか、老人の私にはよく理解できません。①_____私は通信会社に電話をしてみました。驚いたのは、担当者から「クレジットカード払いの方が対象で、郵送に必要な封筒や用紙を無くすことによって地球環境保全に役立たせたい」と説明されたことです。これではまるで、「地球環境保全」という大げさで、誰もが反対しづらい理由を掲げれば、電子機器に弱い老人など無視してもいいと言わんばかりです。環境保全のために紙を節約したいのなら、家電販売店に大量に置いてある機器のパンフレットを止めればいいのではないでしょうか。世は情報化時代。電子化を進める風潮は分かります。②_____、その風潮に乗れない弱者が大勢いることも、企業に考えていただきたいと思います。

78 本文の内容からみて、①_____に入るもっとも適当な言葉はどれですか。

(A) やむなく

(B) よりによって

(C) それにしても

(D) それはさておいて

79 この人は通信会社の何に驚きましたか。

(A) 老人もすぐ理解できる言葉で説明してくれたこと

(B) 今までずっと地球環境保全に関心を持っていたこと

(C) 思ったより電子化が進んでいて分かりやすくなっていたこと

(D) 電子化の理由として誰もが反対しづらい理由を掲げていたこと

80 本文の内容からみて、②_____に入るもっとも適当な言葉はどれですか。

(A) でも   (B) だから

(C) ただし   (D) それから

81 この人の考えと合っているものはどれですか。

(A) 何でも電子化では老人たちは困る。

(B) 情報化時代に電子化は避けられない。

(C) 通信会社は環境保全にもっと力を入れるべきだ。

(D) 老人たちも電子化の利点を理解する必要がある。

(82〜84)

　　この間行われたアンケートの調査結果によると、買い物難民になる不安を感じている老人が増えているという。うちは田舎ではないが、近くにコンビニはあるものの、スーパーはない。知人とは「いずれ買い物困難者になるよねえ」と話す。今は車でスーパーまで出かけるので何とかなっているが、年を取ったらどうなるだろう。アンケートでは「インターネットによる販売を利用しますか」とも尋ねられた。でも、買い物困難者になりかけている人たちは、きちんとインターネットを使えるだろうか。87歳の義父はしっかりした人だが、電話でプッシュボタンを押して使う音声案内も①＿＿＿の様子だ。私もいやになって止めようかと思うことも多い。止めると用を足せないので続けるが、この先、使えなくなる日もさほど遠くあるまい。電話でさえややこしいのに、インターネットの利用なんて困難だ。私などは買い物も、他のサービスも広範囲にわたる困難者になりそうで心配だ。

82 本文の内容からみて、①＿＿＿に入るもっとも適当な言葉はどれですか。

(A) お手柄

(B) お手持ち

(C) お手上げ

(D) お手当て

83 この人は何を心配していますか。

(A) 何でも簡単に諦めてしまうこと

(B) 自分が買い物困難者になること

(C) 年に相応しい行動ができないこと

(D) 家の周辺の環境が急激に変わること

84 この人についての説明の中で、正しいものはどれですか。

(A) 電話の音声案内は全く利用していない。

(B) 家の近くに買い物できる所が一つもない。

(C) インターネットによる販売をよく利用している。

(D) 自分ももうすぐ買い物困難者になるだろうと思っている。

(85〜88)

過去5千年から1万年まで、人のDNAには病気の原因となる変異が急増していることが米国立保健研究所などのグループの遺伝子分析で分かった。29日付英科学誌ネイチャーに論文を発表したこのグループは、米国人約7千人からDNAの提供を受け、たんぱく質の構造を決める遺伝子の変異や、変異が起きた時期を調べた。その結果、1万年前頃から5千年前頃以降、病気①_____変異が増え、現代人が持つこれらの変異のうち86%を占めていることが分かった。この時期、農耕文明が生まれるなどして、世界の総人口は500倍以上に増えたと推定されている。一般的には、生存に不利な変異が起きると②_____、栄養状態や公衆衛生の改善による急激な人口増で、淘汰が追い付かなくなったらしい。グループは今回の結果を「病気を起こす変異研究の新しい手法の開発に繋がる」としている。

85 米国立保健研究所などのグループの遺伝子解析でどんなことが分かりましたか。

(A) 遺伝子の変異が起きる時期が長くなったこと

(B) 人口増と遺伝子の変異にはあまり相関関係がないこと

(C) たんぱく質の構造を決める遺伝子の変異が少なくなったこと

(D) 人の遺伝子の中に病気の原因となる変異が急増していること

86 本文の内容からみて、①_____に入るもっとも適当な言葉はどれですか。

(A) に従う (B) に沿う

(C) に関わる (D) に対する

87 本文の内容からみて、②_____に入るもっとも適当な文章はどれですか。

(A) 自然淘汰されるはずだが

(B) すぐそれを克服するはずだが

(C) 寿命が短縮されるとは言えないが

(D) それを積極的に受け入れるはずだが

88 人の遺伝子に病気の原因となる変異が急激に増えた理由として正しいものはどれですか。

(A) 持続的に自然淘汰が起きていたから

(B) 急激な人口増で自然淘汰が減っていったから

(C) 変異の速度が自然淘汰の速度より速かったから

(D) 遺伝子構造の変化が自然淘汰に影響を与えたから

　10月から施行された改正著作権法によって、インターネット上に流出した音楽や映像などの海賊版をダウンロードする違法行為について、刑事罰が科せられるようになった。刑事罰化は、国会の審議の過程で追加され、有識者らの議論がされていない。拙速な扱いであり、世論の合意が得られているとは言い難い。問題は法の解釈や運用次第では、海賊版とは知らずにダウンロードした人が、罪に問われる恐れがあることだ。クリック一つで逮捕されてしまう状況は恐ろしい。①＿＿＿一般の利用者にとっては、インターネット上のファイルが海賊版でないかどうか判別をすることは極めて難しいからだ。健全なインターネット環境を推進するには、海賊版の規制は必要だが、②＿＿＿。国の見解では、ユーチューブの視聴は問題ないということであるが、どのような行為が違法となるのかが明確でない。早急に違法事例を具体的に示し、刑事罰化について広く国民へ理解を求めるべきである。

89 改正著作権法の問題点として正しくないものはどれですか。

(A) 違法行為の項目が多すぎること

(B) 法の解釈や運用に曖昧な部分があること

(C) 刑事罰化に世論の合意が得られていないこと

(D) 利用者が自主判断で海賊版の判別をすること

90 本文の内容からみて、①＿＿＿に入るもっとも適当な言葉はどれですか。

(A) むしろ　　　　　　　(B) そもそも

(C) あながち　　　　　　(D) あらかじめ

91 本文の内容からみて、②＿＿＿に入るもっとも適当な文章はどれですか。

(A) 過度な取り締まりで新たな問題が起きかねない

(B) 利用者に不利益の生じることがあってはならない

(C) その基準が明確であるから心配するには及ばない

(D) 利用者だけに責任を擦り付ける恐れがあるのも事実である

92 改正著作権法に対するこの人の主張として正しいものはどれですか。

(A) 解釈や運用についての議論を止めるべきだ。

(B) 改正著作権法の違法事例を具体化すべきだ。

(C) 法的な規制よりも利用者の判断に任せるべきだ。

(D) 違法事例の刑事罰化は一刻も早く取り消すべきだ。

(93～96)

　　日本が史上最多の38個のメダルを獲得したロンドン五輪は、国が初めてトップ選手を医科学分野で全面的に支援した五輪だった。文部科学省が設置した大学院教授や元選手ら外部有識者による①検証チームは昨年11月、「国立スポーツ科学センターやマルチサポート事業、ナショナルトレーニングセンターが連動して機能を発揮した」と高く評価する報告書を発表した。選手強化は日本オリンピック委員会主体から、国が直接支援する方向に移っている。この流れはこれからの五輪に向け、ますます加速するだろう。ただ今回の支援は、すべてが効果的だったわけではない。検証メンバーの一人は「国の支援体制を②＿＿＿＿する文科省のシナリオができていた」と言う。ロンドンでの好成績の背景に国の支援があるのは間違いない。しかし、改善点も目を向けることが必要だ。報告書は「安定した財源確保が必要」とも訴える。国民の税金を使って選手強化を進めるなら、説明責任をきちんと果たさなければならない。

93　①検証チームはロンドン五輪についてどう思っていますか。
　(A)　国の支援がそれなりに実を結んだ五輪であった。
　(B)　国の支援があまり効果がなかった五輪であった。
　(C)　選手たちの努力が台無しになってしまった五輪であった。
　(D)　企業のサポートで史上最多のメダルを獲得できた五輪であった。

94　最近、選手強化の動きはどうですか。
　(A)　有識者たち主体から国が直接支援する方向に移っている。
　(B)　国主体から有識者たちが直接支援する方向に移っている。
　(C)　企業主体から日本オリンピック委員会が直接支援する方向に移っている。
　(D)　日本オリンピック委員会主体から国が直接支援する方向に移っている。

95　本文の内容からみて、②＿＿＿＿に入るもっとも適当な言葉はどれですか。
　(A)　罵倒　　　　　　　　　(B)　侮辱
　(C)　礼讃　　　　　　　　　(D)　感心

96　この人の主張として正しいものはどれですか。
　(A)　国は五輪支援から早く手を引くべきだ。
　(B)　国の五輪支援は改善点にも目を向けるべきだ。
　(C)　五輪は国の支援だけでも十分にいい成績が挙げられる。
　(D)　国の支援が必ずしも五輪の好成績に繋がるとは言いきれない。

　　政府と日本銀行は10月下旬、「デフレ脱却に向けた取り組みについて」という共同声明を出した。この時は金融緩和の推進ばかりが注目されたが、実は、政府が規制・制度改革という政策手段を動員していくことも盛り込まれた。現在の経済状況を見ると、財政面でのゆとりがなく金融面でも実質ゼロ金利。これ以上の金融緩和策が実体経済の活性化をもたらすとは言い難い。このため、デフレ脱却には①＿＿＿＿が必須と思われる。エネルギー・資源や農業といった成長分野では、今なお多くの規制がある。新規参入を拒み、自由な企業活動を阻んでいる。規制を緩和すれば、コストをかけることなく、その分野で起業する人や働く人が増え、おのずと生産効率や対外競争力が高まる。需要の変化に対応した供給構造も出来上がる。雇用吸収力や潜在需要の大きさから言えば、医療・介護・福祉も忘れてはならない。健康や命を守るためのもの以外の規制を緩和すれば、製薬・医療機械の発展を促すことになる。来月の衆議院選の結果、誰が首相になろうとも、デフレ脱却のために既得権益集団の抵抗を排除しなければならない。規制緩和をやり抜く政府の覚悟が問われている。

97 政府と日本銀行が発表した共同声明の中に含まれた内容として正しいものはどれですか。

(A) 金融緩和の推進のみ　　　　　　(B) 金融緩和の推進と企業活動の支援

(C) 金利の引き上げと規制・制度改革　(D) 金融緩和の推進と規制・制度改革

98 本文の内容からみて、①＿＿＿＿に入るもっとも適当な表現はどれですか。

(A) 大幅な金利の引き上げ

(B) 消費者の購買意欲をそそること

(C) 行政の規制を思い切って緩和すること

(D) 企業の生産効率や対外競争力を上げること

99 政府が企業に対する規制を緩和した場合、期待される効果として正しくないものはどれですか。

(A) 起業する人や働く人が増える。

(B) 生産効率や対外競争力が高まる。

(C) 雇用吸収力がよくなり、潜在需要が増える。

(D) 需要の変化に対応した供給構造が出来上がる。

100 本文の内容と合っているものはどれですか。

(A) 今の政府には規制緩和をやり抜く意志がないと言える。

(B) 金融緩和策は決して実体経済の活性化には繋がらない。

(C) エネルギー・資源や農業といった成長分野での規制はなくなりつつある。

(D) デフレから抜け出すためには既得権益集団の抵抗を排除する必要がある。

MEMO

Chapter **3**

문법과 어휘의 완성!

Chapter 3

문법과 어휘의 완성!

Chapter 3

문법과 어휘의 완성!

PART8 독해란?

한눈에 들여다보기

파트 8 독해는 문제에 주어진 독해문을 읽고 정답을 찾는 파트로, 시간 부족으로 인해 못 푸는 경우가 많은 파트이다. 따라서 시간 배분에 무엇보다도 신경을 써야하는 파트라고 할 수 있다.

최근의 기출 문제를 분석해 보면 인물 소개나 일상생활, 일과 관련 지문이 평균 3개, 편지문이나 어떤 주제에 대한 설명문이 1개, 뉴스나 기사 및 이슈 관련 지문이 평균 4개 정도로 출제되고 있다.

독해는 크게 밑줄 문제, 공란 문제, 내용 일치 문제의 세 가지 유형으로 출제된다.

밑줄 문제는 주로 밑줄이 그어진 부분이 가리키는 내용을 묻는 문제로 출제되는데 대부분의 경우 바로 앞 문장에 정답이 있는 경우가 많으므로 문제 중에 밑줄 문제가 있으면 바로 앞 문장을 다시 한 번 꼼꼼히 읽어보도록 하자.

다음으로 공란 문제는 말 그대로 공란에 들어갈 적절한 표현을 찾는 문제로, 한자어, 문법 표현, 접속사, 관용 표현 등 다양한 형태로 출제되고 있다. 그중에서도 최근에 자주 출제되는 것이 한자어 찾기인데 이 유형은 선택지가 유의어의 형태로 나오는 경우가 많으므로 평소에 유의어의 의미를 정확하게 구분해 둘 필요가 있다.

마지막으로 내용 일치 문제는 문장 전체 내용과 맞는 것이나 맞지 않는 것을 찾는 문제로 선택지 내용을 하나하나 확인을 해야하므로 시간도 걸리고 난이도도 높은 문제이다. 요령으로는 우선 선택지의 내용을 읽고 기억을 한 다음에 독해문을 하나씩 읽어 가면서 선택지에 나왔던 내용이 나오면 선택지와 바로 대조를 하면서 맞는지 틀린지를 확인하면서 푸는 것이다.

각 파트별 출제 유형	
파트 8 (독해)	
독해	· 밑줄의 이유 찾기 · 밑줄이 지시하는 내용 찾기 · 밑줄이 의미하는 내용 찾기 · 공란에 들어갈 적절한 표현 찾기 · 문장 전체 내용과 맞는 보기 찾기 · 문장 전체 내용과 맞지 않는 보기 찾기

(1~4)

　「テレビを見る前に宿題をしなさい」。昔、①_____ほど聞いた母の言葉だが、今は変わってきているように思う。中学生や小学生が当たり前のようにスマホ片手に熱中する今。テレビで好きな芸能人を追っ掛けるより、スマホを使ってブログを見たりメッセージを投稿したりする方が、はるかに親近感が湧くに違いない。テレビは思ったことに反応してくれないが、スマホならつぶやけばすぐに反応が返ってくるのも良いのだろう。アルバイト先の学習塾でも、子供たちはスマホの②_____になっていると感じる。スマホ中毒になり勉強しなくなる子供が増えるのではないかと心配する。「スマホをいじる前に宿題をやりなさい」。母ではないが、そんな言葉を口にしたいこの頃だ。

---

1 本文の内容からみて、①_____に入るもっとも適当な表現はどれですか。

(A) 耳にする　　　　　　　　　　　(B) 耳を澄ます

(C) 耳が遠くなる　　　　　　　　　(D) 耳にタコができる

2 この人は今の生徒たちがテレビよりスマホに親近感を持つようになった理由は何だと思っていますか。

(A) テレビの番組がマンネリ化されてしまったから

(B) テレビよりスマホの方が操作もしやすくて見やすいから

(C) スマホはテレビに比べて思ったことにすぐに反応が返ってくるから

(D) テレビに登場する芸能人の中で、好きな芸能人があまりいないから

3 本文の内容からみて、②_____に入るもっとも適当な表現はどれですか。

(A) すべ　　　　　　　　　　　　　(B) とりこ

(C) たいくつ　　　　　　　　　　　(D) あいだがら

4 この人は何を心配していますか。

(A) テレビの効用性が忘れつつあること

(B) 何でもすぐに諦めてしまう子供が増えること

(C) スマホ中毒になり勉強しなくなる子供が増えること

(D) スマホだけに頼って何かを調べる子供が増えること

(5～7)

　成人して 12 年。日本酒は何となく敷居が高くて、飲む機会がほとんどなかった。まさかこんなにも身近で、おいしいものだとは。きっかけは、①日本酒講座に参加したこと。会場が京都の小料理店で着物レンタル付き、という内容に引かれ、日本酒はおまけのつもりだった。私に味が分かるのか、という不安は食前酒の一口目で吹き飛んだ。スパークリング日本酒の甘く柔らかな味わいに、日本酒のイメージは一転した。食前酒の他に、味わいの異なる 4 種を飲み比べた。フルーティーな香り、熟成された香り……。日本酒と一括りにしてもいいのかと思うほど、②＿＿＿＿＿＿＿。講座では、東北地方の日本酒を購入すると、被災した酒蔵の復興支援にも繋がると聞いた。今後は日本酒のある生活を楽しみたいと思う。

5　日本酒講座に参加する前に、この人は日本酒についてどう思っていましたか。

(A) 高すぎて飲みたくても飲めないお酒だと思っていた。

(B) いつも身近にあって気軽に飲めるおいしいお酒だと思っていた。

(C) よく飲んでいたものの、味の違いまではよく分からないと思っていた。

(D) なかなか飲む機会もなく、自分とは関係のないお酒だと思っていた。

6　①日本酒講座についての説明の中で、正しくないものはどれですか。

(A) ただで着物もレンタルしてくれた。

(B) 京都にある小料理店で開かれた。

(C) 味わいの異なる日本酒を飲むことができた。

(D) 種類にかかわらず、日本酒の購入で被災した地域の復興支援もできた。

7　本文の内容からみて、②＿＿＿＿＿＿に入るもっとも適当な文章はどれですか。

(A) 個性が際立っていた

(B) もう二度と飲みたくなかった

(C) 似ている日本酒が多かった

(D) 独特な味の日本酒はなかった

(8～10)

　私の住む団地の住民が、母さん助けて詐欺の被害に遭った。早速、「騙されないで」書かれたポスターが各号棟に貼られ、防犯カーが巡回して注意を促した。① _____ 我が家には行政から「母さん助けて詐欺にご注意を」と電話まであった。団地に多く住む高齢者に向けた啓発活動だ。当然の呼び掛けと思うと同時に、「ちょっと待って」と言いたくなった。

　団地の友人から、「離れて住む私の息子からは滅多に連絡がない」と聞く。そういう人は息子などから電話がかかってくると嬉しくなり、ついつい、言うことを聞いてやりたくなる。その心理に詐欺師は付け込むのだ。もし、時々でも子供が親に連絡をくれていれば、② _____ こともないだろう。警察などにキャンペーンをお願いしたい。「月に一度でも母さんに電話して、生の声を聞かせなさい」と。

8　本文の内容からみて、① _____ に入るもっとも適当な接続詞はどれですか。

(A) なお

(B) そして

(C) ちなみに

(D) ところが

9　本文の内容からみて、② _____ に入るもっとも適当な表現はどれですか。

(A) 気にかかる

(B) 拍車がかかる

(C) ペテンにかかる

(D) 歯止めがかかる

10　母さん助けて詐欺を防止するために、この人が主張していることは何ですか。

(A) 行政は啓発活動にもっと力を入れてほしい。

(B) 詐欺師の手口を住民たちに知らせてほしい。

(C) 高額の現金は家に置かず銀行に預けてほしい。

(D) 月に一度でもいいから、自分の母親に電話してほしい。

(11~14)

> 「老」の字について問うと大方の人が「年を取った人」と答えるという。①_____ 大老や家老、老熟に老練、老舗など、いくつも老を含む味わいある日本語がある。「老」は多くのことに経験を積み、巧みな技や知恵を持っていることを表している。そこには「敬う」という意味を感じる。
>
> 　かつて家庭では、家事や育児などは父母から教わり、地域の伝統や行事は年長者から伝えられ、引き継がれた。そこに自然と絆が芽生え、育っていた。どうしてそれが薄くなったのか。核家族化が進み、情報はネットや書籍中心となり、経験者から学ぶ機会が失われた。②老は増えたが、その蓄えた力の使い場が不足している。東日本大震災を機に大きなうねりとなった絆の復活。そこに高齢者の経験と知恵を引き出し活用することで、「老」を単に「年を取った人」というイメージから③_____ できないか。

11 本文の内容からみて、①_____ に入るもっとも適当な接続詞はどれですか。

(A) そこで　　　　　　　　　　　(B) そして

(C) しかし　　　　　　　　　　　(D) ないし

12 この人は②老は増えたが、その蓄えた力の使い場が不足しているの理由は何だと思っていますか。

(A) 社会的な価値観の変化

(B) 核家族化と情報源の変化

(C) 家族の役割変化と情報源の変化

(D) 若者の減少と爆発的な老人の増加

13 本文の内容からみて、③_____ に入るもっとも適当な言葉はどれですか。

(A) 後退　　　　　　　　　　　　(B) 脱却

(C) 返上　　　　　　　　　　　　(D) 返送

14 この人の主張として正しいものはどれですか。

(A) 「老」の経験や知恵をもっと生かそう。

(B) 家族の意味についてもう一度考えてみよう。

(C) 古めかしい考えは捨てて発想の転換をしよう。

(D) 今の時代にはそぐわない「老」の考えは早く捨てよう。

「国家戦略室」「生物多様性国家戦略」など、政府の組織や政策に「戦略」を付けることが流行っている。私はこの戦を連想させる用語が生理的に好きではない。辞典で調べるまでもなく、「戦略」とは戦のはかりごとのことをいう。この用語の持つ意味合いを理解すれば、「戦略」とは表記しないはずである。官僚が好んだのか、それとも為政者が喜んで付けたのかはともかく、政治は、①_____であってもはかりごとであってはならない。

　為政者や官僚は、国民を衆愚と見なす視点がありはしないか。戦時中ならまだしも、この平時に「戦略」などという不気味な機関は要らない。それに「戦略」が付いた組織や政策の大半は看板倒れになっている。なぜ対策や計画では駄目なのか。「戦略」はその上を行く高級なものとでも思っているなら②_____だ。国民の目線で地に足の付いた政策を進めるためにも、「戦略」は不要と考える。

15 この人はどうして「戦略」という言葉が嫌いだと言っていますか。

(A) 生理的に好戦的な用語が嫌いだから

(B) 今の政治環境には合わない用語だから

(C) 多用しすぎて新鮮味がなくなった用語だから

(D) すぐ意味がわからないあいまいな用語だから

16 本文の内容からみて、①_____に入るもっとも適当な言葉はどれですか。

(A) もめごと

(B) ひとごと

(C) まつりごと

(D) かんがえごと

17 本文の内容からみて、②_____に入るもっとも適当な言葉はどれですか。

(A) 一挙両得　　　　　　　　(B) 馬耳東風

(C) 笑止千万　　　　　　　　(D) 海千山千

18 本文の内容と合っていないものはどれですか。

(A) 最近、政府の組織や政策に「戦略」を付けることが流行っている。

(B) この人は最近多用されている「戦略」という言葉に何の違和感も感じていない。

(C) 「戦略」が付いた組織や政策の大半は、現在ろくに運営されていないと言える。

(D) この人は「戦略」という言葉は「対策」や「計画」などに変えるべきだと思っている。

[19~22]

　　最近、商店街、コンビニなど街のあらゆる場所で監視カメラを見掛ける。カメラの設置は犯罪防止や犯人逮捕に役立っているという。①＿＿＿＿＿、本人の承諾無しにカメラに録画されることには違和感や嫌悪感がある。公共的な場所でなぜ、四六時中監視され、自分の姿を知らぬ間に記録されなければならないのか。

　　監視カメラ大国イギリスでも、昨今はプライバシー保護の機運が強まり、監視カメラ規制の法案作りが進められている。不必要なカメラを撤去する方針だ。ナチス時代の反省から連邦データ保護法のあるドイツでは、監視カメラを監視する第三者機関があり、カメラの設置と運用に厳しい制限を設定している。日本でも、プライバシーの保護は憲法第13条の「個人の尊重」から導き出される基本的人権の一つと認められている。だから②＿＿＿＿＿。憲法の精神を踏みにじる監視カメラに依存せず、コミュニケーションが取りやすい街作りをして、安全な社会を作るべきだ。

19 本文の内容からみて、①＿＿＿＿＿に入るもっとも適当な接続詞はどれですか。

(A) それで

(B) しかも

(C) しかし

(D) それから

20 イギリスとドイツの監視カメラ実情についての説明の中で、正しくないものはどれですか。

(A) ドイツでは監視カメラを監視する第三者機関がある。

(B) イギリスでは監視カメラを増やす法案が進められている。

(C) イギリスでは不必要な監視カメラをこれから撤去しようとしている。

(D) ドイツでは監視カメラの設置と運用に厳しい制限を設定している。

21 本文の内容からみて、②＿＿＿＿＿に入るもっとも適当な文章はどれですか。

(A) 国民には公共の場でカメラに監視されない権利がある

(B) 監視カメラの設置は防犯のためには仕方がないと言える

(C) 政府はカメラの台数を増やし、犯罪防止に繋げたいと思っているのだ

(D) 監視カメラを設置したからといって、国民の人権が侵害されるとは限らない

22 本文のタイトルとしてもっとも相応しいものはどれですか。

(A) 何の意味もない監視カメラ規制は止めよう。

(B) 監視カメラをもっと増やして犯罪を防止しよう。

(C) 脱監視カメラで個人のプライバシーを保護しよう。

(D) 監視カメラを監視する第三者機関を一刻も早く作ろう。

(23〜26)

> 　厚生労働省は、若者が入社してからの離職率を産業別と規模別にもホームページに載せている。離職率が業界平均を下回る会社には求人票などに明示するよう働きかけ、学生が「働きやすく定着率が高い会社」を見分けられるようにするのが目的だ。製造業やサービス業などの産業ごとの離職率を計算し、さらに従業員数①_____大企業、中堅企業、中小企業に分け、それぞれ大卒、短大卒、高卒、中卒別に、入社してから1年目、2年目、3年目に辞めた人の割合を公表する。業種や企業規模をどの程度まで詳しくするかは、今後詰める計画だ。また、ハローワークに求人を出す中小企業に、求人票に過去数年分の採用数と離職者数、離職率を書いてもらうよう求める。離職率を業界平均と比べることで、求人企業の「働きやすさ」を測る指標にするためだ。
>
> 　②離職率は雇用保険の記録をもとに計算している。システムを改修し、より詳細な離職率を出せるようにしたが、企業ごとの離職率は算出するのに手間と費用がかかるため、対応していない。若者の離職率はここ10年、高水準で推移している。新卒で就職して3年以内に辞めた人は大卒が3割強、高卒が4割前後にのぼる。これまでは学歴別の平均しか集計しておらず、どの産業や規模の会社が離職率を押し上げているのか分からなかった。

23 厚生労働省が若者が入社してからの離職率を産業別と規模別にホームページに載せる理由は何ですか。

(A) 求人を出す企業の手間と費用を節約するため

(B) 離職率が業界平均を下回る会社が増加しているため

(C) 今まで産業ごとの離職率は計算したことがなかったため

(D) 学生が働きやすく定着率が高い会社を見分けられるようにするため

24 本文の内容からみて、①_____に入るもっとも適当な表現はどれですか。

(A) にとって

(B) に応じて

(C) にもまして

(D) にかかわらず

25 若者の②離職率についての説明の中で、正しいものはどれですか。

(A) 若者の離職率はここ10年、急激に減少している。

(B) 若者の離職率はここ10年、急激に増加している。

(C) 新卒で就職して3年以内に辞めた人は大卒が最も多い。

(D) 高卒で就職して3年以内に辞めた人は過半数を超えている。

26 本文の内容と合っていないものはどれですか。

(A) 離職率は雇用保険の記録をもとに計算している。

(B) これまでの離職率は学歴別の平均しか集計していなかった。

(C) 業種や企業規模をどの程度まで詳しくするかは確定している。

(D) 企業ごとの離職率は厚生労働省のホームページに載せない。

　使用済み電気・電子機器のリユースを巡り、環境省は、輸出された中古品が不法投棄される懸念があるとし、輸出を認める際の判断基準を厳しくする方針を固め、基準案を公表した。それは輸出の際に通電検査をはじめ細かい規制を加えており、コスト増によって輸出事業が成り立たなくなる可能性が高い。

　テレビや冷蔵庫などの家電製品は家電リサイクル法で消費者が費用を負担し、メーカーがリサイクルしている。しかし、その費用は高く、廃棄家電の半分は別のルートで国内や外国で利用されている。勿論、不適正処理の事例があるにしても、国が海外でのリユースの実態を詳細に調査した形跡はない。①＿＿＿＿＿、大手の輸出業者は相手国の販売業者からユーザーに届いていることを確認し、輸出国では修理しながら5～10年使い続けている。それは新製品を次々と買い替えては廃棄する日本に対する警鐘でもある。過去の家電リサイクル法の改正時には、電機メーカーが輸出業者批判を繰り返し、肝心の法改正が②＿＿＿＿＿にされた経緯がある。環境省は国内では製品のリユース優先を唱えている。それなのに国外に対してリユースを否定するようでは、その政策はあまりに矛盾してはいないか。

27 中古家電のリユースに関する環境省の基準強化がもたらす結果として考えられるものはどれですか。

(A) コスト増によって輸出事業が成り立たなくなる可能性がある。

(B) 海外でのリユースの実態を詳細に把握することができるようになる。

(C) 購入する消費者の負担が軽減され、輸出の売り上げが延びるようになる。

(D) 海外からの注文が殺到し、供給が需要を追い付かなくなる可能性がある。

28 本文の内容からみて、①＿＿＿＿＿に入るもっとも適当な接続詞はどれですか。

(A) 一方

(B) どうりで

(C) ところが

(D) したがって

29 本文の内容からみて、②_____に入るもっとも適当な名詞はどれですか。

(A) 骨抜き

(B) 瀬戸際

(C) 地団駄

(D) いたちごっこ

30 本文の内容と合っているものはどれですか。

(A) 環境省は国内では製品のリユース優先を唱えている。

(B) 中古家電の不適正処理の事例は今まで一件も報告されていない。

(C) この人は中古家電のリユースに関する環境省の規制に賛成している。

(D) 過去の家電リサイクル法の改正時には、輸出業者が電機メーカー批判を繰り

返した。

자주 출제되는 문형 및 표현 50

1. ~てみる ~해 보다

例 彼女の話を聞いて、私もやってみた。
그녀의 이야기를 듣고 나도 해 봤다.

2. ~てしまう ~해 버리다

例 飲んではいけないと思いながらも、金曜日になるとついお酒を飲んでしまう。
마셔서는 안 된다고 생각하면서도 금요일이 되면 그만 술을 마셔 버린다.

3. た형＋ばかり 막~한, 방금~한

例 昨日買ったばかりのエアコンなのに、もう壊れてしまった。
어제 막 산 에어컨인데도 벌써 고장나 버렸다.

4. ~から~まで ~부터 ~까지

例 家から学校まではとても近いです。
집에서 학교까지는 아주 가깝습니다.

5. ます형＋ながら ~하면서

例 テレビを見ながら朝ご飯を食べる。
텔레비전을 보면서 아침식사를 한다.

6. ~ない方がいい ~하지 않는 게 좋다

例 現状からみて、もうそこには行かない方がいいと思う。
현재 상태로 보아 이제 그곳에는 가지 않는 게 좋다고 생각한다.

7. ~てから ~하고 나서

例 私はいつも 30分ぐらいジョギングをしてから朝ご飯を食べます。
저는 항상 30분 정도 조깅을 하고 나서 아침을 먹습니다.

8. た형＋後で ~한 후에

例 彼に「仕事が終わった後で、映画でも見に行かない？」と誘われたが、気が進まなかった。
남자친구에게 '일이 끝난 후에 영화라도 보러 가지 않을래?'라고 권유받았지만 마음이 내키지 않았다.

9. ~かどうか ~인지 아닌지, ~일지 어떨지

例 彼の話が事実かどうかはわからない。
그의 이야기가 사실인지 아닌지는 알 수 없다.

10. ます형 + すぎる 너무 ~하다, 지나치게 ~하다

예 最近、主人はお酒を飲みすぎるきらいがある。

최근 남편은 술을 과음하는 경향이 있다.

11. ます형 + たい ~하고 싶다

예 できることなら、来月は一人で旅行でもしたい。

가능한 일이라면 다음달에는 혼자서 여행이라도 하고 싶다.

12. ~てほしい ~해 주길 바란다, ~해 주었으면 한다

예 すぐには改善できないかもしれないが、彼らの立場も考えてほしいものだ。

바로는 개선할 수 없을지도 모르겠지만 그들의 입장도 생각해 주었으면 한다.

13. 기본형 + 前に ~하기 전에

예 夕食を食べる前にシャワーを浴びます。

저녁식사를 먹기 전에 샤워를 합니다.

14. ~ために ~을 위하여

예 私も健康のために、明日から運動をすることにした。

나도 건강을 위해서 내일부터 운동을 하기로 했다.

15. ~たり~たりする ~하거나 ~하거나 하다

예 普通休日にはテレビを見たり昼寝をしたりする。

보통 휴일에는 텔레비전을 보거나 낮잠을 자거나 한다.

16. ~しかない ~할 수밖에 없다

예 こうなってしまった以上、諦めるしかないと思う。

이렇게 되어 버린 이상 포기할 수밖에 없다고 생각한다.

17. ~(よ)うと思う ~하려고 생각하다

예 今度の土曜日には、家族と一緒に遊園地でも行こうと思っている。

이번 토요일에는 가족과 함께 유원지라도 가려고 생각하고 있다.

18. ます형 + 出す ~하기 시작하다

예 今日は一日中晴れると思っていたのに、突然、雨が降り出した。

오늘은 하루 종일 맑을 거라고 생각하고 있었는데 갑자기 비가 내리기 시작했다.

19. ～てもいい ～해도 좋다

예 用事がある人は、先に帰ってもいいですよ。

볼일이 있는 사람은 먼저 돌아가도 좋습니다.

20. ～てはいけない ～해서는 안 된다

예 山田君は口が軽いから、絶対この話をしてはいけない。

야마다 군은 입이 가벼우니까 절대로 이 이야기를 해서는 안 된다.

21. ～てもかまわない ～해도 상관이 없다

예 ここではたばこを吸ってもかわまないという。

여기에서는 담배를 피워도 상관이 없다고 한다.

22. ～ように ～하도록

예 鈴木君に明日は早く来るようにと伝えてください。

스즈키 군에게 내일은 일찍 오라고 전해 주십시오.

23. ～のように ～처럼

예 その湖はまるで絵のように美しかった。

그 호수는 마치 그림처럼 아름다웠다.

24. ～ようになる ～하게 되다

예 一ヶ月間一生懸命練習したら、50メートル泳げるようになった。

한 달간 열심히 연습했더니 50미터 헤엄칠 수 있게 되었다.

25. ～ことにする ～하기로 하다

예 卒業してからもう2年になったので、そろそろ就職することにしました。

졸업한지 벌써 2년이 되었기 때문에 슬슬 취직하기로 했습니다.

26. 기본형＋そうだ ～라고 한다

예 天気予報によると、明日から梅雨に入るそうだ。

일기예보에 의하면 내일부터 장마에 들어간다고 한다.

27. 자동사＋ている ～(해)져 있다

예 家の前に大きなトラックが2台止まっていた。

집 앞에 큰 트럭이 두 대 세워져 있었다.

28. 기본형＋ところだ ～하려던 참이다

(예) 私もちょうど昼ご飯を食べるところです。

저도 마침 점심을 먹으려던 참입니다.

29. ～はずだ ～일 터이다, ～일 것이다

(예) このことは彼も既に知っているはずだ。

이 일은 그도 이미 알고 있을 터이다.

30. ます형＋立て 갓～한, 방금～한

(예) あのパン屋はいつも焼き立てのパンを売っているので、よく行っている。

저 빵가게는 항상 갓 만들어진 빵을 팔고 있기 때문에 자주 가고 있다.

31. ～を中心に ～을 중심으로

(예) 試験の前日は傍線を引いておいたところを中心に勉強している。

시험 전날에는 밑줄을 그어둔 곳을 중심으로 공부하고 있다.

32. ～ことだ ～해야 한다

(예) 気に入らない人であれ、他人の陰口は言わないことだ。

마음에 안 드는 사람이라고 해도 타인의 험담은 말하지 않아야 한다.

33. ～ものだ 인 법이다

(예) 人の心はなかなかわからないものです。

사람의 마음은 좀처럼 알 수 없는 법입니다.

34. ～のみならず ～뿐만 아니라

(예) 彼女の歌は若い人のみならず、中高年にも人気がある。

그녀의 노래는 젊은 사람뿐만 아니라 중장년층에게도 인기가 있다.

35. ます형＋やすい ～하기 쉽다, ～하기 편하다

(예) この電子辞書は本当に使いやすい。

이 전자사전은 정말로 사용하기 편하다.

36. ます형＋にくい ～하기 어렵다

(예) 発表者の話が速すぎてちょっとわかりにくかった。

발표자의 이야기가 너무 빨라서 조금 이해하기 어려웠다.

37. ～とは ～란, ～라고 하는 것은

㉖ 私にとって家族とはいつでも頼れる心強い存在である。
나에게 있어 가족이란 언제든지 의지할 수 있는 든든한 존재이다.

38. 기본형＋べきだ ～해야만 한다

㉖ このような態度は日本も見習うべきだと思います。
이러한 태도는 일본도 본받아야만 한다고 생각합니다.

39. ～とは限らない ～인 것은 아니다, ～라고는 볼 수 없다

㉖ 彼女の主張が強ち間違いだとは限らない。
그녀의 주장이 반드시 틀렸다고는 볼 수 없다.

40. ～恐れがある ～할 우려가 있다

㉖ 今回のことで、今までの努力が台無しになる恐れがある。
이번 일로 지금까지의 노력이 엉망이 되어 버릴 우려가 있다.

41. ～にかかわらず ～에 관계없이

㉖ この会は経験の有無にかかわらず、誰でも申請できる。
이 모임은 경험 유무에 관계없이 누구든지 신청할 수 있다.

42. ～にもかかわらず ～임에도 불구하고

㉖ 彼は自分の問題点を知っているにもかかわらず、変えようとしなかった。
그는 자신의 문제점을 알고 있음에도 불구하고 바꾸려고 하지 않았다.

43. ～わけがない ～일 리가 없다

㉖ 組合の要求がすぐに受け入れられるわけがないと思う。
조합의 요구가 바로 받아들여질 리가 없다고 생각한다.

44. ～おきに ～걸러서

㉖ ここはバスが5分おきに来るから、もうすぐ来ますよ。
여기는 버스가 5분 걸러서 오니까, 이제 곧 올 겁니다.

45. ～にかたくない ～하기에 어렵지 않다

㉖ 息子を亡くした彼女の悲しみは想像にかたくないだろう。
아들을 잃은 그녀의 슬픔은 상상하기에 어렵지 않을 것이다.

46. 〜とはいえ　〜라고 해도

예 いくら難しいとはいえ、挑戦してみる価値はあると思う。
아무리 어렵다고 해도 도전해 볼 가치는 있다고 생각한다.

47. 〜わけにはいかない　〜할 수는 없다

예 可能性はかなり低いが、だからといって諦めてしまうわけにはいかない。
가능성은 상당히 낮지만 그렇다고 해서 포기해 버릴 수는 없다.

48. ない형＋ざるを得ない　〜하지 않을 수 없다

예 先生の頼みだから、彼に会わざるを得なかった。
선생님 부탁이기 때문에 그를 만나지 않을 수 없었다.

49. 〜にとって　〜에 있어서

예 この時計は私にとって何よりも大切なものです。
이 시계는 저에게 있어 무엇보다도 소중한 물건입니다.

50. ます형＋がちだ　〜하기 쉽다, 〜하는 경향이 있다

예 彼は最近疲れているのか、会社にもよく遅れがちだ。
그는 최근에 피곤한지 회사에도 자주 늦는 경향이 있다.

機会 기회	幼稚園 유치원	弾く 켜다, 연주하다
箱 상자	地図 지도	考え方 사고방식
場所 장소	風邪 감기	問い合わせ 문의
育児 육아	支度 준비	集める 모으다
予約 예약	食料品 식료품	諦める 체념하다
計画 계획	残る 남다	～同士 ～끼리
家事 가사	値段 가격	怪我 다침, 부상
注意 주의	原因 원인	共働き 맞벌이
相談 상담	近所 근처, 이웃	早期教育 조기교육
利用 이용	手続き 수속	地下鉄 지하철
案内 안내	買い物 쇼핑	浪人 재주, 재수생
料金 요금	出発 출발	履歴書 이력서
交通 교통	寝不足 수면 부족	やる気 할 마음, 의욕
人口 인구	働く 일하다	疲れる 피곤하다
方法 방법	お祝い 축하	ぐっすり 푹, 편안히
お礼 답례	週末 주말	午前中 오전중
知人 지인	思いやる 배려하다	世話 도와줌, 보살핌
万引 절도	乗り物 탈것	便利だ 편리하다
独身 독신	小言 잔소리	汚れる 더러워지다
楽器 악기	痛い 아프다	着く 도착하다
銀行 은행	核家族化 핵가족화	祖母 (자신의) 할머니
旅行 여행	夕方 저녁 때	不便だ 불편하다
休日 휴일	図書館 도서관	習う 배우다, 익히다
公演 공연	捨てる 버리다	悩む 괴로워하다

□ 祖父 (자신의) 할아버지
□ 思い出す 떠올리다
□ 育てる 키우다, 양육하다

□ 丈夫だ 튼튼하다
□ そぐわない 어울리지 않다
□ 恥ずかしい 부끄럽다

□ びっくりする 깜짝 놀라다
□ 用事 볼일, 용무

기상 및 기후

□ 遠足 소풍
□ 地表 지표
□ 霧 안개
□ 雷 천둥
□ 快晴 쾌청
□ 開花 개화
□ 時期 시기
□ 洗濯 세탁
□ 春雨 봄비
□ 一環 일환
□ 稲妻 번개
□ 嵐 폭풍우
□ 放電 방전
□ 大気 대기
□ 熱帯 열대
□ 雨量 우량
□ 停電 정전
□ 寒波 한파
□ 零下 영하

□ 凝結 응결
□ 風速 풍속
□ 北上 북상
□ 海水 해수
□ 統計 통계
□ 海洋 해양
□ 火山 화산
□ 前線 전선
□ 分布 분포
□ 発生 발생
□ 潮 해수, 조류
□ 気候 기후
□ 日差し 햇살
□ 氷柱 고드름
□ 日射量 일사량
□ 吹雪 눈보라
□ 四季 사계절
□ 水滴 물방울
□ 夕立ち 소나기

□ 干す 말리다
□ 真夏 한여름
□ 霧雨 이슬비
□ 温暖化 온난화
□ 天気図 일기도
□ 氷点下 영하
□ 濡れる 젖다
□ 気象庁 기상청
□ 季節風 계절풍
□ データ 데이터
□ 恵みの雨 단비
□ 低気圧 저기압
□ 波浪 물결, 파도
□ 万年雪 만년설
□ 全国的に 전국적으로
□ 高気圧 고기압
□ 花冷え 꽃샘추위
□ 乾く 건조하다
□ 天気予報 일기예보

- ☐ 気圧の谷 <ruby>気<rt>き</rt></ruby><ruby>圧<rt>あつ</rt></ruby>の<ruby>谷<rt>たに</rt></ruby> 기압골
- ☐ 様子 <ruby>様<rt>よう</rt></ruby><ruby>子<rt>す</rt></ruby> 모양, 모습
- ☐ 陽炎 <ruby>陽炎<rt>かげろう</rt></ruby> 아지랑이
- ☐ 集中豪雨 <ruby>集中豪雨<rt>しゅうちゅうごう う</rt></ruby> 집중호우
- ☐ 今にも <ruby>今<rt>いま</rt></ruby>にも 금방이라도
- ☐ 湿る <ruby>湿<rt>しめ</rt></ruby>る 눅눅해지다
- ☐ じめじめ 끈적끈적
- ☐ 気象異変 <ruby>気<rt>き</rt></ruby><ruby>象<rt>しょう</rt></ruby><ruby>異<rt>い</rt></ruby><ruby>変<rt>へん</rt></ruby> 기상이변

- ☐ 温室効果 <ruby>温室効果<rt>おんしつこうか</rt></ruby> 온실효과
- ☐ 最低気温 <ruby>最低気温<rt>さいていきおん</rt></ruby> 최저기온
- ☐ 湿っぽい <ruby>湿<rt>しめ</rt></ruby>っぽい 눅눅하다
- ☐ 取り囲む <ruby>取<rt>と</rt></ruby>り<ruby>囲<rt>かこ</rt></ruby>む 둘러싸다
- ☐ 三寒四温 <ruby>三寒四温<rt>さんかんしおん</rt></ruby> 삼한사온
- ☐ 平年並み <ruby>平年<rt>へいねん</rt></ruby><ruby>並<rt>な</rt></ruby>み 평년 수준
- ☐ 梅雨に入る <ruby>梅雨<rt>つゆ</rt></ruby>に<ruby>入<rt>はい</rt></ruby>る 장마가 시작되다
- ☐ びしょ濡れ びしょ<ruby>濡<rt>ぬ</rt></ruby>れ 흠뻑 젖음

- ☐ 最高気温 <ruby>最高気温<rt>さいこうきおん</rt></ruby> 최고기온
- ☐ 雨が止む <ruby>雨<rt>あめ</rt></ruby>が<ruby>止<rt>や</rt></ruby>む 비가 그치다
- ☐ 梅雨が明ける <ruby>梅雨<rt>つゆ</rt></ruby>が<ruby>明<rt>あ</rt></ruby>ける 장마가 끝나다
- ☐ 降水を伴う <ruby>降水<rt>こうすい</rt></ruby>を<ruby>伴<rt>ともな</rt></ruby>う 강수를 동반하다
- ☐ 当たる <ruby>当<rt>あ</rt></ruby>たる 적중하다, 들어맞다
- ☐ 天気が崩れる <ruby>天気<rt>てんき</rt></ruby>が<ruby>崩<rt>くず</rt></ruby>れる 날씨가 나빠지다
- ☐ 土砂降り <ruby>土砂降<rt>どしゃぶ</rt></ruby>り 비가 억수같이 내림

사건 및 사고

- ☐ 不満 <ruby>不満<rt>ふまん</rt></ruby> 불만
- ☐ 心理 <ruby>心理<rt>しんり</rt></ruby> 심리
- ☐ テロ 테러
- ☐ デモ 데모
- ☐ 事故 <ruby>事故<rt>じこ</rt></ruby> 사고
- ☐ 犯罪 <ruby>犯罪<rt>はんざい</rt></ruby> 범죄
- ☐ 求刑 <ruby>求刑<rt>きゅうけい</rt></ruby> 구형
- ☐ 前例 <ruby>前例<rt>ぜんれい</rt></ruby> 전례
- ☐ 事件 <ruby>事件<rt>じけん</rt></ruby> 사건
- ☐ 初犯 <ruby>初犯<rt>しょはん</rt></ruby> 초범
- ☐ 被告 <ruby>被告<rt>ひこく</rt></ruby> 피고
- ☐ 原告 <ruby>原告<rt>げんこく</rt></ruby> 원고
- ☐ 再犯 <ruby>再犯<rt>さいはん</rt></ruby> 재범
- ☐ 多発 <ruby>多発<rt>たはつ</rt></ruby> 다발

- ☐ 公訴 <ruby>公訴<rt>こうそ</rt></ruby> 공소
- ☐ 安否 <ruby>安否<rt>あんぴ</rt></ruby> 안부
- ☐ 供述 <ruby>供述<rt>きょうじゅつ</rt></ruby> 진술
- ☐ 犯行 <ruby>犯行<rt>はんこう</rt></ruby> 범행
- ☐ 検察 <ruby>検察<rt>けんさつ</rt></ruby> 검찰
- ☐ 判事 <ruby>判事<rt>はんじ</rt></ruby> 판사
- ☐ 安全 <ruby>安全<rt>あんぜん</rt></ruby> 안전
- ☐ 釈放 <ruby>釈放<rt>しゃくほう</rt></ruby> 석방
- ☐ 共犯 <ruby>共犯<rt>きょうはん</rt></ruby> 공범
- ☐ 虐待 <ruby>虐待<rt>ぎゃくたい</rt></ruby> 학대
- ☐ 起訴 <ruby>起訴<rt>きそ</rt></ruby> 기소
- ☐ 暴行 <ruby>暴行<rt>ぼうこう</rt></ruby> 폭행
- ☐ 衝撃 <ruby>衝撃<rt>しょうげき</rt></ruby> 충격
- ☐ 有罪 <ruby>有罪<rt>ゆうざい</rt></ruby> 유죄

- ☐ 支援 <ruby>支援<rt>しえん</rt></ruby> 지원
- ☐ 捜査 <ruby>捜査<rt>そうさ</rt></ruby> 수사
- ☐ 武力 <ruby>武力<rt>ぶりょく</rt></ruby> 무력
- ☐ 無罪 <ruby>無罪<rt>むざい</rt></ruby> 무죄
- ☐ 疑い <ruby>疑<rt>うたが</rt></ruby>い 혐의
- ☐ 監禁 <ruby>監禁<rt>かんきん</rt></ruby> 감금
- ☐ 衝突 <ruby>衝突<rt>しょうとつ</rt></ruby> 충돌
- ☐ 拉致 <ruby>拉致<rt>らち</rt></ruby> 납치
- ☐ 遺家族 <ruby>遺家族<rt>いかぞく</rt></ruby> 유가족
- ☐ 拘束 <ruby>拘束<rt>こうそく</rt></ruby> 구속
- ☐ 治安 <ruby>治安<rt>ちあん</rt></ruby> 치안
- ☐ 誘拐 <ruby>誘拐<rt>ゆうかい</rt></ruby> 유괴
- ☐ 無防備 <ruby>無防備<rt>むぼうび</rt></ruby> 무방비
- ☐ 密輸 <ruby>密輸<rt>みつゆ</rt></ruby> 밀수

□ 脅迫 협박
きょうはく

□ 発覚 발각
はっかく

□ 無関心 무관심
む かんしん

□ 奪う 빼앗다
うば

□ 懲役 징역
ちょうえき

□ 発端 발단
ほったん

□ 容疑者 용의자
よう ぎ しゃ

□ 騙す 속이다
だま

□ 濡れ衣 누명
ぬ   ぎぬ

□ 刺す 찌르다
さ

□ 後遺症 후유증
こう い しょう

□ 思いやり 배려
おも

□ 弁護士 변호사
べん ご し

□ 不審だ 수상하다
ふ しん

□ トラウマ 트라우마

□ 終身刑 종신형
しゅうしんけい

□ 脅かす 위협하다
おど

□ 刑事責任 형사책임
けい じ せきにん

□ れっきとした 뚜렷한

□ 悪徳業者 악덕업자
あくとくぎょうしゃ

□ 仕立てる 꾸미다
した

□ ひき逃げ犯 뺑소니범
に   はん

□ リハビリ 재활 훈련

□ 執行猶予 집행유예
しっこうゆう よ

□ 手口 수법, 방법
て ぐち

□ 締め付け 억압, 협박
し   つ

□ 通り魔 묻지마 범죄
とお   ま

□ 前代未聞 전대미문
ぜんだい み もん

□ 飲酒運転 음주운전
いんしゅうんてん

□ 潜む 숨다, 잠복하다
ひそ

□ 明らかになる 밝혀지다
あき

□ 巻き込む 말려들게 하다
ま こ

□ とんでもない 터무니없다

□ 防犯カメラ 방범카메라
ぼうはん

□ 跡を絶たない 끊이질 않다
あと た

□ 罪を犯す 죄를 저지르다
つみ おか

□ 判決を下す 판결을 내리다
はんけつ くだ

□ 影響を受ける 영향을 받다
えいきょう う

노후

□ 一生 일생
いっしょう

□ 老後 노후
ろうご

□ 老人 노인
ろうじん

□ 余生 여생
よ せい

□ 死亡 사망
し ぼう

□ 生存 생존
せいぞん

□ 憂慮 우려
ゆうりょ

□ 回顧 회고
かい こ

□ 長寿 장수
ちょうじゅ

□ 介護 간호
かい ご

□ 貧困 빈곤
ひんこん

□ 急速 급속
きゅうそく

□ 短命 단명
たんめい

□ 孤立 고립
こりつ

□ 進展 진전
しんてん

□ 施設 시설
し せつ

□ 背景 배경
はいけい

□ 孤独 고독
こ どく

□ 拡充 확충
かくじゅう

□ 関心 관심
かんしん

□ 疎遠 소원
そ えん

□ 意識 의식
い しき

□ 世代 세대
せ だい

□ 交流 교류
こうりゅう

□ 低下 저하
てい か

□ 基盤 기반
き ばん

□ 距離 거리
きょ り

□ 福祉 복지
□ 網羅 망라
□ 混在 혼재
□ 希薄 희박
□ 構築 구축
□ 自立 자립
□ 支援 지원
□ 貯金 저금
□ 生きる 살다
□ ～向け ～용
□ 受給 수급
□ 不安 불안
□ 有効 유효
□ 仕組み 구조
□ 影響 영향
□ 障害 장애
□ 生涯 생애
□ 過ごす 보내다

□ 広げる 넓히다
□ 後悔 후회
□ 徐々に 서서히
□ 人生観 인생관
□ 老年期 노년기
□ 絆 유대, 기반
□ 生活苦 생활고
□ 高齢化 고령화
□ 肯定的 긍정적
□ 努める 노력하다
□ 人間関係 인간관계
□ 少子化 저출산화
□ 貧しい 가난하다
□ 暖かだ 따뜻하다
□ 核家族化 핵가족화
□ 最期 임종, 최후
□ 触れる 접촉하다
□ 身寄り 친척, 친족

□ 助け合う 서로 돕다
□ 労働人口 노동인구
□ 国民年金 국민연금
□ 抱える 안다, 껴안다
□ 白眼視する 백안시하다
□ 平均寿命 평균수명
□ 独居老人 독거노인
□ 老人ホーム 양로원
□ 触れ合う 서로 접촉하다
□ 延びる 늘다, 늘어나다
□ 厚生労働省 후생노동성
□ 認知症 인지증, 치매
□ 接する 접하다, 접촉하다
□ 年を取る 나이가 들다
□ 年輩 지긋한 나이, 중년
□ 気にかかる 신경이 쓰이다
□ ～に伴って ～함에 따라서

경제

□ 物価 물가
□ 改善 개선
□ 不況 불황
□ 借金 빚

□ 好況 호황
□ 回復 회복
□ 上昇 상승
□ 下落 하락

□ 好転 호전
□ 購入 구입
□ 節約 절약
□ 悪化 악화

- ☐ 家計 가계
- ☐ 出費 지출
- ☐ 高額 고액
- ☐ 破産 파산
- ☐ 面責 면책
- ☐ 株価 주가
- ☐ 急落 급락
- ☐ 急騰 급등
- ☐ 消費 소비
- ☐ 生産 생산
- ☐ 競争 경쟁
- ☐ 敏感 민감
- ☐ 激化 격화
- ☐ 低迷 침체
- ☐ 高騰 고등
- ☐ 欠損 결손
- ☐ 撤退 철수
- ☐ 後退 후퇴
- ☐ 外需 외수
- ☐ 抑制 억제
- ☐ 次第に 점차
- ☐ 上限 상한
- ☐ 緩和 완화

- ☐ 戦略 전략
- ☐ 不景気 불경기
- ☐ 破綻 파탄
- ☐ 投入 투입
- ☐ 変動 변동
- ☐ 生活費 생활비
- ☐ 臨む 임하다
- ☐ 転落 전락
- ☐ 開拓 개척
- ☐ 家計簿 가계부
- ☐ 脱却 벗어남
- ☐ 補う 보충하다
- ☐ 倒産 도산
- ☐ 厳しい 혹독하다
- ☐ 供給量 공급량
- ☐ 元手 밑천, 자본
- ☐ 課徴金 과징금
- ☐ 疎い 잘 모르다
- ☐ 資金難 자금난
- ☐ 賃上げ 임금 인상
- ☐ 穴埋め 결손 보충
- ☐ 相変わらず 여전히
- ☐ 取り戻す 되찾다

- ☐ 生産拠点 생산거점
- ☐ 足踏み 답보, 제자리
- ☐ 生き残る 살아남다
- ☐ デフレ 디플레이션
- ☐ 緊縮財政 긴축재정
- ☐ 底を突く 바닥을 치다
- ☐ 新興市場 신흥시장
- ☐ インフレ 인플레이션
- ☐ 切り替える 교체하다
- ☐ コストダウン 원가 절하
- ☐ 上向き 시세의 오름세
- ☐ 個人所得 개인소득
- ☐ 買い占める 매점하다
- ☐ 譲り合う 서로 양보하다
- ☐ 消費者物価 소비자 물가
- ☐ 構造改革 구조개혁
- ☐ 持続的に 지속적으로
- ☐ 損害を被る 손해를 입다
- ☐ 全力を尽くす 전력을 다하다
- ☐ 成果を上げる 성과를 올리다
- ☐ 不渡りを出す 부도를 내다
- ☐ 打ち切る 중지하다, 중단하다

□ 政党 (せいとう) 정당	□ 政局 (せいきょく) 정국	□ 政治家 (せいじか) 정치가
□ 大臣 (だいじん) 대신	□ 問答 (もんどう) 문답	□ 無責任 (むせきにん) 무책임
□ 激論 (げきろん) 격론	□ 動向 (どうこう) 동향	□ 現職 (げんしょく) 현직
□ 内閣 (ないかく) 내각	□ 公職 (こうしょく) 공직	□ 黙認 (もくにん) 묵인
□ 可決 (かけつ) 가결	□ 曖昧 (あいまい) 애매	□ 非常識 (ひじょうしき) 몰상식
□ 国会 (こっかい) 국회	□ 演説 (えんぜつ) 연설	□ 衆議院 (しゅうぎいん) 중의원
□ 会期 (かいき) 회기	□ 絶頂 (ぜっちょう) 절정	□ 討論会 (とうろんかい) 토론회
□ 与党 (よとう) 여당	□ 対立 (たいりつ) 대립	□ 幹事長 (かんじちょう) 간사장
□ 否決 (ひけつ) 부결	□ 山場 (やまば) 고비	□ 行政権 (ぎょうせいけん) 행정권
□ 法案 (ほうあん) 법안	□ 遊説 (ゆうぜい) 유세	□ 参議院 (さんぎいん) 참의원
□ 発言 (はつげん) 발언	□ 当選 (とうせん) 당선	□ 補佐官 (ほさかん) 보좌관
□ 野党 (やとう) 야당	□ 投票 (とうひょう) 투표	□ 説明会 (せつめいかい) 설명회
□ 成立 (せいりつ) 성립	□ 賄賂 (わいろ) 뇌물	□ 臨時国会 (りんじこっかい) 임시국회
□ 規定 (きてい) 규정	□ 棄権 (きけん) 기권	□ 首脳会談 (しゅのうかいだん) 수뇌회담
□ 憲法 (けんぽう) 헌법	□ 閉会 (へいかい) 폐회	□ 支持者 (しじしゃ) 지지자
□ 改正 (かいせい) 개정	□ 開票 (かいひょう) 개표	□ 不一致 (ふいっち) 불일치
□ 賛成 (さんせい) 찬성	□ 総予算 (そうよさん) 총예산	□ 国会議員 (こっかいぎいん) 국회의원
□ 金品 (きんぴん) 금품	□ 強硬 (きょうこう) 강경	□ 社会保障 (しゃかいほしょう) 사회보장
□ 閣僚 (かくりょう) 각료	□ 立案 (りつあん) 입안	□ 掲げる (かかげる) 내걸다
□ 官僚 (かんりょう) 관료	□ 攻防 (こうぼう) 공방	□ 幕引き (まくひき) 끝을 냄
□ 反対 (はんたい) 반대	□ 定例会 (ていれいかい) 정례회	□ こりごり 지긋지긋함
□ 国民 (こくみん) 국민	□ 多数決 (たすうけつ) 다수결	□ 占める (しめる) 점하다, 차지하다
□ 問責 (もんせき) 문책	□ 留保 (りゅうほ) 유보	□ 非公式 (ひこうしき) 비공식
□ 首相 (しゅしょう) 수상	□ 任命 (にんめい) 임명	□ 食い違い (くいちがい) 어긋남

□ 比例代表制 비례대표제

□ 道筋が通る 조리가 있다

□ 投げ出す 내팽개치다

□ 弱腰 약한 태도

□ 大統領選挙 대통령선거

□ 迫る 다가오다, 직면하다

□ 絡む 복잡하게 얽히다

□ 丸呑み 그대로 받아들임

(1〜4)

> 大学同士の交流プログラムで、今年の9月3日に中国から日本に来た。これからの3年間で修士の学位を取りたいと思い勉強している。日本でとても驚いたことの一つは、小学生の集団登校だ。上級生が先頭に立ち、下級生の面倒を見ながら、道端を一列になって進んでいく様子は見ていてとても微笑ましい。一方、私は日本人の清潔さに①_____する。毎日道を歩いていて、ゴミが一つも落ちていない。皆は朝夕の犬の散歩で、必ず犬のフンを持ち帰る。中国ではこうした習慣はなく、常に道に動物の排泄物やゴミが落ちている。②_____、日本では街にゴミ箱があまりないことにも驚いた。約50メートルごとにある中国の生活環境に20年間慣れてきた私には、ゴミ箱がコンビニやスーパーの店頭にしかない日本の環境は、やや不便ではあるが…。日本に来て日本人の様々な素晴らしい生活文化に接すると、日本が先進国としてアジアの先頭を走っている理由がとてもよく実感できる。

01 本文の内容からみて、①_____に入るもっとも適当な言葉はどれですか。

(A) 感心　　　　　　　　　　　　(B) 危惧

(C) 憤慨　　　　　　　　　　　　(D) 退屈

02 本文の内容からみて、②_____に入るもっとも適当な接続詞はどれですか。

(A) なお　　　　　　　　　　　　(B) そして

(C) それから　　　　　　　　　　(D) それとも

03 本文の内容からみて、この人が日本に来て驚いたことではないものはどれですか。

(A) 日本人の清潔さ

(B) 街のゴミ箱の少なさ

(C) 小学生の集団登校

(D) 日本人の礼儀正しさ

04 この人は日本の街にゴミ箱が少ないことについてどう思っていますか。

(A) 中国と違って多少不便だと思っている。

(B) 中国と違ってとても不便だと思っている。

(C) 中国と同じだから、不便ではないと思っている。

(D) 中国と同じだから、何の不便もないと思っている。

(5～7)

　学校で世界の飢餓について学んだ。世界人口70億人中10億人近くの人々が飢餓に苦しんでいるという。その10億人の中にはこれからを生きるはずの子供たちだって含まれている。世界で約6秒に1人の割合で子供たちが命を落としているほどだという。ユニセフなどは干ばつによって飢餓に苦しむ人への影響を少しでも緩和しようと活動しているそうだ。他人事にはできない。お店でよく募金箱を見掛けるが、①＿＿＿＿＿＿してはいけないと思うようになった。3千円の寄付が集まれば、アフリカのジンバブエで子供8人に学校給食を約1カ月分、5千円集まればケニアの1世帯が1カ月生活するために必要な食料を支援できることも学んだ。1円ずつでもいい。私は寄付はとても大切だと心から思う。また、普段、②<u>絶対に食べ残しをしてはいけない</u>と思う。なぜなら、食べたくても食べることのできない人々が世の中にはたくさんいるからだ。

05 本文の内容からみて、①＿＿＿＿＿に入るもっとも適当な言葉はどれですか。
- (A) 根回し
- (B) 素通り
- (C) 気配り
- (D) 時間つぶし

06 本文の内容からみて、3千円の寄付が集まればでどんなことができますか。
- (A) 干ばつによる被害を1カ月ぐらい遅らせられる。
- (B) 子供8人が1カ月分の学校給食を食べられる。
- (C) 1世帯が1カ月生活するために必要な食料を支援できる。
- (D) 子供2人が6カ月生活するために必要な食料を支援できる。

07 この人が②<u>絶対に食べ残しをしてはいけない</u>と思った理由は何ですか。
- (A) 食べ残しをすると両親に叱られるから
- (B) 好き嫌いが激しいのは健康によくないから
- (C) 食べ残しが習慣になってしまう恐れがあるから
- (D) 食べたくても食べられない人々が世の中にはたくさんいるから

(8〜11)

埼玉県内で先日、男子中学生2人が乗るバイクが県道を逆走して乗用車と衝突、1人が死亡、1人がけがをする事故があった。事故が悲惨だったことで、乗用車を運転していた青年も何らかの責任を問われるのかもしれないが、彼は①＿＿＿＿＿だ。彼が終生引きずって行くだろう精神的苦痛を思えば、集団で逆走していたとされる少年たちの無謀こそ強く責められるべきだ。

この種の事故は②＿＿＿＿＿、世間は無関心すぎないか。少年たちの無法ぶりは昨日今日のことではないと思われる。周囲の人々は厳しく注意したのか。日頃から自転車に乗る妻に、安全運転を促しながら私は時々こう付け加える。「お前のためにだけ言うのじゃない。お前の不注意で万一のことがあったら、終生つらい思いをする相手の方に気の毒だからだ」。

08 本文の内容からみて、①＿＿＿＿に入るもっとも適当な言葉はどれですか。

(A) 参加者   (B) 目撃者

(C) 加害者   (D) 被害者

09 この人は本文に出ている事故についてどう思っていますか。

(A) 両方とも間違いをしたから、両方とも悪い。

(B) 乗用車を運転していた青年の方が悪い。

(C) バイクで逆走していたとされる中学生の方が悪い。

(D) 両方とも被害者だから、どちらが悪いとは言えない。

10 本文の内容からみて、②＿＿＿＿に入るもっとも適当な表現はどれですか。

(A) 一目置いたが

(B) 後を絶たないが

(C) 終止符を打ったが

(D) 横ばいの状態だが

11 この人の考えと合っていないものはどれですか。

(A) 無謀運転をした青少年を責めてはいけない。

(B) 青少年の無謀運転に世間は無関心すぎる。

(C) 安全運転を心掛けても事故はいつでも起こり得る。

(D) 青少年の無謀運転にはもっと厳しく注意する必要がある。

(12〜15)

　学習障害の10歳の娘がいます。数字を理解するのが難しく、私も戸惑い、悩みました。最近は学習障害などの発達障害に対する認知が高まりつつありますが、誤解も多いと思います。しかし、胸を張って言いたいです。娘が感じる違和感は娘にしかない①＿＿＿＿であり、この独創的な発想を大切に育んでやりたい、と。私は娘に「人と違うことを気にするな」と言い、周囲の人にも自分から娘の障害について話しています。彼女が彼女らしく生きられる道を模索し、見守れる親になりたいです。今は自分や社会を責めずに、慈しむ心を持って子育てを楽しみ、ゆっくり日々を過ごしながら、時には失敗しつつ親として成長する過程だと思っています。社会には発達障害と気付かれないまま、苦しんでいる子もいます。障害に対して、もっと理解が広がってほしいと思います。そして、皆さんも子供の失敗を②＿＿＿＿で見てください。

12 本文の内容からみて、①＿＿＿＿に入るもっとも適当な表現はどれですか。
　　(A) 個性　　　　　　　　　　　(B) 信念
　　(C) 執着　　　　　　　　　　　(D) 独断

13 この人は娘の障害をどんなふうに対処していますか。
　　(A) 恥ずかしくて周囲の人には言わない。
　　(B) 誤解されやすいから周囲の人には言わない。
　　(C) 周囲の人にも自分から娘の障害について話している。
　　(D) 親戚や親しい人にだけ娘の障害について話している。

14 この人の主張として正しいものはどれですか。
　　(A) 障害に対してもっと理解が広がってほしい。
　　(B) 発達障害は自然によくなるから、心配しないでほしい。
　　(C) 障害を持っている人を見掛けたら,手伝ってあげてほしい。
　　(D) 自分が発達障害かどうか確認できる検査を作ってほしい。

15 本文の内容からみて、②＿＿＿＿に入るもっとも適当な表現はどれですか。
　　(A) 細い目
　　(B) 遠い目
　　(C) 厳しい目
　　(D) 大きな目

近年、高齢化社会を象徴するかのように「不慮の事故」の死亡原因の第1位が交通事故から窒息に変わった。これは、年を取ると飲み込む力が衰えるからだ。90歳になる私の父は、歯が一本もない。普段は総入れ歯を入れているが、食べる時は外す。その方が美味しく食べられるそうだ。でも噛む能力は落ちるので、ものを喉に詰まらせないかと心配になる。

かつて年間1万人を超えた交通事故による死者数は現在では4千人台にまで減少した。長い間重ねてきた努力の成果だろう。超高齢化社会が迫っている今、今度は「窒息予防」に国民全体で取り組むべきだ。歯科治療においても従来は噛むことに重点が置かれていたが、最近は①_____と認識されつつある。既に歯科では顔や口の周りの筋肉を動かすトレーニングも開発されている。今後更に医療関係者とお年寄りの双方がこの窒息の問題について関心を深めてほしいと思う。

16 「不慮の事故」の死亡原因についての説明の中で、正しくないものはどれですか。

(A) 最近、第1位は交通事故から窒息に変わった。

(B) 現在、交通事故による死者数は昔とあまり変化がない。

(C) 近年の窒息死の増加は高齢化社会を象徴するとも言える。

(D) 年寄りの窒息死が増加しているのは年を取ると飲み込む力が衰えるからである。

17 この人のお父さんが食事をする時に総入れ歯を外す理由は何ですか。

(A) 外す方が美味しく食べられるから

(B) 総入れ歯を入れるとよく噛めないから

(C) 総入れ歯を外すと窒息する危険が低くなるから

(D) 総入れ歯を入れると窒息する危険が高くなるから

18 本文の内容からみて、①_____に入るもっとも適当な表現はどれですか。

(A) 歯磨きが重要だ

(B) 飲み込むことも重要だ

(C) 虫歯の予防が重要だ

(D) きれいな歯並びが重要だ

(19〜22)

　　子供たちと近くの図書館に行った際、「みたか太陽系ウォーク」というスタンプラリーがあるのを知った。三鷹の街を13億分の1に縮小した太陽系になぞらえ、そこかしこに設置された「惑星」のスタンプを押して回る。面白そうだと始めたものの、夕刻に始めたので初日は9個で断念した。子供たちは集めてもらえる天文グッズに期待を膨らませた。翌週末に駅を拠点に再挑戦しようとしたら、小2の長男はサッカーの試合が入ってしまった。小5の長女は一人で行きたいというが、自転車で30分の駅にも一人で行ったことはない。脳裏を事故、誘拐といった不安がかすめる。①＿＿＿＿＿、どこで覚えたのか「可愛い子には旅をさせよ、っていうでしょ」と長男。しぶしぶ娘を送り出したものの、心配で試合観戦どころではない。4時間後、無事試合会場に現れた娘は、50個近くのスタンプを集め、②＿＿＿＿＿になったラリーの地図を片手に様々な「冒険談」を聞かせてくれた。娘に頑張って、と声をかけてくれたお巡りさんや、親切にしてくれた街の方々、ありがとうございました。脚の擦り傷を隠しながら、翌日も元気にスタンプ集めの旅に出かけた娘の背中が少し大きく見えた。

19 この人が初日スタンプを押して回るのを9個で止めた理由は何ですか。

(A) 遅く始めたから

(B) 子供たちが嫌がったから

(C) やってみるとあまり面白くなかったから

(D) 思ったより時間がたくさんかかったから

20 本文の内容からみて、①＿＿＿＿＿に入るもっとも適当な接続詞はどれですか。

(A) さて　　　　　　　　　　　　(B) ところが

(C) あるいは　　　　　　　　　　(D) したがって

21 本文に出ているスタンプ集めの再挑戦についての説明の中で、正しいものはどれですか。

(A) この人は長女のサッカーの試合を見に行った。

(B) この人の長男はサッカーの試合で行けなかった。

(C) この人の長女は一人で行って50個近くのスタンプを集めた。

(D) この人は長女はしっかりしているから、一人で行かせてもいいと思った。

22 本文の内容からみて、②＿＿＿＿＿に入るもっとも適当な言葉はどれですか。

(A) からから　　　　　　　　　　(B) ぼろぼろ

(C) ごつごつ　　　　　　　　　　(D) ぎくしゃく

> 　ご近所に悪臭を放つ高齢者のお宅があった。集合住宅管理組合の尽力で現在は一段落したが、そこに至るまで行政の対応に疑問を感じた。悪臭の原因は飼い猫の大小便や猫の死体だったようだ。本人に改善の意思がない以上、①＿＿＿＿＿。市に対策を訴えたが、答えは「行政として対処は必要なし」だった。
> 　ゴミ放置などで自らの健康や安全を損ねることを「セルフネグレクト」(自己放任)という。内閣府調査で②そうした高齢者が全国で1万人を超したと報道された。近所の例も特殊ではないようだ。記事で調査担当者は、「③＿＿＿＿＿」と言っているが、悪臭防止法は事業者への規制だけでなく、自治体への悪臭防止の責務も定めている。それを地域住民の絆の問題であると主張するのは行政の無責任な措置だと言わざるを得ない。

23 本文の内容からみて、①＿＿＿＿＿に入るもっとも適当な文章はどれですか。

(A) 行政は決して頼りにならない

(B) 近所では手の施しようがない

(C) みんなで協力して解決するしかない

(D) 近所の人を説得することに力を入れるしかない

24 ②そうした高齢者が指しているものはどれですか。

(A) 行政の対処に不満を持っている高齢者

(B) ゴミ放置問題の処理を行政に頼る高齢者

(C) ゴミ放置を自分の力で改善しようとする高齢者

(D) ゴミ放置などで自らの健康や安全を損ねる高齢者

25 本文の内容からみて、③＿＿＿＿＿に入るもっとも適当な文章はどれですか。

(A) 人との繋がりを地域の中で築き直す必要がある

(B) ゴミ放置問題に対する対策は現在講じていない

(C) 地域住民の協力があってもなかなか解決できない

(D) ゴミ放置は特殊な例にすぎないから、安心してもいい

26 この人はご近所の悪臭問題に対する行政の対処についてどう思っていますか。

(A) 適切な措置が施されているから、安心して任せると思っている。

(B) 人の絆の問題にすり替えることは行政の責任逃れだと思っている。

(C) 自治体に悪臭防止の責務はないから、遅く処理されても仕方がないと思っている。

(D) 今の法律では限界があるから、悪臭防止法の全面的な改正が必要だと思っている。

(27～30)

　私の家ではこの夏、部屋の模様替えをする。それに伴い、小さい頃使っていたおもちゃや文房具なども処分することになるのだが、困ったのは、ぬいぐるみをなかなか捨てられないことだ。愛着があるのに加えて、ぬいぐるみには命があるように感じてしまうのだ。その結果、私の部屋には捨てられなかった、しかしもう遊びはしないぬいぐるみが数十個並んでいる。①_____私は、ぬいぐるみを販売している会社に、使わなくなったぬいぐるみの回収を提案したい。

　現在、「ユニクロ」を展開するファーストリテイリングでは、お客さんから着なくなった自社の服を回収し、それを世界中の服を必要とする人々のところへ届けているという。同じようにぬいぐるみもそれぞれの会社が回収し、発展途上国や難民キャンプなどにいる子供たちのもとへ届けられないだろうか。実現すれば、私のようにぬいぐるみを捨てられずに困っている人たちの助けとなり、ごみが出ないので地球環境にもよく、ぬいぐるみで遊べない子供たちにぬいぐるみを届けられ、②_____になる。

27 この人は模様替えをする時、何が困ると言っていますか

(A) 家具などの破損がひどいこと

(B) 模様替えが思った通りに進まないこと

(C) ぬいぐるみをなかなか捨てられないこと

(D) 小さい頃使っていたおもちゃや文房具が多すぎること

28 本文の内容からみて、①_____に入るもっとも適当な接続詞はどれですか。

(A) そこで　　　　　　　　　　(B) そして

(C) それから　　　　　　　　　(D) もしくは

29 本文の内容からみて、②_____に入るもっとも適当な接続詞はどれですか。

(A) 言語道断　　　　　　　　　(B) 順風満帆

(C) 一石二鳥　　　　　　　　　(D) 縦横無尽

30 本文のタイトルとしてもっとも相応しいものはどれですか。

(A) 地球環境を考えおもちゃの生産を減らそう。

(B) 物のリサイクルは慎重に考えてから推進しよう。

(C) 発展途上国や難民キャンプへの支援を増やそう。

(D) 使わなくなったぬいぐるみを回収しリサイクルをしよう。

MEMO

V. 下の＿＿＿線の言葉の正しい表現、または同じ意味のはたらきをしている言葉を(A)から(D)の中で一つ選びなさい。

1 その店の主は他店と差別化を図るためにある企画を立ち上げた。
(A) しゅ
(B) おっと
(C) あるじ
(D) しゅじん

2 今度彼が出版した本には日本留学の経験がたっぷり入っている。
(A) しゅつはん
(B) しゅつばん
(C) しゅっばん
(D) しゅっぱん

3 検索したい業者名の頭文字をクリックしてください。
(A) どもじ
(B) とうもじ
(C) あたまもじ
(D) かしらもじ

4 山田さんは賑やかなところが嫌いだそうだ。
(A) にぎやか
(B) しなやか
(C) おだやか
(D) かろやか

5 このコンピューターは毎日夥しい量の情報を処理できる。
(A) めざましい
(B) いたわしい
(C) いやしい
(D) おびただしい

6 世界規模の食糧危機が起こった場合、自給率が低い国は極度の食糧不足に陥るおそれがある。
(A) ゆずる
(B) かたよる
(C) おちいる
(D) あやまる

7 体に悪いから、お酒はできるだけ控えてください。
(A) ささえて
(B) ひかえて
(C) むかえて
(D) かかえて

8 必死に彼の病気を治す方法を探してみたが、いまだに見つかっていない。
(A) 正に
(B) 現に
(C) 今だに
(D) 未だに

9 ダイエットしたいのですが、無理なくやせる方法がありますか。
(A) 減せる
(B) 引せる
(C) 痩せる
(D) 下せる

10 子供たちがすこやかに育つ社会を作りましょう。
(A) 速やかに
(B) 鮮やかに
(C) 緩やかに
(D) 健やかに

11 この品物は値段のわりに品質は今一です。

(A) 値段も品質も全部最悪です。

(B) 値段も品質も申し分ないです。

(C) 値段は高いが、品質は非常にいいです。

(D) 値段は適当だが、品質はあまりよくないです。

12 私は食べたくなかったが、食べた。

(A) 私は食べさせた。

(B) 私は食べられた。

(C) 私は食べさせられた。

(D) 私は思う存分に食べた。

13 大学の先生だからといって、全部知っているとは限らない。

(A) 知っているはずがない

(B) 絶対知らないに違いない

(C) 知らないこともあるだろう

(D) 知っているかどうかわからない

14 彼は自分の仕事がすんだら、速やかに退社してしまう。

(A) 自分の仕事が終わったら

(B) 自分の仕事が始まったら

(C) 自分の仕事とは関係なしに

(D) 自分の仕事をろくにしないで

15 彼は朝から浮かぬ顔をしている。

(A) 楽しい顔をしている

(B) 嬉しい顔をしている

(C) 羨ましい顔をしている

(D) 晴れ晴れしない顔をしている

16 彼は言わずもがなのことを言って、部長を怒らせてしまった。

(A) 如才がないこと

(B) ずうずうしいこと

(C) 仕事と関係がないこと

(D) 言わない方がいいこと

17 朝からひどい雨だったので、電車で行くことにした。

(A) ここでたばこを吸ってはいけません。

(B) 子供の時、よく紙で飛行機を作って遊んだものだ。

(C) 病気で会社を休んだことは全然ありません。

(D) バスより地下鉄で行った方が速いと思います。

18 彼女は私の顔を見るなり、急に泣き出した。

(A) 残るなり帰るなり勝手にしなさい。

(B) 今度のテストは私なりに努力しました。

(C) 父は弟が家に帰るなり怒鳴り付けた。

(D) 悪いことでもあったのか、うつむいたなり呼んでも返事をしない。

19 幼い時、ここで夜遅くまで友達と一緒に遊んだものだ。

(A) お金はいつも大切にするものだ。

(B) 一生懸命に頑張ったものの、うまくできなかった。

(C) 彼は世間の噂をものともせず、研究をしつづけた。

(D) 彼は一度旅立つと、一ヶ月ぐらいは帰らなかったものだ。

20 今度のパーティーに彼が来るか来ないか誰も知らない。

(A) 明日雨が降っても試合を行いますか。

(B) ここは初めてだから、誰かに道を聞いてみましょう。

(C) あの人にはいつか会ったことがあるような気がします。

(D) 来月の出張は一郎か次郎か三郎かが行くでしょう。

Ⅵ. 下の＿＿＿線のA、B、C、Dの中で正しくない言葉を一つ選びなさい。

21 <u>万引</u>が悪いことである<u>の</u>は、小さい子供<u>ですら</u> <u>知る</u>。
   (A)   (B)   (C) (D)

22 私が<u>明日</u>のテストのため勉強している <u>間</u>、弟は部屋で<u>遊んだ</u>。
      (A)   (B) (C)   (D)

23 彼は<u>いろいろと</u><u>考えた末</u>、<u>やはり</u>大学進学を諦めること<u>になった</u>。
     (A)   (B)   (C)   (D)

24 この本に<u>書いてある</u> <u>通りにさえする</u><u>なら</u>どんな料理<u>でも</u>作れます。
          (A)   (B)   (C)   (D)

25 列車<u>と</u>ホームの<u>間</u>が<u>空いて</u>いますから、足下にご<u>注意して</u>ください。
   (A)   (B)   (C)   (D)

26 <u>だいぶ春めぐって</u>きた空気に<u>誘われ</u>、家の<u>近く</u>に流れる野川を歩いた。
  (A)   (B)   (C)   (D)

27 時間に正確な彼<u>にして</u>遅刻してきた<u>のだから</u>、事故があった<u>に違わない</u>。
    (A)   (B)   (C)   (D)

28 最近、朝<u>なかなか起きられず</u>、<u>午前中</u>、体の<u>様子</u>が悪い時が<u>よく</u>あります。
        (A)   (B)   (C)   (D)

29 彼は以前<u>乗っていた</u>車が事故で<u>壊して</u>しまった<u>ために</u>、新しい車を<u>買った</u>。
       (A)   (B)   (C)   (D)

30 彼女は本当に機械に弱くて、コピー機の<u>操作</u>も一人<u>では</u>できない<u>ばかり</u>です。
        (A)   (B) (C)   (D)

31 仕事を<u>片づける</u><u>かたわら</u>、<u>次から次へ</u>仕事が<u>入ってくる</u>ので、休む暇<u>も</u>ない。
        (A)   (B)   (C)   (D)

32 <u>次</u>の試験の成績<u>いかんによらず</u>、進学<u>も</u>できなくなる<u>ので</u>、頑張ってください。
  (A)   (B)   (C)   (D)

33 私の家は下水道処理場の<u>近く</u>なのですが、<u>時々</u>とても<u>変な</u>においが<u>あります</u>。
   (A)　　　　　　　　　(B)　　　　(C)　　　　　　(D)

34 どんな事情があった<u>にして</u>、いつまでも<u>中途半端な</u><u>態度</u>ばかり取って<u>はいけない</u>。
   (A)　　　　　　　　(B)　　　　　　　　(C)　　　　　　　　　　(D)

35 陰から<u>現れた</u>人を<u>避けよう</u>と急にハンドルを<u>折った</u>際に駐車中の車に<u>衝突</u>してしまった。
   (A)　　　　　(B)　　　　　　　　　　(C)　　　　　　　　(D)

36 そんなに遊んで<u>ばかり</u>いなくて、たまには勉強も<u>した</u>方が君の将来のために
   (A)　　　　(B)　　　　　　　　　(C)

いい<u>と思う</u>。
   (D)

37 彼はどんなことでも<u>真剣に</u>相談に乗って<u>もらう</u>ので、<u>私にとっては</u>本当に<u>心強い</u>
   (A)　　　　　　　(B)　　　　　　(C)　　　　　　(D)

存在です。

38 この店はおいし<u>さも</u>さること<u>ながら</u>、従業員の客<u>についての</u>態度がとても丁寧で
   (A)　　　　　　(B)　　　　　　　　　(C)

<u>申し分ない</u>。
   (D)

39 <u>寒かった</u>ので温まろうとお風呂に<u>入った</u>が、寝てしまって<u>温く</u>なって<u>むしろ</u>風邪を
   (A)　　　　　　　　　　　(B)　　　　　　　(C)　　　(D)

引いてしまった。

40 成長<u>しつつある</u>会社に入社したが、仕事にも慣れ<u>ていった</u>と感じ<u>はじめ</u>ていた時に
   (A)　　　　　　　　　　　　　　　　(B)　　　　(C)

バブル崩壊のあおりを<u>くらって</u>しまった。
   (D)

VII. 下の_____線に入る適当な言葉を (A) から (D) の中で一つ選びなさい。

41 あなたが買いたいと言っていたかばんは_____ですか。

    (A) いつ

    (B) だれ

    (C) どこ

    (D) どれ

42 この間、あなたに紹介していただいた_____人は本当に素晴らしい方でした。

    (A) この

    (B) その

    (C) あの

    (D) どの

43 明日ご都合がよろしければ、映画を見_____行きませんか。

    (A) で

    (B) に

    (C) を

    (D) の

44 「明日の３時に伺います。」「では、_____います。」

    (A) おまちして

    (B) またされて

    (C) おまたせして

    (D) おまちになって

45 昨夜窓を_____まま寝たので、風邪を引いてしまった。

    (A) あけ

    (B) あける

    (C) あけた

    (D) あけよう

46 去年の夏は思ったほど_____。

    (A) あついです

    (B) あつかったです

    (C) あつくないです

    (D) あつくなかったです

47 先生は学生に毎日新しい単語を＿＿＿＿＿＿＿。

   (A) 覚えます

   (B) 覚えさせます

   (C) 覚えられます

   (D) 覚えさせられます

48 私は幼い時、母に無理やり英語を＿＿＿＿＿＿＿。

   (A) 習った

   (B) 習わせた

   (C) 習われた

   (D) 習わされた

49 離陸まで時間があったので、待合室で雑誌を読みながら時間を＿＿＿＿＿＿＿。

   (A) たたいた

   (B) つぶした

   (C) そこねた

   (D) ことわった

50 彼は退院すると＿＿＿＿＿＿＿職場に復帰した。

   (A) ほどなく

   (B) わけなく

   (C) きりなく

   (D) ことなく

51 日本語が＿＿＿＿＿＿＿難しいか、言葉では説明できない。

   (A) いかに

   (B) かりに

   (C) もろに

   (D) さすが

52 ABC社は6カ月間プレミアムコール利用料金無料の＿＿＿＿＿＿＿を実施中です。

   (A) エスカレート

   (B) ストラテジー

   (C) キャンペーン

   (D) ヘッドライン

53 子供の将来を思えば＿＿＿＿＿＿、母は敢えて子供の意見に反対した。

(A) だけ

(B) すら

(C) きり

(D) こそ

54 駅から外に出ると、いくつもの高層ビルが＿＿＿＿＿＿いた。

(A) そびえて

(B) こしらえて

(C) そそのかして

(D) ひるがえして

55 この間山田さんに＿＿＿＿＿＿もらったお金を返した。

(A) 乗り出して

(B) 乗り越えて

(C) 立ち向かって

(D) 立て替えて

56 仕事中にはそんな＿＿＿＿＿＿話ばかりしてないで、真面目に仕事しなさい。

(A) ぎこちない

(B) くだらない

(C) そそっかしい

(D) うらやましい

57 交差点の入口を左に曲がり、＿＿＿＿＿＿坂を登ると郵便局があります。

(A) なごやかな

(B) したたかな

(C) ゆるやかな

(D) きよらかな

58 学生にそんなことを言われるとは。先生も＿＿＿＿＿＿不愉快だっただろう。

(A) さぞ

(B) ぜひ

(C) まもなく

(D) あらかじめ

59 常に携行している彼の手帳には毎日のスケジュールが＿＿＿＿書かれている。

(A) ぎっしり

(B) ぽっきり

(C) げっそり

(D) きっかり

60 病気になると、健康のありがたさが＿＿＿＿わかるものだ。

(A) くよくよ

(B) きびきび

(C) うかうか

(D) しみじみ

61 母に叱られた子供は涙を＿＿＿＿こぼした。

(A) がりがり

(B) ぽたぽた

(C) びしびし

(D) ごちゃごちゃ

62 東京の神田というところは、古本屋がせせこましく＿＿＿＿を並べている本の街である。

(A) 軒

(B) 門

(C) 屋根

(D) 煙突

63 彼は世間の噂もどこ吹く＿＿＿＿と、落ち着いて実験を続けていた。

(A) 風

(B) 嵐

(C) 波

(D) 雲

64 この花束はご卒業、ご入学の＿＿＿＿にぴったりです。

(A) お礼

(B) お世辞

(C) お祝い

(D) お辞儀

65 新聞によると、哺乳類全体の24パーセントが絶滅の＿＿＿＿＿＿＿があるそうだ。

(A) ひま

(B) おそれ

(C) こわさ

(D) よち

66 今回の会議では、日本政府と他国の政府との間での積極性の違いが＿＿＿＿＿＿＿になった。

(A) 根回し

(B) 言い分

(C) 浮き彫り

(D) もってこい

67 彼は骨董品を手に取って＿＿＿＿＿＿＿している。

(A) ためつすがめつ

(B) ぬきつぬかれつ

(C) もちつもたれつ

(D) おいつおわれつ

68 最近は企業も時代＿＿＿＿＿＿＿考え方ができないと困ると思う。

(A) にこたえた

(B) にはんした

(C) にそくした

(D) にくらべた

69 図書館には何回も読み返されて、表紙が＿＿＿＿＿＿＿になってしまった本もたくさんあった。

(A) ぼろぼろ

(B) のろのろ

(C) あやふや

(D) きりきり

70 彼の身の上話を聞いて、同情を＿＿＿＿＿＿＿。

(A) 禁じ得なかった

(B) 難くなかった

(C) 余儀無くさせた

(D) しようがなかった

Ⅷ. 下の文を読んで、後の問いにもっとも適当な答えを(A)から(D)の中で一つ選び
なさい。

(71〜74)

　　この夏、子犬を飼い始めました。好奇心旺盛で地面に落ちている、あらゆる物を口
の中に入れてしまいます。毎日、朝と夕方に母と一緒に犬を連れて散歩します。初め
ての散歩の時に母から「犬も人間と同じで、たばこを口に入れると病気になってしま
う」と言われました。なので私は、たばこだけは絶対に口の中に入れさせないように
しようと思って、散歩に出かけました。①私は地面を見ながらずっと歩いていまし
た。すると、犬は何かを見つけたらしく口の中に入れました。私は犬の口を無理やり
開けてみると、たばこでした。すぐに取り出しました。その後も散歩を続けると、た
ばこのポイ捨てがとてもたくさんあることに気が付きました。テレビのCMでポイ捨
て禁止をうるさいぐらい流していた時もあったのに、②＿＿＿＿＿なくならないのはい
けないことだし、たばこを吸う人にはもっと考えてもらいたいと思いました。

71 ①私は地面を見ながらずっと歩いていましたの理由は何ですか。
　(A) 母に叱られて落ち込んでいたから
　(B) もともと地面を見ながら歩く癖があったから
　(C) 母と一緒に子犬を散歩させるのが嫌だったから
　(D) たばこだけは絶対に子犬の口の中に入れさせないようにしようと思ったから

72 この人の子犬が散歩の時に口の中に入れた物は何ですか。
　(A) ガラスの破片
　(B) 壊れたおもちゃ
　(C) たばこの吸い殻
　(D) 木から落ちた葉っぱ

73 本文の内容からみて、②＿＿＿＿＿に入るもっとも適当な言葉はどれですか。
　(A) 未だ
　(B) まさか
　(C) 徐々に
　(D) 辛うじて

74 この人の主張として正しいものはどれですか。
　(A) 子犬の栄養管理に気を使ってほしい。
　(B) 子犬の排泄物の処理に協力してほしい。
　(C) 道端のたばこのポイ捨ては止めてほしい。
　(D) 子犬を規則的に散歩に連れていってほしい。

僕には弟がいます。年齢が離れているせいか、とてもかわいく、彼の何気ない一つひとつの行動が僕にとってはかなり新鮮です。ある日、僕が弟と室内でボール遊びをしていた時、①_____して母が大切にしていた置物を壊してしまいました。壊したのは弟ですが、僕も怒られると思ったので、「②うまくごまかすから何も言うな」と弟に言いました。母が来た時、僕はうそをついて怒られることを避けました。弟は黙っていました。③_____翌日、弟は母に正直にありのままのことを話しました。さらに、自分が壊してしまったので、兄を叱らないでくれと頼んだそうです。後から僕はその話を母から聞き、とても驚きました。幼い弟の無邪気さから、僕は自分がいつの間にか、ずるさを身に付けてしまったことに気付かされました。純粋な心を持ったまま成長することはとても難しいと、僕は感じました。

75 本文の内容からみて、①_____に入るもっとも適当な言葉はどれですか。

(A) きっと

(B) うっかり

(C) まもなく

(D) いきなり

76 この人が②うまくごまかすから何も言うなと言った理由は何ですか。

(A) 弟をかばうつもりだったから

(B) 母をごまかす自信があったから

(C) 自分も母に怒られると思ったから

(D) 自分が置物を壊してしまったから

77 本文の内容からみて、③_____に入るもっとも適当な接続詞はどれですか。

(A) しかし

(B) それで

(C) それとも

(D) あるいは

78 この人がとても驚いた理由は何ですか。

(A) 弟が母に正直にありのままのことを話さなかったから

(B) 自分が悪いのに、弟がすべての責任を取ると母に言ったから

(C) 自分のせいで、弟もずるさを身に付けてしまったことに気付いたから

(D) 弟は純粋な心を持っているのに、自分はずるさを身に付けてしまったことに気付いたから

(79〜81)

①飲酒運転による事故や検挙が後を絶たない。その一因として、このくらいの飲酒量なら運転操作を誤らないという思い込みがあると思う。そこで、次のような疑似飲酒運転体験を是非お勧めたい。先日の夕方、湯上がりにビールを飲んでいたら、妻がこれから馴染みのギョーザ屋へ久しぶりに食べに行きたいと言う。十数キロあるが、私は②_____。500ミリリットル缶を飲み干し、妻の運転で出発した。市街に入ると、助手席の私はふとハンドルを握る真似をしてみた。右折や左折のたびに回した。動作が遅れたり、回しすぎたり、ブレーキを踏まなかったり。酒に強いと自他共に認める私だが、これが飲酒運転なのかと、初めてその怖さを認識した。是非一度お試しあれ。

79 この人は①飲酒運転による事故や検挙が後を絶たないの理由は何だと思っていますか。
(A) お酒の値段が安く、しかも消費量も高いから
(B) 飲酒運転は犯罪であるという認識が社会的に薄いから
(C) 飲酒運転で捕まえられてもあまり罰せられる場合がないから
(D) このくらいの飲酒量なら運転操作を誤らないという思い込みがあるから

80 本文の内容からみて、②_____に入るもっとも適当な言葉はどれですか。
(A) 渋い返事
(B) 二つ返事
(C) あいまいな返事
(D) 煮え切らない返事

81 この人はハンドルを握る真似をしてみてどんなことに気付きましたか。
(A) お酒を飲んでも思う通りにうまく運転できる自信ができた。
(B) 飲酒運転疑似体験で飲酒運転の怖さを認識させられた。
(C) 軽い飲酒なら運転をしても別に差し支えないだろうと思った。
(D) 飲酒運転の怖さは認識したものの、軽い飲酒なら運転しても大丈夫だと思った。

　白衣を毎日着替える医師はわずかで、半数以上は週ごと。医師向けコミュニティーサイトの調査でこんな傾向が浮かんだ。医師の6割近くが着替えの頻度を「週1回」と答えたという。同サイトを運営する「メドピア」が昨年末に会員の医師に白衣を着替える頻度をインターネット上で尋ね、2704人が回答した。血液が付くなどですぐに交換が必要な場合を除いた。「週1回」が57%で最も多く、次いで「週2〜3回」(21%)、「毎日」は5%にとどまり、13%が「2、3週間に1回」と答えた。頻繁ではない理由として「洗濯に出してから返ってくるまで2週間かかる」「白衣の数が足りない」といった事情が目立ったが、「汚れたら着替える」もあった。40代の小児科医は医療関係者でない知人に「週1回と言ったら驚いていた」との声を寄せた。「毎日」派からは「感染リスクを考えても当然」「汚染は目に見えるばかりではない」などがあった。東京都のある病院で働いている看護師は「毎日替えるのが理想。医療機関は院内感染対策として白衣の支給や洗濯の頻度を検討すべきだ」と話す。

82 医師向けコミュニティーサイトの調査でどんなことがわかりましたか。
- (A) 白衣の洗濯頻度が高いこと
- (B) 持っている白衣の数が多いこと
- (C) 白衣を毎日着替える医師が多いこと
- (D) 白衣を毎日着替える医師が少ないこと

83 本文の内容からみて、白衣を頻繁に着替えない理由として正しいものはどれですか。
- (A) 汚くなる場合がほとんどないから
- (B) 着替えなくても感染リスクはあまりないから
- (C) 仕事が多すぎて着替える時間がないから
- (D) 洗濯に出してから返ってくるまでに時間がかかるから

84 本文の内容と合っているものはどれですか。
- (A) 毎日白衣を着替える医師も13%いた。
- (B) 週に2、3回白衣を着替える医師は5%にとどまった。
- (C) 医師の白衣着替えは週1回が過半数を超えていた。
- (D) 白衣は毎日着替えるべきだと思っている医師が57%いた。

(85～88)

　私は暑さに弱く、ここ数年の猛暑では直射日光のたき火にでも当たっているような暑さで①＿＿＿＿＿＿しておりました。これをしのぐには日傘しかないとあちこちを探しましたが、レース飾りの付いた女性物しかありません。雨傘で代用してみましたが、太陽熱を遮断する効果は少なく諦めかけておりましたところ、先日、デパートで②<u>男性用日傘</u>を見つけました。見た目は普通の男性用雨傘と変わりませんが、裏地に熱を遮断する処理が施されており、明らかに効果は大です。しかも折り畳み傘で、雨傘としても使用できると言うことで、私の通勤用鞄にはいつも入れております。しかし、周りを見渡して見れば、男性で日傘を差しているのは私だけで少し気恥かしく、③＿＿＿＿＿＿を取るか機能を優先するかの葛藤が続いております。暑さ対策としてスダレや植物による緑のカーテン、打ち水などが推奨されております。雨が降ったら傘を差すのと同様、暑さ対策として、日傘は女性だけの特権とせず、世の男性方も日傘を活用して今年の猛暑も乗り切ろうではありませんか。

85 本文の内容からみて、①＿＿＿＿＿＿に入るもっとも適当な言葉はどれですか。
(A) 閉口
(B) 物騒
(C) 感心
(D) 心得

86 ②<u>男性用日傘</u>についての説明の中で、正しくないものはどれですか。
(A) 効果は女性用日傘に比べて劣る。
(B) 折り畳み傘で雨傘としても使用できる。
(C) 地に熱を遮断する処理が施されている。
(D) 見た目は普通の男性用雨傘と変わらない。

87 本文の内容からみて、③＿＿＿＿＿＿に入るもっとも適当な言葉はどれですか。
(A) 礼儀
(B) 義理
(C) 体裁
(D) 様式

88 この人はどうして少し気恥かしかったと思いましたか。
(A) 雨傘を日傘の代用として使っているから
(B) 男性で日傘を差しているのは自分だけだったから
(C) レース飾りの付いた女性用日傘を使っているから
(D) 男性用日傘は熱を遮断する効果があまりないことを知ったから

　配偶者控除廃止に反対する人が増えているが、財政難の折、私は廃止は①＿＿＿＿＿＿と考える。私は3人の子供を育てながらフルタイムで働いている。現在は小学校の保護者会役員やサッカー少年団の係、一昨年には地域の子供会役員もしたが、専業主婦だから役員をやれるとか働いているから役員ができないとかは考えたこともない。実際、大半のお母さんが働きながら時間調整し活動を続けている。仕事があり、すべての行事や会合に参加できるわけではないが、みんなで協力して乗り切っている。専業主婦を選択するしかないかは、それぞれの家庭の考え方だろう。②＿＿＿＿＿＿、保護者組織が専業主婦のサポートがないと成り立たないという主張は理解できない。女性が働くのが当たり前の時代、親ができる範囲で子供をサポートしていける組織であることが重要だ。少子化には様々な要因がある。配偶者控除が廃止されたらますます少子化が進むという考えは短絡的ではないかと考える。

---

89 本文の内容からみて、①＿＿＿＿＿＿に入るもっとも適当な表現はどれですか。

(A) きりがない

(B) やむを得ない

(C) 腑に落ちない

(D) 的を射ている

90 この人についての説明の中で、正しいものはどれですか。

(A) 2年前は地域の子供会役員をした。

(B) 去年小学校の保護者会役員をした。

(C) 小学生の子供がいる専業主婦である。

(D) 働いているため、学校の行事には参加できなかった。

91 本文の内容からみて、②＿＿＿＿＿＿に入るもっとも適当な接続詞はどれですか。

(A) なお

(B) しかし

(C) ちなみに

(D) あるいは

92 この人の考えと合っているものはどれですか。

(A) 配偶者控除廃止はやむを得ない。

(B) 配偶者控除は絶対に廃止してはいけない。

(C) 働きながら子供をサポートするのはできない。

(D) 配偶者控除と少子化問題は何の関係もない。

(93〜96)

　ルワンダ空港から出ようとすると係官に止められた。お土産の入ったポリ袋を指さして、「持ち込みは許されない」という。出張先の国際空港で不当な要求をされることがよくあるが、この時も「また絡まれたか」と思った。疑念に満ちた顔で袋ごと渡すと、意外にも、中身を返してきた。中身ではなく、環境保護のため、商店やスーパーではポリ袋を禁止しているのだという。アフリカでは、捨てられたポリ袋がちぎれて空を舞い、木に絡まりゴミの花を咲かせるのが①＿＿＿＿＿風景だ。自宅はきれいに掃除するのに公共スペースに対する配慮がないことを残念に思っていた。だがルワンダでは、首都も地方もゴミ一つ落ちていなかった。月1回、国民全員が街を掃除する日まである。住民は「月1回、みんなで確かめ合うのが大事だ」と言う。エコ感覚に感心しながら、スーパーで買い物をした。レジでポリ袋禁止についての考えを聞いてみた。店員は私がポリ袋を要求していると勘違いしたに違いない。「②環境って言葉を知っているか？」と不快そうに言われた。空港で係官を疑った罰だろう。

93 ルワンダ空港の係官にこの人に中身を返してくれた理由は何ですか。
- (A) 中身が危険な物ではないと判断したから
- (B) 調べなくてもいいのに間違えて調査をしたから
- (C) 中身が問題ではなくポリ袋が問題だったから
- (D) 中身の重量が制限重量を超えていなかったから

94 本文の内容からみて、①＿＿＿＿＿に入るもっとも適当な言葉はどれですか。
- (A) 順番
- (B) 正式
- (C) 定番
- (D) 形式

95 本文の内容からみて、ルワンダの首都や地方にゴミが一つ落ちていない理由は何ですか。
- (A) 日常生活から出るゴミが少ないから
- (B) ゴミを捨てると罰金が課せられるから
- (C) 月1回、国民全員が街を掃除するから
- (D) 街を掃除する清掃員の数を大幅に増やしたから

96 店員が②環境って言葉を知っているか?と聞いた理由は何ですか。
- (A) この人がゴミを勝手に捨てたから
- (B) この人がポリ袋禁止について抗議したから
- (C) この人がポリ袋を要求していると勘違いしたから
- (D) ルワンダの環境保護運動をアピールしたかったから

　　生後9カ月過ぎた赤ちゃんは、お母さんの顔を他人と半分だけ合成した画像には
①＿＿＿＿＿を感じるらしい。理化学研究所や東京大、京都大の研究者のグループが
そんな実験結果をまとめ、13日付の生物学の専門誌に発表した。これまでの研究
で、赤ちゃんは親しみのある母親の顔だけではなく、他人の顔も目新しさから好ん
で興味を示すことがわかっていた。グループはこうした特徴を生かし、生後7〜12カ
月の赤ちゃん51人に、「母親」と「他人」、双方をコンピューターで50%ずつ合成し
た「半分お母さん」の顔を見せる実験をした。②＿＿＿＿＿、7、8カ月の赤ちゃんは三
つを均等に見たが、より発達した9〜12カ月の赤ちゃんは「半分お母さん」だけを見
なかった。理研の松田研究員はこの結果について「『半分お母さん』にネガティブな
感情を抱いたと解釈できる」と指摘した。その上で生後9カ月すぎると視覚や感情が
発達してくることから「慣れ親しんでいる母親と思った顔が、実はお母さんではない
と気付いたことで、裏切られたような感情が起きたと考えられる」と分析している。

97 本文の内容からみて、①＿＿＿＿＿に入るもっとも適当な言葉はどれですか。

(A) 愛着

(B) 新鮮さ

(C) 親密さ

(D) 不気味さ

98 本文の内容からみて、②＿＿＿＿＿に入るもっとも適当な接続詞はどれですか。

(A) ただし

(B) もっとも

(C) すると

(D) それから

99 本文の内容からみて、9〜12カ月の赤ちゃんが「半分お母さん」だけを見なかった理
由は何ですか。

(A) お母さんとの関係が親密だったから

(B) お母さんより目新しい感じがするから

(C) 視覚や感情が十分に発達していないから

(D) 「半分お母さん」に否定的な感情を抱いたから

100 本文の内容と合っているものはどれですか。

(A) 7、8カ月の赤ちゃんは「母親」の顔だけを見た。

(B) 「半分お母さん」に9〜12カ月の赤ちゃんはそっぽを向いてしまう。

(C) これまでの研究で、赤ちゃんは他人の顔には興味を示さいことがわかっていた。

(D) 赤ちゃんの顔の認識能力は、視覚や感情の発達とは何の関係もないと言える。

MEMO

Chapter 1 기초가 튼튼해야 점수가 쌓인다!

Unit 01 조사야~ 놀재! ❶

▶ 현재 나의 실력은?

1	2	3	4	5	6	7	8	9	10
(A)	(C)	(C)	(B)	(C)	(A)	(B)	(D)	(C)	(A)
11	12	13	14	15	16	17	18	19	20
(C)	(C)	(B)	(D)	(A)	(A)	(C)	(D)	(B)	(A)

▶ 실력 UP 점수 UP 실전문제

1	2	3	4	5	6	7	8	9	10
(D)	(A)	(A)	(B)	(C)	(C)	(A)	(C)	(D)	(A)
11	12	13	14	15	16	17	18	19	20
(B)	(A)	(C)	(C)	(B)	(D)	(C)	(A)	(B)	(A)

Unit 02 조사야~ 놀재! ❷

▶ 현재 나의 실력은?

1	2	3	4	5	6	7	8	9	10
(A)	(C)	(B)	(B)	(C)	(A)	(C)	(D)	(C)	(A)
11	12	13	14	15	16	17	18	19	20
(D)	(B)	(A)	(B)	(B)	(C)	(A)	(A)	(D)	(C)

▶ 실력 UP 점수 UP 실전문제

1	2	3	4	5	6	7	8	9	10
(A)	(A)	(C)	(C)	(D)	(D)	(B)	(A)	(A)	(D)
11	12	13	14	15	16	17	18	19	20
(C)	(B)	(D)	(B)	(C)	(A)	(D)	(A)	(B)	(A)

Unit 03 조사야~ 놀재! ❸

▶ 현재 나의 실력은?

1	2	3	4	5	6	7	8	9	10
(A)	(A)	(C)	(C)	(B)	(D)	(D)	(D)	(B)	(B)
11	12	13	14	15	16	17	18	19	20
(D)	(A)	(C)	(D)	(D)	(A)	(C)	(B)	(B)	(B)

1	2	3	4	5	6	7	8	9	10
(B)	(B)	(D)	(C)	(D)	(B)	(A)	(A)	(B)	(A)
11	12	13	14	15	16	17	18	19	20
(B)	(C)	(A)	(A)	(C)	(C)	(C)	(C)	(B)	(C)

Unit 04 조사야~ 놀쟤! ❹

▶ 현재 나의 실력은?

1	2	3	4	5	6	7	8	9	10
(A)	(A)	(C)	(C)	(B)	(D)	(A)	(B)	(A)	(C)
11	12	13	14	15	16	17	18	19	20
(D)	(C)	(B)	(C)	(B)	(B)	(C)	(A)	(D)	(A)

▶ 실력 UP 점수 UP 실전문제

1	2	3	4	5	6	7	8	9	10
(C)	(C)	(A)	(B)	(C)	(D)	(B)	(C)	(C)	(C)
11	12	13	14	15	16	17	18	19	20
(D)	(C)	(A)	(C)	(D)	(A)	(A)	(B)	(B)	(A)

Unit 05 공공의 적!

▶ 현재 나의 실력은?

1	2	3	4	5	6	7	8	9	10
(A)	(B)	(A)	(D)	(B)	(B)	(C)	(C)	(B)	(C)
11	12	13	14	15	16	17	18	19	20
(A)	(A)	(D)	(A)	(B)	(A)	(C)	(A)	(B)	(B)

▶ 실력 UP 점수 UP 실전문제

1	2	3	4	5	6	7	8	9	10
(D)	(C)	(A)	(D)	(C)	(C)	(C)	(A)	(C)	(D)
11	12	13	14	15	16	17	18	19	20
(B)	(A)	(C)	(B)	(A)	(D)	(D)	(A)	(D)	(B)

Unit 06 잘 세고 잘 꾸미자!

▶ 현재 나의 실력은?

1	2	3	4	5	6	7	8	9	10
(B)	(B)	(A)	(A)	(A)	(C)	(C)	(C)	(C)	(C)
11	12	13	14	15	16	17	18	19	20
(B)	(C)	(A)	(D)	(A)	(D)	(D)	(C)	(A)	(B)

▶ 실력 UP 점수 UP 실전문제

1	2	3	4	5	6	7	8	9	10
(B)	(A)	(B)	(A)	(A)	(C)	(C)	(C)	(B)	(C)
11	12	13	14	15	16	17	18	19	20
(B)	(A)	(D)	(A)	(D)	(A)	(D)	(D)	(A)	(A)

Unit 07 날 물로 보지마!

▶ 현재 나의 실력은?

1	2	3	4	5	6	7	8	9	10
(D)	(A)	(D)	(A)	(C)	(D)	(C)	(D)	(D)	(D)
11	12	13	14	15	16	17	18	19	20
(B)	(B)	(D)	(B)	(B)	(C)	(B)	(C)	(A)	(D)

▶ 실력 UP 점수 UP 실전문제

1	2	3	4	5	6	7	8	9	10
(C)	(B)	(A)	(D)	(B)	(B)	(D)	(D)	(B)	(A)
11	12	13	14	15	16	17	18	19	20
(C)	(D)	(A)	(D)	(C)	(D)	(C)	(D)	(B)	(B)

Unit 08 JPT 단골 손님!

▶ 현재 나의 실력은?

1	2	3	4	5	6	7	8	9	10
(A)	(D)	(C)	(C)	(B)	(C)	(C)	(C)	(C)	(B)
11	12	13	14	15	16	17	18	19	20
(A)	(C)	(D)	(D)	(A)	(A)	(A)	(C)	(A)	(A)

1	2	3	4	5	6	7	8	9	10
(D)	(C)	(D)	(D)	(C)	(C)	(B)	(B)	(C)	(C)
11	12	13	14	15	16	17	18	19	20
(C)	(B)	(C)	(A)	(B)	(C)	(D)	(B)	(A)	(D)

Unit 09 그래도 동사는 매번 나온다!

▶ 현재 나의 실력은?

1	2	3	4	5	6	7	8	9	10
(A)	(B)	(B)	(B)	(B)	(D)	(D)	(D)	(C)	(D)
11	12	13	14	15	16	17	18	19	20
(B)	(C)	(B)	(C)	(B)	(D)	(D)	(C)	(A)	(B)

▶ 실력 UP 점수 UP 실전문제

1	2	3	4	5	6	7	8	9	10
(A)	(A)	(A)	(A)	(B)	(D)	(C)	(C)	(C)	(C)
11	12	13	14	15	16	17	18	19	20
(C)	(C)	(D)	(B)	(D)	(B)	(C)	(A)	(B)	(C)

Unit 10 동사와 함께 암기를!

▶ 현재 나의 실력은?

1	2	3	4	5	6	7	8	9	10
(A)	(B)	(C)	(A)	(D)	(D)	(D)	(D)	(D)	(D)
11	12	13	14	15	16	17	18	19	20
(A)	(C)	(B)	(A)	(A)	(B)	(C)	(A)	(C)	(A)

▶ 실력 UP 점수 UP 실전문제

1	2	3	4	5	6	7	8	9	10
(D)	(A)	(D)	(D)	(D)	(B)	(D)	(D)	(D)	(C)
11	12	13	14	15	16	17	18	19	20
(C)	(C)	(A)	(A)	(A)	(B)	(C)	(D)	(A)	(C)

JPT 유형 따라잡기

<모의 테스트 1회>

PART 5 정답 찾기

1	2	3	4	5	6	7	8	9	10
(C)	(C)	(D)	(D)	(A)	(A)	(B)	(B)	(B)	(B)
11	12	13	14	15	16	17	18	19	20
(C)	(B)	(B)	(B)	(A)	(B)	(D)	(D)	(C)	(B)

PART 6 오문 정정

21	22	23	24	25	26	27	28	29	30
(B)	(B)	(D)	(B)	(D)	(C)	(C)	(D)	(D)	(B)
31	32	33	34	35	36	37	38	39	40
(D)	(C)	(A)	(C)	(C)	(A)	(C)	(D)	(B)	(D)

PART 7 공란 메우기

41	42	43	44	45	46	47	48	49	50
(C)	(B)	(D)	(B)	(C)	(C)	(A)	(A)	(C)	(A)
51	52	53	54	55	56	57	58	59	60
(A)	(C)	(B)	(B)	(B)	(D)	(A)	(D)	(C)	(A)
61	62	63	64	65	66	67	68	69	70
(D)	(D)	(D)	(A)	(A)	(B)	(D)	(B)	(B)	(B)

PART 8 독해

71	72	73	74	75	76	77	78	79	80
(D)	(D)	(C)	(B)	(C)	(C)	(D)	(D)	(B)	(B)
81	82	83	84	85	86	87	88	89	90
(C)	(A)	(A)	(B)	(B)	(C)	(C)	(A)	(A)	(B)
91	92	93	94	95	96	97	98	99	100
(D)	(B)	(C)	(C)	(A)	(B)	(D)	(C)	(A)	(C)

Chapter 2 어렵지만 반드시 나오는 부분!

Unit 01 JPT점수에 때빼고 광내기

▶ 현재 나의 실력은?

1	2	3	4	5	6	7	8	9	10
(A)	(A)	(C)	(D)	(A)	(B)	(C)	(D)	(C)	(B)
11	12	13	14	15	16	17	18	19	20
(A)	(C)	(C)	(A)	(B)	(B)	(C)	(C)	(B)	(B)

▶ 실력 UP 점수 UP 실전문제

1	2	3	4	5	6	7	8	9	10
(A)	(B)	(C)	(C)	(D)	(C)	(B)	(B)	(B)	(D)
11	12	13	14	15	16	17	18	19	20
(C)	(A)	(A)	(B)	(C)	(C)	(D)	(C)	(A)	(D)

Unit 02 많이 줄 때 제대로 받아라

▶ 현재 나의 실력은?

1	2	3	4	5	6	7	8	9	10
(B)	(D)	(D)	(B)	(A)	(D)	(C)	(D)	(D)	(D)
11	12	13	14	15	16	17	18	19	20
(D)	(C)	(D)	(A)	(A)	(A)	(A)	(D)	(C)	(C)

▶ 실력 UP 점수 UP 실전문제

1	2	3	4	5	6	7	8	9	10
(C)	(A)	(D)	(C)	(D)	(C)	(C)	(D)	(B)	(C)
11	12	13	14	15	16	17	18	19	20
(D)	(C)	(C)	(A)	(B)	(A)	(C)	(A)	(D)	(D)

Unit 03 속도위반은 금물!

▶ 현재 나의 실력은?

1	2	3	4	5	6	7	8	9	10
(C)	(C)	(A)	(A)	(C)	(D)	(C)	(B)	(A)	(C)
11	12	13	14	15	16	17	18	19	20
(D)	(D)	(C)	(A)	(B)	(C)	(D)	(B)	(D)	(D)

1	2	3	4	5	6	7	8	9	10
(B)	(D)	(D)	(B)	(A)	(A)	(D)	(D)	(B)	(D)
11	12	13	14	15	16	17	18	19	20
(D)	(B)	(C)	(C)	(C)	(A)	(A)	(D)	(B)	(A)

Unit 04 무조건 외워라! 그러면 맞출 것이다

▶ 현재 나의 실력은?

1	2	3	4	5	6	7	8	9	10
(D)	(A)	(B)	(A)	(C)	(A)	(D)	(D)	(D)	(D)
11	12	13	14	15	16	17	18	19	20
(D)	(A)	(C)	(B)	(D)	(A)	(A)	(D)	(D)	(D)

▶ 실력 UP 점수 UP 실전문제

1	2	3	4	5	6	7	8	9	10
(C)	(C)	(D)	(A)	(B)	(D)	(D)	(C)	(B)	(D)
11	12	13	14	15	16	17	18	19	20
(D)	(A)	(A)	(A)	(C)	(A)	(B)	(A)	(A)	(A)

Unit 05 가정법의 추억

▶ 현재 나의 실력은?

1	2	3	4	5	6	7	8	9	10
(B)	(C)	(D)	(C)	(C)	(C)	(B)	(B)	(B)	(A)
11	12	13	14	15	16	17	18	19	20
(A)	(A)	(A)	(C)	(C)	(A)	(D)	(B)	(C)	(D)

▶ 실력 UP 점수 UP 실전문제

1	2	3	4	5	6	7	8	9	10
(B)	(A)	(B)	(C)	(B)	(B)	(A)	(B)	(D)	(C)
11	12	13	14	15	16	17	18	19	20
(A)	(C)	(D)	(C)	(B)	(D)	(D)	(C)	(A)	(C)

Unit 06 의미를 못 외우면? 틀린다

▶ 현재 나의 실력은?

1	2	3	4	5	6	7	8	9	10
(D)	(B)	(D)	(D)	(B)	(D)	(D)	(C)	(B)	(A)

1	2	3	4	5	6	7	8	9	10
(D)	(A)	(C)	(A)	(D)	(B)	(B)	(C)	(C)	(D)

11	12	13	14
(C)	(D)	(C)	(B)

Unit 07 당신이 일본어를 못하는 진짜 이유 1

▶ 현재 나의 실력은?

1	2	3	4	5	6	7	8	9	10
(D)	(D)	(C)	(D)	(D)	(C)	(B)	(D)	(C)	(B)
11	12	13	14	15	16	17	18	19	20
(B)	(A)	(B)	(D)	(A)	(B)	(C)	(C)	(C)	(D)

▶ 실력 UP 점수 UP 실전문제

1	2	3	4	5	6	7	8	9	10
(D)	(B)	(B)	(C)	(A)	(C)	(B)	(D)	(D)	(C)
11	12	13	14	15	16	17	18	19	20
(B)	(D)	(B)	(B)	(C)	(D)	(D)	(C)	(B)	(C)

Unit 08 당신이 일본어를 못하는 진짜 이유 2

▶ 현재 나의 실력은?

1	2	3	4	5	6	7	8	9	10
(C)	(C)	(C)	(B)	(C)	(A)	(D)	(C)	(C)	(B)
11	12	13	14	15	16	17	18	19	20
(D)	(A)	(C)	(B)	(C)	(B)	(B)	(C)	(A)	(D)

▶ 실력 UP 점수 UP 실전문제

1	2	3	4	5	6	7	8	9	10
(D)	(B)	(B)	(B)	(D)	(B)	(B)	(D)	(C)	(D)
11	12	13	14	15	16	17	18	19	20
(A)	(A)	(A)	(C)	(A)	(D)	(D)	(C)	(D)	(C)

Unit 09 바늘과 실 관계에 있는 표현들

▶ 현재 나의 실력은?

1	2	3	4	5	6	7	8	9	10
(C)	(B)	(D)	(D)	(B)	(B)	(D)	(A)	(D)	(A)
11	12	13	14	15	16	17	18	19	20
(B)	(B)	(C)	(D)	(A)	(A)	(D)	(A)	(B)	(A)

▶ 실력 UP 점수 UP 실전문제

1	2	3	4	5	6	7	8	9	10
(C)	(C)	(D)	(A)	(B)	(A)	(C)	(A)	(B)	(B)
11	12	13	14	15	16	17	18	19	20
(B)	(A)	(C)	(B)	(A)	(A)	(D)	(D)	(C)	(C)

Unit 10 그래도 고어는 살아 있다

▶ 현재 나의 실력은?

1	2	3	4	5	6	7	8	9	10
(C)	(C)	(D)	(D)	(D)	(C)	(B)	(D)	(A)	(B)
11	12	13	14	15	16	17	18	19	20
(D)	(B)	(B)	(B)	(C)	(D)	(A)	(C)	(A)	(D)

▶ 실력 UP 점수 UP 실전문제

1	2	3	4	5	6	7	8	9	10
(D)	(D)	(D)	(D)	(C)	(D)	(B)	(D)	(C)	(D)
11	12	13	14	15	16	17	18	19	20
(B)	(A)	(A)	(D)	(C)	(C)	(B)	(C)	(A)	(D)

JPT 유형 따라잡기

<모의 테스트 2회>

PART 5 정답 찾기

1	2	3	4	5	6	7	8	9	10
(B)	(B)	(C)	(B)	(B)	(C)	(C)	(A)	(B)	(D)
11	12	13	14	15	16	17	18	19	20
(B)	(D)	(C)	(A)	(C)	(D)	(C)	(D)	(A)	(C)

PART 6 오문 정정

21	22	23	24	25	26	27	28	29	30
(D)	(B)	(B)	(C)	(D)	(A)	(A)	(C)	(D)	(C)
31	32	33	34	35	36	37	38	39	40
(A)	(B)	(C)	(C)	(C)	(D)	(A)	(D)	(B)	(C)

PART 7 공란 메우기

41	42	43	44	45	46	47	48	49	50
(A)	(A)	(A)	(A)	(B)	(B)	(B)	(B)	(A)	(B)
51	52	53	54	55	56	57	58	59	60
(D)	(A)	(C)	(B)	(B)	(B)	(D)	(C)	(A)	(D)
61	62	63	64	65	66	67	68	69	70
(C)	(A)	(A)	(B)	(B)	(B)	(D)	(A)	(D)	(A)

PART 8 독해

71	72	73	74	75	76	77	78	79	80
(C)	(C)	(A)	(A)	(B)	(D)	(B)	(A)	(D)	(A)
81	82	83	84	85	86	87	88	89	90
(A)	(C)	(B)	(D)	(D)	(C)	(A)	(C)	(A)	(B)
91	92	93	94	95	96	97	98	99	100
(A)	(B)	(A)	(D)	(C)	(B)	(D)	(C)	(C)	(D)

문법과 어휘의 완성!

▶ 현재 나의 실력은?

1	2	3	4	5	6	7	8	9	10
(D)	(C)	(B)	(C)	(D)	(D)	(A)	(B)	(C)	(D)
11	12	13	14	15	16	17	18	19	20
(C)	(B)	(B)	(A)	(A)	(C)	(C)	(B)	(C)	(B)
21	22	23	24	25	26	27	28	29	30
(A)	(C)	(D)	(B)	(B)	(C)	(A)	(A)	(A)	(A)

▶ 실력 UP 점수 UP 실전문제

1	2	3	4	5	6	7	8	9	10
(A)	(B)	(D)	(A)	(B)	(B)	(D)	(D)	(C)	(B)
11	12	13	14	15	16	17	18	19	20
(A)	(A)	(C)	(A)	(D)	(B)	(A)	(B)	(A)	(B)
21	22	23	24	25	26	27	28	29	30
(C)	(B)	(A)	(D)	(A)	(B)	(C)	(A)	(C)	(D)

JPT 유형 따라잡기

〈모의 테스트 3회〉

PART 5 정답 찾기

1	2	3	4	5	6	7	8	9	10
(C)	(D)	(D)	(A)	(D)	(C)	(B)	(D)	(C)	(D)
11	12	13	14	15	16	17	18	19	20
(D)	(C)	(C)	(A)	(D)	(D)	(D)	(C)	(D)	(D)

PART 6 오문 정정

21	22	23	24	25	26	27	28	29	30
(D)	(D)	(D)	(C)	(D)	(B)	(D)	(C)	(B)	(D)
31	32	33	34	35	36	37	38	39	40
(A)	(B)	(D)	(B)	(C)	(B)	(B)	(C)	(D)	(B)

PART 7 공란 메우기

41	42	43	44	45	46	47	48	49	50
(D)	(C)	(B)	(A)	(C)	(D)	(B)	(D)	(B)	(A)
51	52	53	54	55	56	57	58	59	60
(A)	(C)	(D)	(A)	(D)	(B)	(C)	(A)	(A)	(D)
61	62	63	64	65	66	67	68	69	70
(B)	(A)	(A)	(C)	(B)	(C)	(A)	(C)	(A)	(A)

PART 8 독해

71	72	73	74	75	76	77	78	79	80
(D)	(C)	(A)	(C)	(B)	(C)	(A)	(D)	(D)	(B)
81	82	83	84	85	86	87	88	89	90
(B)	(D)	(D)	(C)	(A)	(A)	(C)	(B)	(B)	(A)
91	92	93	94	95	96	97	98	99	100
(B)	(A)	(C)	(C)	(C)	(C)	(D)	(C)	(D)	(B)

MEMO

동양북스 채널에서 더 많은 도서
더 많은 이야기를 만나보세요!

 ▶ 유튜브

 🄾 인스타그램

 🅱 블로그

 포스트

 🅵 페이스북

 카카오뷰

외국어 출판 45년의 신뢰
외국어 전문 출판 그룹
동양북스가 만드는 책은 다릅니다.

45년의 쉼 없는 노력과 도전으로 책 만들기에 최선을 다해온
동양북스는 오늘도 미래의 가치에 투자하고 있습니다.
대한민국의 내일을 생각하는 도전 정신과 믿음으로 최선을 다하겠습니다.

📖 동양북스